出版基金资助项目

美国国家情报的法治之路

胡 荟◎著

The Path to the Law-Based Governing of the U.S. National Intelligence

时事出版社
北京

目　录

绪　论

一、研究缘起

2014 年 1 月 4 日，我党正式成立了国家安全委员会，并由习近平同志担任委员会主席。这一事件表明党中央和中央军委对我国国家安全的重视程度更上了一个台阶。国家安全委员会作为党中央关于国家安全工作的核心决策机构急需相关情报单位提供高质量的情报服务。但由于国安委初创，相关体制机制建设尚未完善。国家决策层如何高效管理和使用情报尚不明确，而国家各情报机构如何更好地履职尽责，做好情报服务保障更需要一套科学合理的规则制度。

2014 年 10 月 20—23 日，我党召开了第十八届四中全会，依法治国成为本次会议的主要议题。习主席的报告中提到了"法治"对于党的领导、改革和长期稳定的重要性，并着重指出实现经济发展、政治清明、文化昌盛、社会公正、生态良好，实现中国和平发展的战略目标，必须更好发挥法治的引领和规范作用。而情报作为国家和政府工作的一项重要职能，在国家安全决策中更是发挥举足轻重的作用。因此，情报的法治成为了依法治国思想在情报领域的重要体现。而如何实现情报的法治成为了越来越迫切需要解决的课题。

为了破解这一亟待解决的课题，我们把视线转向了美国。作为世界唯一的超级大国，美国的情报机构规模最大，经费最多，活动最频繁。仅以 2017 财年为例，美国各情报机构的年度预算需求高达 703 亿美元，工作人员人数也超过 10 万。为了管理和利用好这股庞大的势力，令其成为服务美国国家安全的有力工具，美国政府和国会不遗余力地创设和完善其国家情报法规体系，希望通过法治手段实现对情报的高效驾驭和管控。因此，其国家情报法治历程中包含的各种经验和教训对我国相关体制机制建设具有较高的参考和借鉴意义。

1947 年，美国国会通过《1947 年国家安全法》（National Security Act of 1947），在人类历史上首次以立法的形式建立起了一套较为高效的现代国家情报体制。自此之后，美国政府和国会不断通过创设和修改国家情报法规，在保证国家情报体制大体稳定的情况下，应用小修小补的方式，进行渐进式改良。直到“9·11”事件再次触动美国人的神经，令美国政府和国会下决心对其国家情报体制进行一次较为彻底的转变。2004 年，美国国会通过了《2004 年情报改革与防止恐怖主义法》（Intelligence Reform and Terrorism Prevention Act of 2004），再次运用法律的力量将其国家情报体制从根本上进行了革新。

通过审视这一段历史我们发现，美国国家情报体制的构建以法为基础和前提，国家情报体制的变革以法为依据和保障，美国国家情报体制的发展也离不开各项法规制度的完善。因此，从纵向的历史角度看，美国国家情报体制的发展演变以法为基础。国家情报体制的发展历程与其国家情报法治过程不谋而合，二者之间存在着紧密的联系。无独有偶，当我们从美国国家情报体制的运行和监督这一横向视角审视时，我们发现各个管理层级都制定和颁布了本层级的法规制度以实施管理，并且对国家情报体制的监督也是依法施行的。法是国家情报体制运行的重要规则和权力来源，也是国家情报体制监督的基本准绳和必然结果。从整体上看，美国国家情报活动也是依法施行。可以说，国家情报体制的运行和监督以法为根本。

因此，无论是纵向考察，还是横向思考，我们发现只需以美国国家情报法治的发展历程和实现方式为切入点，就可管窥美国国家情报体制发展演变的基本原理和运行规律。而这些原理和规律不仅是破解美国国家情报制度奥秘的钥匙，也可为完善我国国家情报制度提供有益补充。

综上所述，为了实现以上目的，本书将从以下关键问题入手进行破解：

1. 为什么说美国在国家情报领域实行的是法治？美国国家情报体制的构建和嬗变、运行和监督与法之间究竟存在着什么样的关联？

2. 美国国家情报是如何实现法治的？其基本要素有哪些？其实现方法和路径是什么？

3. 美国国家情报法治的动因是什么，其影响因素有哪些？其发展规律是什么？

二、概念界定

在开始研究之前，有必要对本书所研究的对象进行清晰的界定。这样不仅可以让读者知道哪些内容属于本书的研究范畴，还可以让读者辨明相似概念之间的区别和联系。这也方便读者在接下来阅读本书时不至于失去航标而迷失方向，陷入思维的混沌。

（一）情报、管理与情报管理

1. 情报

在国内，情报一词常常指的是军事情报。其定义中常常包含“情况”和“分析研究”等关键词。在美国，这两个词分别包含在“知识”“信息”和“活动”中。例如，美国《1947 年国家安全法》对情报的定义是“指与外国政府及其部门、外国组织、外国人员的能力、意图和行动或者国际恐怖主义活动相关的信息”。[①] 美国里根总统 1981 年颁布的第 12333 号总统行政命令中对情报的定义是：“情报是有关外国势力、组织、人员及其代理人的活动、能力、计划和意图的及时而准确的信息，对美国的国家安全至关重要。”[②] 美国对外关系委员会在 1996 年对情报的定义是：“情报是非公开的信息，

---

① Office of General Counsel: *Intelligence CommunityLegal Reference Book*, Washington D. C.: Office of the Director of National Intelligence, Winter 2012, p. 27.

② Ibid., p. 727.

或基于该种信息的分析，其目的是辅助政府决策者或政府内其他成员。”① 中央情报局对情报的定义是：“情报是对我们周围世界的感知和预知——是美国决策者做出决策和采取行动的前提。”② 2008 年美国参联会重新修订和颁布的《国防部军事及相关用语词典》中对情报的定义是：“对所获得的有关外国、敌对势力和潜在对手、目标作战区域的信息进行搜集、处理、综合、评估、分析和诠释后所得到的产品。该术语也适用于生产该产品的活动和从事该活动的组织机构。”③ 其中美国参联会的定义最为全面，其定义内容几乎完全吸纳了美国“情报分析之父”谢尔曼·肯特的情报思想。

谢尔曼·肯特在《服务于美国世界政策的战略情报》一书中把情报定义为三个方面的内容：“情报是一种知识”“情报是一种组织”“情报是一种活动”。这三个方面从三个角度概括了情报的基本内容。“情报是一种知识”，指的是本国必须掌握的有关其他国家的知识，包括对象国静态和动态的情况。概括起来就是已经确认的事实、正在发生的事情和未来可能发生的事情。④ “情报是一种组织”指的是由寻求特殊知识的人组成的实体组织。在某种程度上，情报组织像一个综合性大学；又像一个报社，还像一个企业。情报机构与这些组织有许多的相似之处。⑤ “情报是一种活动”指情报还应是一种行动或流程。它主要包括侦察和研究两部分。⑥ 但是这三个方面又不是截然分开，互相独立的。据此，台湾战略学家钮先钟先生综

① Council on Foreign Relations, *Making Intelligence Smarter: Report of an Independent Task Force*. New York: Council on Foreign Relations, 1996, p. 8.

② Central Intelligence Agency (Office of Public Affairs), *A Consumer's Guide to Intelligence*. Washington D. C.: Central Intelligence Agency, 1999, p. vii.

③ Joint Chiefs of Staff: *Department of Defense Dictionary of Military and Associated Terms*, Washington D. C.: Joint Chiefs of Staff, May 2008, pp. 268 – 269.

④ S. Kent, *Strategic Intelligence for American World Policy*. Princeton: Princeton University Press, 1949, pp. 3, 7 – 8.

⑤ Ibid., pp. 69, 74 – 77.

⑥ Ibid., p. 151.

合概括为："情报是某种组织为追求特定的知识而采取的行动。"①这一论断将情报三个方面的内容融为一体，进一步说明了情报的含义。

2. 管理

管理本身就是一门博大精深的学问。在国内，管理学与哲学、法学和军事学等一道并列为我国重要的几大学科门类之一。对于管理的概念，学术界尚未完全统一。不同的机构和不同的专家对管理的理解各不相同。

例如，有国内学者将管理定义为"通过一个秩序使人力、物力和财力有机地结合起来的目标行为过程"。② 它包括五层含义：第一层含义是管理活动围绕人力、物力和财力资源而开展；第二层含义是要建立一个秩序；第三层含义是只有通过一定的秩序，才能充分发挥人力、物力和财力资源的作用；第四层含义是管理是以目标设置为起点，以目标实现为终点的一个行为过程；第五层含义是实现组织目标是管理者与被管理者共同劳动的结果。③ 而国外的学者也从不同角度提出了自己的看法。例如，"科学管理之父"泰勒（F. W. Taylor）对管理的定义是："确切地知道你要别人去干什么，并使他用最好的方法去干。"④ "现代经营管理之父"亨利·法约尔（H. Fayol）将管理定义为"所有的人类组织都有的一种活动，这种活动由计划、组织、指挥、协调和控制五项要素构成"。⑤斯蒂芬·罗宾斯（Stephen Robbins）和玛丽·库尔塔（Marry Coultar）对管理下的定义是："管理是和其他人一起并且通过其他人来切实有效完成活动的过程。"⑥

无论各位学者专家从哪个角度去定义管理这个概念，他们共同

① 钮先钟：《战略研究》，桂林：广西师范大学出版社，2003 年版，第 191 页。

② 沈维凤、章喜为、周发明：《管理学》，国防科技大学出版社，2001 年版，第 8 页。

③ 同上。

④ 郭小平、廖志江：《管理学原理》，兰州大学出版社，2005 年版，第 1 页。

⑤ 同上，第 2 页。

⑥ 同上。

的认识是：一是管理是个多人的有目标导向的活动；二是管理活动离不开资源；三是管理活动是许多活动和程序的有机组合；四是管理的目标是使组织效能、效率双丰收。[①]

综合国内外专家学者的认识，本书对管理的定义为：管理是在特定环境下，围绕组织成员，通过有效规划、组织、领导、协调、监督和控制以配置内外资源，达成特定组织目标的过程。[②] 该概念中，“组织”一词，作为名词时，指的是为完成特定目标而结合在一起的人的集合；作为动词时，指的是安排分散的人或事物使之具有一定系统性或整体性。[③] 而“资源”不仅仅指的是人力资源，它还包括非人力资源，如物力、财力等。“规划”指的是个人或组织制定的比较全面长远的发展计划，是对未来整体性、长期性、基本性问题的思考和考量。“领导”指的是通过某种方式和方法，激励所属成员实现特定目标的过程。“协调”指的是为有效实现既定目标和提高组织整体效能，对组织内外各成员或各机构的工作活动和人际关系进行协商、调节，化解矛盾，使之相互配合、相互适应的行为。[④] “监督”是管理的一种形式，主要是指通过内外部调整纠正组织活动中的偏差，检查组织活动的进展与原定计划是否相符，一旦发现问题即找出原因，采取纠正措施予以调节，以达到预期目的的管理活动。[⑤] “控制”是管理的核心内容，是指创造条件以使机构在符合特定规则的前提下顺利运行。

3. 情报管理

参考上文对情报和管理的定义后，本书认为，情报管理指的是在国家机器内，为提高情报生产效率，通过规划、组织、领导、协调、监督和控制等方式以配置各类资源，令情报组织在遵守相关规

---

① 黄顺春、章征文：《管理学教程》，经济日报出版社，2004 年版，第 2—3 页。

② 参见王京朝、方宁：《军队管理学教程》，军事科学出版社，2000 年版，第 2 页；郭小平、廖志江：《管理学原理》，兰州大学出版社，2005 年版，第 1 页。

③ 申华：《美国国家情报管理制度研究》，军事科学出版社，2010 年版，第 8 页。

④ 陈振明、孟华：《公共组织理论》，上海人民出版社，2006 年版，第 170 页。

⑤ 沈维凤、章喜为、周发明：《管理学》，国防科技大学出版社，2001 年版，第 132 页。

则制度的前提下，顺利开展情报工作的过程。从这个定义中可以发现，情报管理的目标有两个：一是提高情报生产效率；二是令情报组织遵守相关规则。情报管理的领域包括两个方面：一是对情报组织的工作活动（包括搜集、分析、反情报和隐蔽行动）进行业务管理；二是对人事、财政和后勤等组织资源进行行政管理。[①] 情报管理的主体是情报用户及其代表，而情报管理的对象则是情报组织内各成员。情报管理从宏观上看还可以划分为两个层次：一是国家情报管理或称中央情报管理，指的是国家决策层及其代表对整个情报体系的管理；二是部门情报管理或称机构内部管理，指的是单个情报机构的首脑对其所辖情报机构的管理。

（二）制度与体制

1. 制度

“制度”一词古已有之。古代的制度指的是一定历史条件下形成的法令、礼俗等规范。《左传·襄公二十八年》中就有“且夫富，如布帛之有幅焉，为之制度，使无迁也”[②] 的说法。自此之后，人们说的制度通常指的是要求大家共同遵守的办事规程或行动准则，也指在一定历史条件下形成的法令等规范。我国1996年的《现代汉语词典》也在保留和发展过去定义的基础上，将制度界定为：“（1）要求大家共同遵守的办事规程或行动准则；（2）在一定历史条件下形成的政治、经济、文化等方面的体系。”[③] 这一定义表明，制度既包含规则，也包含执行这些规则的组织。

随着时代的发展，制度一词逐渐成为法学和管理学中的一个重要术语，国内外对它也有了不同的认识。在国内，李伟民先生在《法学辞海》中对制度的定义是：“（1）礼仪典章和法令的总称；（2）规定、规程；（3）在一定的历史条件下形成的政治、经济、文

① 申华：《美国国家情报管理制度研究》，军事科学出版社，2010年版，第9页。

② 左丘明：《左传·襄公二十八年》。

③ 中国社会科学院语言研究所词典编辑室：《现代汉语词典》，商务印书馆，1996年版，第1622页。

化等各方面的体系。"[①] 仍然强调制度既包括规则，也包括组织。但是西方学者却有了不同的认识。在管理学领域，诺贝尔经济学奖得主道格拉斯·诺斯（Douglas North）先生将制度与组织进行了区分。他将制度仅定义为"一个社会的游戏规则，或者更正式地，是定义人类交往的人为的约束"。[②] 虽然诺斯先生的定义颇为抽象，但是其随后举了一个例子说明了制度与组织的区别。在《制度、制度变迁与经济绩效》一书中，诺斯举了一个足球比赛的例子。两支球队在比赛中遵守的各类规则就是制度，但是两支球队本身并不是制度，而是受制度约束的组织。制度是规则，而组织是受规则约束的行动者，但反过来也是规则的制定者。[③] 这个浅显易懂的例子，说明了制度与组织之间的区别和联系。而这也是诺斯先生在管理学领域的重要贡献。

其实仔细考察各家之言，我们不难发现，制度一词具有广义和狭义之分。广义上的制度既包含规则，也包含规则制约下的组织；狭义上的制度则仅指规则。由于本书研究的是美国的情报管理问题，因此，下文中提及的制度，都遵循诺斯先生的界定，仅将制度作为一种管理规则，即"制度 = 规则"。而这一界定也与我国《辞海》中对制度的界定相吻合。[④] 至于广义上的制度，我们则用一个更加合适的术语称呼它——"体制"。

2. 体制

"体制"一词在我国古代最早指的是文章的体裁。如孔颖达对郑玄《诗谱·周颂》的注疏中就曾提出："然《鲁颂》之文，尤类《小雅》，比之《商颂》体制又异。"[⑤] 之后，体制一词逐渐引申至机构的设置和管理权限的划分及其相关关系。它反映的是有关组织形

① 李伟民：《法学辞海》，蓝天出版社，1998 年版，第 1791 页。

② Douglass North, *Institution, Institutional Changes and Economic Performance*. 1990, p. 3.

③ Ibid. .

④ 1989 年《辞海》对制度的定义是：要求成员共同遵守的、按一定程序办事的规程。参见《辞海》，上海辞书出版社，1989 年版，第 210 页。

⑤ 毛公传，郑玄笺，孔颖达等正义，《毛诗正义》，上海古籍出版社，1990 年版，第 712 页。

式的制度，通常适用于具有上下级关系的国家机关和企事业单位。如1996年的《现代汉语词典》中就将体制定义为：“（1）国家机关、企业、事业单位等的组织制度；（2）文体的格式。”[①] 李伟民先生在《法学辞海》中也将体制定义为：“（1）组织机构；（2）行动纲要；（3）诗文的体裁。”[②] 而1989年《辞海》更是将体制定义为：“国家机关、企事业单位在机构设置、领导隶属关系和管理权限划分等方面的体系、制度、方法、形式等的总称。”[③] 从国内学界对该词的定义上我们发现，在管理学领域，体制一词的内涵比制度要大一些，主要指的是机构的组织规则、组织方式及组织结构，反映的是制度行之于外的某种具体表现形式和实施形式。国外学界也将体制看成是制度的外化形式，认为其是组织与制度的结合体。这一观点和国内基本相同，就不另行赘述。

总体上看，无论国内国外，学界对体制的定义强调的是组织和规则这两个方面的含义，而这与广义上的制度又较为吻合。即“体制 = 制度 + 组织”或“体制 = 规则 + 组织”。因此，本书中所论及的体制，指的是广义上的制度，其定义采用的是1989年《辞海》中关于体制的定义，即指国家机关、企事业单位在机构设置、领导隶属关系和管理权限划分等方面的体系、制度、方法、形式等的总称。

（三）法制与法治

1. 法制

“法制”一词的历史源远流长。早在我国先秦时期，《管子 · 法禁》一书中就有“法制不议，则民不相私”[④] 的说法。汉代贾谊的《新书 · 制不定》也有“仁义恩厚，此人主之芒刃也；权势法制，

---

① 中国社会科学院语言研究所词典编辑室：《现代汉语词典》，商务印书馆，1996年版，第1241页。

② 李伟民：《法学辞海》，蓝天出版社，1998年版，第1486页。

③ 《辞海》，上海辞书出版社，1989年版，第257页。

④ 房玄龄注：《管子》，上海古籍出版社，1989年版，第50—51页。

此人主之斤斧也”[①] 的论断。宋代范仲淹在《奏陕西河北攻守等策》中也曾提道：“须差近臣，往彼密为经略，方可预定法制，临时不至差失。”[②] 到了近代，严复的《原强》中也提到法制一词：“自其官工兵商法制之明备而观之，则人知其职，不督而办，事至纤悉，莫不备举。”[③]

“法制”之说虽然古已有之，但是到了今天，人们对法制概念的认识和理解仍然各不相同。纵观各路大家之说和人们约定俗成的惯例，“法制”一词可有狭义和广义的理解。如李伟民先生在《法学辞典》中将法制定义为：“（1）法律和制度；（2）统治阶级按照民主原则把国家事务制度化、法律化，并严格依法进行管理的一种方式。”[④] 1996 年的《现代汉语词典》中将法制定义为：“统治阶级按照自己的意志，通过政权机关建立起来的法律制度，包括法律的制定、执行和遵守，是统治阶级实行专政的方法和工具。”[⑤] 通过各辞书关于法制的定义，我们发现，狭义上看，法制指的是法律制度，指掌握政权的社会集团按照自己的意志、通过国家政权建立起来的法律和制度；而广义上看，法制指的是一切社会关系的参加者严格、平等地执行和遵守法律、依法办事的原则和制度。当然，除了广义和狭义上的区别外，国内更有学者提出法制是一个多层次的概念，它不仅包括法律制度，而且包括法律实施和法律监督等一系列活动和过程。这是法制概念不断发展和完善的产物。

2. 法治

仔细考察国内学者关于法制的定义后我们发现，随着法制概念的不断拓展和延伸，其概念越来越接近“法治”一词。但是二者之间还是存在着一定的区别和联系。李伟民先生在《法学辞海》中将

---

① 贾谊：《贾谊新书》，上海古籍出版社，1989 年版，第 18 页。

② 杨士奇等撰：《历代名臣奏议》，中国民艺出版社，1986 年版，下卷第 31 册，第 7593 页。

③ 牛仰山：《天演之声：严复文选》，百花文艺出版社，2002 年版，第 20 页。

④ 李伟民：《法学辞海》，蓝天出版社，1998 年版，第 1874 页。

⑤ 中国社会科学院语言研究所词典编辑室：《现代汉语词典》，商务印书馆，1996 年版，第 343 页。

"法治"定义为："（1）以法治国的简称，中国古代法家的政治主张；（2）资产阶级法治主义的政治主张，应包含两重意思，即已成立的法律得到普遍的服从，而大家服从的法律又应该本身是制定得良好的法律。"[①] 从李先生的定义中我们发现，其法治一词既包含法律制度这些硬规则，也包含依法施政这些软措施。从硬规则上看，要想实现法治，必须有一套较为健全的法律制度，其制度体系必须较为成熟和完备，可以覆盖其所管辖的各个方面；从软措施上看，管理者必须严格依照法律规定，不得以人治代替法治，令法律成为一纸空文，而被管理者也应按照法律要求履行自己的义务，接受管理。管理者和被管理者之间各自依法享受各自的权利和义务。对于李先生的定义，1996 年的《现代汉语词典》也有类似的表述："（1）先秦时期法家的政治思想，主张以法为准则，统治人民，处理国事；（2）根据法律治理国家。"从以上这两个定义中，我们可以发现，法治一词古已有之，中外对其的定义基本相同。

法治与法制相比，法制尚处于依法管理的初级阶段，更加强调法律规则的建立和完善，解决的是有法可依的问题；而法治则处于依法管理的高级阶段，不仅需要具备完善的法规体系，实现有法可依，还需要按章办事，实现有法必依，执法必严和违法必究。而结合本书的研究实际，本书中所论及的法治指的是统治集团按照自己的意志，通过国家政权建立法律制度，并以此为基础实施管理活动。

（四）情报法治

综合考虑上文对"情报""管理""法治"等相关术语的界定，本书所论述的国家情报法治指的是在国家机器内，国家层次的情报管理者为有效实施管理，保障情报活动顺利施行并约束情报机构不滥用权力、侵犯公民民主自由，而制定法律规章并依据法律规章施行管理的过程。而国家情报真正实现法治需要一个漫长的过程。这不仅需要一套科学成熟的法规体系，也需要形成依法办事的良好习

---

① 李伟民：《法学辞海》，蓝天出版社，1998 年版，第 1875 页。

惯，还需要打造公正严明的司法制度，更需要营造全员守法的法治文化。只有如此才称得上是真正意义上的法治。

三、研究意义

研究美国国家情报的法治进程及其内在规律具有深远的理论意义和重大的现实价值。

（一）深化对美国国家情报体制的了解和认识

情报管理是情报工作中的重要一环。美国情报工作之所以运行较好，其情报管理思想居功至伟。而国家情报体制是国家情报管理思想的外在表现，若想深入了解美国的国家情报管理思想则必须首先了解美国国家情报体制的变迁。二战后至今近 70 年的时间里，美国的国家情报体制几经曲折，在无数妥协和变革中不断创新。如何把握其发展的轨迹，认识其变化的规律一直是各国学者面对的一个棘手难题。然而仔细考察后，我们发现美国国家情报体制的发展演变与其国家情报的法治进程息息相关，相辅相成。透过法治这面镜子，可以清晰地发现美国国家情报体制的发展脉络、变迁历程和演进规律。因此，从学理上看，研究美国国家情报法治问题可以加深我们对美国国家情报体制的了解，丰富和拓展军事情报基础理论的研究领域，具有重要的学术价值。

（二）参考和借鉴美国的先进经验和失败教训

美国政府为了构建高效、有序的国家情报体制不惜花费大量的时间和精力，也进行了各种有益的尝试。到目前为止，美国已经打造了一套较为规范正式的国家情报法规体系，并运用该法规体系实施管理。其管理经验、管理理念和管理方式都是我们可以参考和借鉴的，而其法治历程中走过的弯路、遭遇的挫折、面对的瓶颈也可以作为反面教材，给予我们警示。因此，从理论上看，美国国家情报法治问题也具有重要的研究价值。

四、研究现状

美国国家情报法治研究是美国情报管理研究的核心问题之一，也是美国情报基础理论研究的重要组成部分。它是军事情报学、管理学和法学的交叉研究领域，而对于该问题的探讨国内外呈现了不同的特点。

（一）国外研究现状

第二次世界大战之前，美国情报工作基本采用的是“战时建、平时撤”的做法，其情报组织规模小，活动少，工作也时断时续。在战时人们更多关注发展和运用情报力量，获取战争胜利，而有意无意忽视了情报管理问题。而在和平时期，由于情报力量建设不被重视，情报机构被裁撤，情报活动也较少，其管理问题更难以引起公众的关注。偶尔出现个别的情报管理活动，也是基于道德准则的考虑，而非法律法规的限制。[①] 因此，在这一时期，对于情报管理的研究都甚为罕见，其法治问题更几乎不在专家和学者的研究视野之内。

直到第二次世界大战之后，美国情报机构的规模迅速膨胀，活动更加频繁，为了进一步规范情报活动，推进情报改革，美国成为世界上第一个立法成立常设性情报机构的国家，并依法创建了现代国家情报体制。国家情报的法治进程也迈出了重要的一步。当然，由于美国国会先后颁布的《1947 年国家安全法》《1949 年中央情报局法》和《1959 年国家安全局法》都只是从组织制度层面对美国各情报机构的职权进行规范，对于情报活动本身的管控并不严格，而美国各情报机构也继续延续战时的作风，不断产生各类丑闻，贪污腐败现象也较为严重。媒体和公众对美国情报界的无法无天逐渐产生不满，直至 20 世纪 70 年代中期，美国中央情报局的“家庭珍宝”

① 如一战结束后，时任美国国务卿的亨利·史汀生就以“君子不偷看他人信件”为由解散了美国著名的信号情报机构“美国黑屋”。

事件引发了这一积累已久的火药桶。美国国家情报的法治进程也进入了快车道，美国国会对于情报的立法逐渐频繁，管理的力度也越来越大，而以总统为首的行政机关，对于情报的管理也逐渐加强，出台了一系列的行政命令和指令。而“9·11”事件之后，美国又迎来了国会立法和政府出台规章制度的一次高潮，美国情报界内部也出台了各类指导方针以规范自身的行为。美国国家情报的法治进程进一步加速。而随着美国国家情报法治的发展与完善，美国学术界对国家情报法治问题的研究也经历了一个由浅入深，由慢到快的过程，涌现出了一批研究成果。其中一些成熟的研究成果为美国政府和国会所采纳，上升为各类法规及其修正案，用以完善国家情报法规体系；还有一些成果则成了公众普遍接受的价值准则，影响了公众对情报的看法和认知。直至今日，在每次情报丑闻和情报失误的背后都必然伴随着对各项规章制度的反思和总结，而以此为契机美国国家情报的法治进程也得以加快，这也成为美国国家情报法治研究的一个突出特点。

笔者查阅各类文献资料后发现，在美国各类情报研究文献中，涉及国家情报管理问题的文献汗牛充栋，但是从法治层面考察国家情报管理问题的文献则相对有限。例如，笔者查阅了《情报与国家安全》《国际情报与反情报》《美国情报杂志》《世界情报评论》以及中央情报局定期出版的《情报研究》等各类探讨情报问题的专业期刊后，发现其中虽然经常登载涉及国家情报管理的专栏文章，但是从法治层面对国家情报管理问题进行剖析的相对有限。以《情报与国家安全》和《国际情报与反情报》这两本最著名的情报研究期刊为例，自 20 世纪 90 年代中期到 2014 年，它们刊登的论文中与国家情报管理有关的就多达数十篇，但是从法治角度研究国家情报管理的论文则属凤毛麟角。此外，笔者查找诸如美国国会研究处（CRS）、中央情报局情报研究中心（CSI）、兰德公司以及 2049 项目研究所等官方和民间情报研究机构后，仅发现数十篇论文和报告与本论题直接相关。而互联网上各类数据库和电子资源等文献资料中涉及国家情报管理研究的材料虽然不少，但直接与本论题相关的文献资料也是寥寥之数。仅以 Proquest 公司提供的“数字国家安全档案”（Digital National Security Archives）数据库为例。该数据库 8 万多份有关国家安全的解密档案中有 1300 多份涉及国家情报管理的文献，但仅有百余份解密文档直接与本论题相关，如总统行政命令、国家安全委员会指令、国家安全委员会备忘录、中央情报主任指令、情报界指令、情报界政策指南、情报界政策备忘录等一手解密文献。

下面仅列出一些有代表性的文献资料：

1. 法规文献选编类

（1）《美国情报界法律原始资料集：国家安全法律与政策文献汇编》（*The U. S. Intelligence Community Law Sourcebook*：*ACompendium of National Security Related Laws and Policy Documents*，作者：Andrew M. Borene）。本书是由与国家安全相关的法规和政策文献编撰而成的原始资料集，主要陈述了各相关文献的纲要，用于指导和规范美国情报界的日常工作，为本领域的研究者提供了搜集资料的方向。

（2）《情报与法律：案例与材料》（*Intelligence and the Law*：*Cases and Materials*，作者：Allan N. Kornblum）。本书汇总了有关美国情报工作的各项法规文献以及各类审判案例，对于从事国家情报法治研究具有较大的参考意义，尤其是本书中的第 1 卷、第 4 卷和第 6 卷对于本领域的研究具有重要研究价值。

（3）《情报界法律参考书》（*Intelligence Community Legal Reference Book*，作者：美国国家情报总监办公室总顾问）。本书汇总了美国情报界所需遵循的各类法律、总统行政命令和指导方针，是美国官方正式颁布的一手参考资料，是从事国家情报法治研究的权威文献。

（4）《美国反间谍法摘要集：间谍与惩治叛乱法（修正版）、与敌通商法、惩治破坏活动法、选征兵役法、护照法、移民法、敌对外侨条例、战争条款、美国刑事法典相关条款及战时限制个人行为的其他联邦法律》（*Counter-Espionage Laws of the United States*：*ACon-*

densed Summary of the Amended Espionage and Sedition Act, the Trading-with-Enemy Act, the Sabotage Act, the Selective Service Law, the Passport Act, the Immigration Act, the Alien Enemy Regulations, the Articles of War, Relevant Sections of the United States Criminal Code and Other Federal Laws Restricting Personal Conduct in Time of War，出版单位：American Protective League）。本书汇集了美国国内各类反谍报法规文献的摘要，是指导反情报工作的重要法律参考文献，对于本领域的研究具有一定的参考价值。

（5）《国家安全法律》（*National Security Law*，作者：Stephen Dycus，Arthur L. Berney，William C. Banks，Peter Raven-Hansen）。该书梳理了涉及国家安全的法律文献，令专家学者在从事国家情报法治研究时拥有较为完整的法律类文献素材。通过归纳总结各类法律文献，人们可以发现哪些研究成果已转化为规章制度，哪些仍然还处于学术探讨之中。

2. 单一法规或相似法规文本研究类

（1）《对外情报监控法：概览和修正》（*The Foreign Intelligence Surveillance Act: Overview and Modifications*，作者：Elizabeth B. Bazan）。本文是针对《对外情报监控法》的专题研究，作者主要从整体上对该法及其修正案进行了大致的介绍和仔细分析，对各项法律条文的来龙去脉进行了梳理，对于了解和研究该法具有较大参考价值。

（2）《经众议院通过的电子监视现代化法》（*Electronic Surveillance Modernization Act, as Passed by the House of Representatives*，作者：Elizabeth B. Bazan）。本文的主要研究对象是美国众议院通过的《电子监视现代化法》，作者介绍了该法的形成背景，梳理了该法的具体条文，并对该法在反恐中的重要作用进行了详细阐述，本文对于了解和研究该法具有较大参考价值。

（3）《反恐法律》（*Counterterrorism Law*，作者：Stephen Dycus，William C. Banks，Peter Raven-Hansen）。本书以反恐为切入点，梳理

了与其相关的各类法律文献，并在对其进行摘要介绍的同时，总结了各法在反恐事务上的重要作用。该书对于本领域的研究具有一定的参考价值。

（4）《平衡自由和安全：美国对外情报监控伦理研究，2001—2009》（*Balancing Liberty and Security*：*an Ethical Study of U. S. Foreign Intelligence Surveillance*, *2001 - 2009*，作者：Michelle Louise Atkin）。本书是从社会伦理道德的角度，对《对外情报监控法》进行的专题研究，作者从维护公民自由和保护国家安全的两难困境出发，梳理了2001—2009年该法案的各项修正案，并提出了对二者进行统筹考虑的主张。

（5）《情报身份保护法》（*Intelligence Identities Protection Act*，作者：Jennifer K. Elsea）。本文主要探讨了《情报身份保护法》的出台原因，主要内容和重要作用，并对相关案例进行了梳理和介绍，对研究国家情报法治进程具有一定的参考价值。

（6）《确保安全与自由法（H. R. 1526）与强化安全与自由法（S. 737）：逐条分析》［*Security and Freedom Ensured Act*（*SAFE Act*）（*H. R. 1526*）*andSecurity and Freedom Enhancement Act*（*SAFE Act*）（*S. 737*）：*Section By Section Analysis*，作者：Charles Doyle］。本文主要对美国众议院与参议院分别通过的《确保安全与自由法》和《强化安全与自由法》进行了深入研究，通过逐条解读法律条文，作者提出这两个法案是对《对外情报监控法》的有力制约，是国会平衡民主与安全的又一次有益尝试，对美国国家情报法治进程具有重要意义。

（7）《美国爱国者法：法律分析》（*The USA PATRIOT Act*：*A Legal Analysis*，作者：Charles Doyle）。本文以《美国爱国者法》为研究对象，从法律层面分析了该法案在对内反恐，对外情报调查，防止洗钱，国土安保以及惩治犯罪上的积极作用，对掌握该法案的形成原因和实践意义具有较大参考价值。

（8）《对外情报监控法修正案重新授权法》（*Reauthorization of*

the FISA Amendments Act，作者：Edward C. Liu）。本文以2012年美国国会通过的《对外情报监控法修正案重新授权法》为研究对象，梳理了美国国内对外监控的主要法律法规，并对比研究了在监控美国人和非美国人时，其监控程序上存在哪些不同，对深入了解《对外情报监控法》及其历年的修正案具有重要的参考价值。

3. 案例研究类

（1）《恐怖主义和宪法：后9/11案例》（*Terrorism and the Constitution: the Post – 9/11 Cases*，作者：H. L. Pohlman）。本书从"9·11"之后的历次恐怖袭击案例入手，从美国宪法对民主自由的保护角度解读了美国本土易遭恐怖袭击的原因，并对如何防范恐怖袭击提出了相应的对策建议。作者对如何维持公民自由与国家安全之间的平衡也提出了自己的看法和主张。

（2）《规范隐蔽行动：美国国际与国内法中海外隐蔽强权的实践、背景和政策》（*Regulating Covert Action: Practices, Contexts, and Policies of Covert Coercion Abroad in International and American Law*，作者：W. Michael Reisman，James E. Baker）。本书从国际法和美国国内法的角度审视了美国历次隐蔽行动，并对其各项指导原则、活动方式和主要内容进行了深入分析，最后作者提出美国的隐蔽行动需要在国会和政府的双重监督下，依照相关法律的授权有序开展。

（3）《20世纪70年代的情报压制与国内恐怖主义》（*Intelligence Constraints of the 1970s and Domestic Terrorism*，作者：Sorrel Wildhorn，Brian Michael Jenkins，Marvin M. Lavin）。本书以美国20世纪70年代的情报大调查为背景，在仔细梳理70年代国会对情报的历次管控案例后，探讨了美国情报力量发展受限与美国国内恐怖主义不断壮大之间的联系。作者在书中提出情报是反恐的第一防线，并积极呼吁国会从法律层面为情报机构松绑。该书对研究美国国家情报法治进程具有较大参考价值。

（4）《不幸的酢浆草：丘奇委员会对国家安全局的调查回忆录》（*Unlucky SHAMROCK: Recollections from the Church Committee's Investi-*

gation of NSA，作者：L. Britt Snider）。作者斯奈德曾是丘奇委员会成员之一，参与了对美国国家安全局的调查活动。本文既是他的回忆录，也是一个比较详细的案例研究，文中以美国国家安全局的“酢浆草”项目为例，讲述了美国国会开展情报调查和提交调查报告的具体情况。对于了解情报法案在参议院的制订流程具有重要的参考价值。

（5）《寻找野象：派克委员会的调查行动和中央情报局》（*Looking for a Rogue Elephant*：*The Pike Committee Investigations andthe CIA*，作者：Gerald K. Haines）。本文以派克委员会对中央情报局的调查为例，探讨了该委员会的成立目的、调查的具体步骤、所遇到的各种困难以及与福特政府关于调查权的争夺情况。该案例对于了解情报法案在众议院的制订流程具有重要的参考价值。

（6）《阿斯平－布朗委员会情报质询：不为人知的特选委员会》（*The Aspin-Brown Intelligence Inquiry*：*Behind the Closed Doors of aBlue Ribbon Commission*，作者：Loch K. Johnson）。本文介绍了阿斯平－布朗委员会的组建过程和运行情况，并运用一手的各类访谈、官方文献和亲身经历介绍了整个委员会在对美国情报界进行评估时采取的各类方法和步骤，该案例对于了解情报法律法规在政府与国会的制订流程具有重要的参考价值。

（7）《国家安全局监视活动泄密：为国会准备的背景资料》（*NSA Surveillance Leaks*：*Background andIssues for Congress*，作者：John W. Rollins，Edward C. Liu）。本文以斯诺登泄密的“棱镜门”事件为背景，介绍了美国国家安全局从事的情报搜集活动，并对该活动的法律基础进行了详细的介绍，同时对该活动的监控情况进行了梳理，为研究美国国家情报法治进程提供了难得的管窥契机。

4. 历史研究类

（1）《国会监管美国情报界：1947—1994》（*Congress Oversees the United States Intelligence Community*，*1947－1994*，作者：Frank J. Smist，Jr.）。该书从历史的角度梳理了国会在情报管理问题上的发展演变，

并解释了造成这一发展变化的深层次原因。作者把国会监督分为体制性监督（institutional oversight）和调查式监督（investigative oversight）两种模式，并对国会历次情报立法活动进行了仔细梳理，对于了解美国国家情报的法治进程具有较大参考价值。

（2）《美国的秘密力量：民主社会中的中央情报局》（*America's Secret Power: The CIA in a Democratic Society*，作者：Loch K Johnson）。该书指出，只有情报机构的存在才可以保证民主社会的稳固，但是需要将情报机构置于法治监督之下，这样才能保证情报机构不会滥用职权，为所欲为。虽然有时需要通过一些违反伦理道德的行为开展情报工作，但是这并不代表情报机构可以任意违反民主理论和道德哲学。作者还将国会对中央情报局的监督划分了四个阶段：国会对中央情报局完全信任时期（1947—1974 年）；国会全面调查中央情报局时期（1974—1976 年）；相互怀疑的合作时期（1976—1986 年）；怀疑、不信任和重建信任关系时期（1987—1990 年）。

（3）《美国国家安全、情报和民主：从丘奇委员会至反恐战争》（*US National Security, Intelligence and Democracy: from the Church Committee to the War on Terror*，作者 Russell A. Miller）。该书从美国国会对情报机构进行大调查的年代一直回顾到反恐战争时期，从历史的角度梳理了美国情报史上几次著名的情报管控事件。从这些分散的历史事件中，作者勾勒了国家情报法规体系逐渐完善和逐步成熟的大致进程。

（4）《美国情报：1775—1990：书目指南》（*American Intelligence, 1775 - 1990: a Bibliographical Guide*，作者：Neal H. Petersen）。该书追溯了美国情报机构自创立直到 20 世纪 90 年代这二百多年间的发展历程，梳理了这一时期美国情报研究的主要文献书目。其中包含了对于国家情报法治研究的部分文献和成果，具有一定的参考价值。

（5）《规范美国的情报行动》（*Regulating US Intelligence Operations*，作者：John M. Oseth）。作者梳理了美国情报活动所需遵循的

准则，并在此基础上介绍了福特、卡特、里根三届政府在情报管理上的具体措施。本书从行政管理的角度为后人窥探国家情报法规体系的完善奠定了基础。

（6）《国家安全证书：背景资料》（*National Security Letters: Background and Issues*，作者：Carolyn D. Hines）。该书从过去的重大历史事件入手，探讨了美国国会通过各项情报监督法和设立相关监督机构的背景和原因。从立法和设立机构的过程中，探寻国家情报的法治历程。

除了以上提到的四大类研究文献外，还有一些文献在研究美国国会情报监督职能、情报失误以及情报改革等问题中间接涉及了本论题，此类文献数量较多，碍于篇幅所限，就不一一列举。

除美国学者外，英国、加拿大、印度等其他国家的学者也对美国国家情报法治问题偶有涉及，例如乔杜里（R. L. Chaudhary）于2009年在新德里编撰出版的《国际情报、恐怖主义法与安全百科》（*International Encyclopedia of Intelligence, Terrorism Laws and Security*）就包含了世界各国关于情报法律条文及其法规体系的摘要介绍。

整体上看，国外关于美国国家情报法治研究主要以法规文献选编、单一或相近法规文本研究、案例研究以及历史研究为主，缺乏对美国整个国家情报法规体系和法治进程进行综合考察的集大成者。究其原因一方面在于美国人的法治观念已经融入生活的点点滴滴，运用法律管理情报与管理其他政府职能并没有什么太大的区别，因而习焉不察；另一方面与美国人的实用主义思想密切相关，其研究的重点在于对具体法规条文的解读和法规条文的实际运用，而对国家情报法治的基础理论研究还没有引起美国人足够的重视。

（二）国内研究现状

在国内，军事情报学是一门新兴学科，研究的重点主要集中于情报体制，情报改革、情报分析、情报失误等领域，对于国家情报法治研究虽然有所涉猎，但是研究的程度不够深入。在21世纪之前，唯一表面上涉及情报管理的是胡昌平先生所著的《情报控制论基础》，可惜该书谈论的是控制论在图书馆情报学上的应用，与本论题研究的内容相差甚远。除此之外，研究情报管理的著述甚为罕见，更遑论研究国家情报法治问题的著述。

可喜的是，进入21世纪，国内有些学者开始关注情报管理和法治问题，并陆续取得了一些成果。以著作为例，解放军外国语学院申华撰写的《美国国家情报管理制度研究》、解放军国际关系学院高金虎撰写的《美国战略情报与决策体制研究》、华东政法大学黄爱武撰写的《战后美国国家安全法律制度研究》、解放军外国语学院汪明敏等撰写的《美国情报监督机制研究》、中国人民公安大学刘涛翻译的《美国涉外情报监控与通信截取法律制度》等著作都是本研究领域的重要参考文献。解放军外国语学院张晓军的《美国军事情报理论研究》中也有专门的一章探讨了该问题。

除了各类著作成果外，还有一些期刊文章也涉及了本论题，如汪明敏在《解放军国际关系学院学报》刊登的《从文化传统看美国情报监督思想》（2007年第4期）和《美国情报监督机制的内在困境探析》（2011年第1期）；杨小敏在《当代法学》刊登的《反恐背景下美国监视和情报制度的新发展——以〈爱国者法〉标题II下的条款为分析对象》；杨传东在《外国法制》刊登的《简评美国〈情报自由法〉1996年修正案》、黄德林在《法学评论》刊登的《略论美国〈情报自由法〉之形成与发展》等。

在仔细考察国内关于情报管理和法治问题的研究成果后，笔者发现国内各学者主要关注的是美国情报界的运作机制、管理活动本身以及情报管理历史等问题，偶有涉及国家情报法治研究的成果也仅仅停留在对法律文件的翻译或单一法规文本解读的层次上，或者概括不够全面，或者研究深度不够，甚至还有张冠李戴的情况。总体上看，国内尚无人全面系统地考察美国国家情报法规体系的现状、其法治化进程以及国家情报法治建设的内在规律等问题。而美国国家情报管理活动中最重要的四种方式（行政监督、立法监督、司法监督和情报机构内部监督[①]）都或多或少与国家情报法治问题密切相关，运用法治手段管理情报不仅是美国情报工作的一大特色，也是其情报建设制度化和正规化的重中之重，更是其情报力量能够保持蓬勃生机，实现可持续发展的重要保证。因此，本研究不仅重要，而且必要。

五、研究思路与研究方法

（一）研究思路

美国国家情报法治研究的研究思路大体来说可以包括以下两类：

1. 从法规的角度入手研究本主题

该方法主要从美国种类繁多的国家情报法规入手，一般采取法律条文文本研读的方式，逐一研究各条文所对应的情报管理功能。通过整体梳理和综合归纳的方式，可大体上厘清情报法规对国家情报体制的影响和作用，找出美国国家情报法治的内在逻辑和演变规律。总体上看，这一方法较为繁琐，需要对法规条文逐一梳理，最终也容易成为法规条文的单纯翻译和汇编，缺乏研究深度。再加上有些法规条文仍属美国的核心机密，尚未解密。而这些核心研究材料的缺失势必造成研究结论失之偏颇，故此研究思路利弊参半，需要整体权衡考虑。

除了整体梳理法规条文的方法外，还可采取案例研究的方式，通过对单一代表性法规的研究，演绎情报法规的一般创设流程及其对国家情报管理的一般功用。该方法一般从法律制度的创设入手，研究该法规创设的背景、创设的原因、创设的历程及其运行效果。通过研究有代表性的法规制度，挖掘该法规对美国国家情报体制的影响，可管窥情报法规体系与国家情报体制之间的内在互动规律。这种解剖麻雀的方式具有很多优点，可将研究的视角聚焦于一点，

---

① 汪明敏、谢海星、蒋旭光：《美国情报监督机制研究》，光明日报出版社，2013年版，第19至27页。

采取一点突破全面开花的方式，深入挖掘内在规律。但是，该研究思路也有先天的局限性，由于选择的视角过窄，容易陷入以偏概全的困境，得出的研究结论说服力也不够。

2. 从管理的角度入手研究本主题

除了从法规本身入手外，还有另一种研究思路，即探寻国家情报体制的产生、发展和变革的历程中，情报法规是如何产生影响的；探寻国家情报体制的运行和监督过程中，情报法规是如何发挥作用的。通过纵向的时间顺序和横向的逻辑顺序，采取经纬交织的方法，探寻美国国家情报法治的内部规律和基本原理。这种研究思路与第一种研究思路相比思维更缜密，逻辑更严密，更不容易陷入材料的旋涡，落入法规条文的翻译或汇编的窠臼之中。而且国内学者对于美国国家情报体制的研究已经有所涉猎，具备一定的前期研究成果。因此从管理的角度入手，可以在吸收借鉴前人成果的基础上进一步丰富创新，起点也更高，有利于走得更远。除此之外，该研究思路的指向性也比第一种研究思路更强，其研究结论也更有利于在情报管理实践上推广应用。当然，该研究思路也存在一定的弊端，比如对美国国家情报法规体系的梳理较为欠缺，对于国家情报法治的内在重视有余，表象描述不足。这容易使得结论过于深奥，晦涩难懂，不易于理解和操作。

综合考虑以上两种研究思路，本书将以第二种研究思路为主，以第一种研究思路为辅。通过两相结合的方式研究本论题。这种做法可将两种研究思路的优点和长处相结合，避免各自的缺点和不足。最终研究结论将既有深度的理论牵引，又有较为浅显易懂的对策建议。这种做法理论性和操作性皆备，更加适合本论题。基于以上考虑，本书将分为以下几部分展开论述：

“绪论”部分主要探讨研究缘起、概念界定、研究意义、研究现状、研究思路与研究方法以及研究的创新点和难点等内容。通过探讨研究缘起，明确来龙去脉；通过界定核心概念，规范研究对象；通过论证研究意义，揭示研究价值；通过梳理研究现状，发现研究空白；通过阐述思路和方法，勾勒研究轨迹；通过总结创新点和难点，彰显研究特色。

第一章“法与美国国家情报体制的构建和嬗变”梳理了美国国家情报体制的发展演变，并将其与美国国家情报的法治进程进行一一对比，细分为混沌的早期体制与法治积淀期（建国—1947 年）、第一次集权体制与法治成长期（1947—1974 年）、多元化分权体制与法治发展期（1974—2004 年）以及第二次集权体制与法治成熟期（2004 年至今）。在此基础上，论证了法是国家情报体制构建的基础和前提，是国家情报体制嬗变的依据和保障。

第二章“法与美国国家情报体制的运行和监督”首先梳理了美国国家情报体制运行和监督中的主要法治表现，如依法分配情报资源、依法审批情报活动、依法开展调查评估、依法惩处违法行为。通过这些外在表现，本书提出法是国家情报体制运行的重要规则和权力来源，是国家情报体制监督的基本准绳和必然结果的理论观点。

第三章“美国国家情报实现法治的方法和路径”依照亚里士多德对法治的理解，将法治的基本要素确定为拥有良法和普遍守法。由此出发，本章明确了美国国家情报实现法治的四种方法：第一，科学立法确保法为良法；第二，秉公执法实现依法行政；第三，公正司法树立法治权威；第四，全员守法形成法治文化。正是依靠这四种方法所形成的合力，美国在国家情报管理上才能满足法治的基本要求——成熟完善的法规体系和普遍守法的行为习惯。这也是美国国家情报实现法治的基本路径。

第四章“美国国家情报法治的动因及影响因素”从分权制衡的法治思想和三权分立的政治体制入手，探讨了法治思想及民主传统对国家情报法治建设的巨大推动作用，并以此论证国家情报法治的动因之一是民主传统和法治思想；从组织机构生存与发展的一般规律入手，揭示了法治与情报界生存发展之间的内在逻辑联系，并以此论证国家情报法治的动因之一是情报界生存发展的现实需求；从国家情报体制的发展演变入手，揭示了法治完善程度和管理效率高低之间的联系，并以此论证国家情报法治的动因之一是情报管理追求管理效率的历史选择。之后，本书梳理了影响美国国家情报法治进程的主要因素并揭示了国家情报法治的发展规律。

第五章“美国国家情报法治的经验和教训”在前文研究的基础上总结了三条成功经验，即成熟完善的法规体系是实现法治的基本前提，分权制衡的管理方式是实现法治的核心要务，自觉守法的法治文化是实现法治的有力保障。除了这三条经验外，本书还提出了值得注意的两条挫折教训，即全力厘清法规条文以防止法条的模糊和矛盾，全面杜绝法外特权以确保法规的权威性与公信力。

（二）研究方法

1. 历史研究法

在阐述法与美国国家情报体制的构建与嬗变时，本书首先梳理了美国国家情报体制变迁的历史和其法治进程，通过分析相关历史文献资料，探寻国家情报体制变迁与国家情报法治进程之间的关联。通过挖掘历次情报改革的法理依据，揭示法在国家情报体制发展演变中的地位与作用。

2. 案例研究法

在梳理美国国家情报体制运行和监督中的主要法治表现时，本书以美国情报授权法的制定为案例，说明美国如何依法分配情报资源；以隐蔽行动的审批为案例，阐述美国如何依法审批情报活动；以国会实施的情报审查为案例，分析美国如何依法开展调查评估；以近期美国情报失泄密案件为例，说明美国如何依法惩处违法行为。通过案例研究可以较为客观公正地得出研究结论，增加论证的说服力。

3. 文献研究法

在梳理美国国家情报法规体系时，笔者将采取文献研究法，对各类法律条文、总统行政命令、国家安全委员会指令、国家安全委员会备忘录、中央情报主任指令、情报界指令、情报界政策指南、情报界政策备忘录和其他官方报告等一手原文文献进行全面搜集、仔细梳理、深入分析和细致解读，并以此为基本立足点构建美国国家情报法规体系，划分美国国家情报法治进程的发展阶段。

六、创新点与难点

（一）创新点

1. 开拓了新的研究范围

本书是国内难得一见的全面研究美国国家情报法治问题的专著，是军事情报学、管理学与法学的三重交叉研究领域。本书不仅勾勒了现今美国国家情报法规体系的全貌，而且仔细探寻了美国国家情报的法治历程、其国家情报法规与国家情报体制间的互动规律、其国家情报实现法治的方法和路径、其国家情报法治的动因和影响因素及运动规律。本书既拓展了美国情报管理研究的深度和广度，又突破了传统的文献汇编或单一法规文本解读的研究层次，实现了该领域质的飞跃，具有弥补国内外学术空白的作用。

2. 采用了新的研究资料

本书在研究过程中，积极吸收利用近些年美国官方和学者解密与编撰的各类一手材料，力求从前人已经掌握的基础上更进一步，防止最终研究结论因材料不足而失之偏颇，努力在求全的基础上求真。例如，本书筛选了美国国会研究处和中央情报局情报研究中心历年的解密文献上百篇，以及从 Proquest 公司提供的数字国家安全文献（DNSA）数据库中筛选出上千份美国官方近期陆续解密的相关原始材料，这些一手文献为本书的研究奠定了坚实的基础。

3. 提出了新的研究观点

本书在研究过程中本着大胆假设，小心求证的方法，不断探寻美国国家情报法治的奥妙之处。经过不断的反复求证，本书提出美国国家情报管理制度的核心内容就是奉行法治。实行法治也是美国情报工作可以保持高效和活力的奥秘之一。除了提出这一论断，本书还提出美国国家情报法治建设与其情报改革同步发展、其法规体系的构建需要多方参与和反复实践等观点。这些观点都是国内外首次提出，在情报研究高度发达的美国，也属于创新性的见解。

（二）难点

1. 需要搜集和梳理海量的外文研究资料

美国国家情报法治问题在国内研究较少，中文研究资料十分匮乏，因此本论题的主要研究资料都是外文文献。虽然外文文献可以保证研究材料绝大部分属于一手材料，但是梳理和整理如此庞大的资料库需要花费较大的力气，例如，从数字国家安全文献数据库8万多份解密材料中梳理出上千份相关材料就耗费了大量的研究时间和精力。另外本研究的核心参考资料很大一部分都是官方文献和法规文本，其内容深刻晦涩而且专业术语较多，这对阅读理解能力和综合概括能力提出了较高要求。

2. 需要储备较深厚的背景知识

中美两国政治制度和文化传统差别较大。中国数千年的儒家思想与美国贯彻的法治理论相去甚远。甚至两国在人性善恶的哲学观点上还存在着深刻的对立。在从事国家情报法治研究中不可避免的需要涉及美国三权分立的政治制度、分权制衡的哲学思想以及依法治国的法治观念。这需要研究者对美国的政治、文化和法治等问题具有较深的钻研，具备相应的知识储备和深厚的研究功底。

3. 需要在扬弃的基础上推陈出新

总体上看，国外对该领域的研究也存在一些间接相关的前期研究成果。在积极吸收借鉴前人研究成果的基础上，还需要大胆开拓，涉足前人未曾涉足的领域，从事前人未曾从事的思考，解决前人未曾解决的难题。这些活动无一不需要一往无前的学术勇气和源源不断的研究动力。而推陈出新不仅是一个有没有勇气的问题，更是一个有没有智慧的考验。如何破解这些难题需要进一步的思索和考量。

第一章 法与美国国家情报体制的构建和嬗变

法国哲学家卢梭在《社会契约论》中曾提道："毫无疑问，存在着一种完全出自理性的普遍正义；但是要使这种正义能为我们所公认，它就必须是相互的。然而从人世来考察事物，则缺少了自然的制裁，正义的法则在人间便是虚幻；当正直的人对一切人都遵守正义的法则，却没有人对他遵守时，正义的法则就只不过造成了坏人的幸福和正直的人的不幸罢了。因此，就需要有约定和法律来把权力和义务结合在一起，并使正义能符合于它的目的。"[①] 对美国情报界而言，把情报机构的权力和义务结合起来的"约定和法律"就是美国的国家情报法规体系。以这套成熟和科学的情报法规体系为基础，美国情报工作已经基本实现了法治。而在法的治理下，美国情报界才能够顺畅、有序地运转，实现各情报力量的有效聚合。这也让美国在历次威胁和灾难面前能够从容应对。那么法究竟在美国国家情报体制的创建和发展中究竟发挥了什么作用？又是如何发挥作用的？这些问题值得我们认真研究和深入思考。

第一节 美国国家情报体制的发展演变及其法治历程

法国启蒙运动的先驱孟德斯鸠曾在其名著《论法的精神》一书中指出："从最宽泛的意义上讲，法是事物的性质中产生出来的必然

---

① 让·雅克·卢梭：《社会契约论》，商务印书馆，2009 年版，第 45 页。

的关系。在此意义上，所有存在之物均有自己的法。”[①] 而且古罗马十二铜表法在结尾处也警示世人：“人民的安全就是最高的法律。”[②] 然而作为维护人民安全的重要机器，各国情报机构自诞生以来至二战结束，从来没有哪个国家或政府把自己情报机构的法规以法律条文的形式公告天下。这种法规制度的不完善，必然带来体制上的混乱。而这种混乱无序的体制状态正是美国早期情报体制的主要特点。

一、混沌的早期体制与法治积淀期（建国—1946 年）

早在美国争取独立的北美独立战争时期，大陆军就组建了从事情报活动的相关机构。从这个意义上说，美国情报活动的历史甚至要比美国建国的历史还要悠久。在这 200 多年的历史里，美国情报机构既经历了低水平的徘徊式发展，又经历了短期内的跃进式腾飞，但总体上看，还未形成真正意义上的国家情报体制。而其情报体制的变化也几经波折和起伏。在 1947 年前，美国情报机构奉行的早期体制大体可以分为以下三类。

（一）即兴式的情报体制

纵观美国情报史，自北美独立战争至 1882 年美国第一家常设性的情报机构海军情报局（Office of Naval Intelligence）成立这一段时期，美国情报活动一直在低水平的阶段徘徊发展，情报工作完全是为了应对迫在眉睫的战争而临时起意的一项活动。此时的情报体制也基本上奉行即兴式的组建方式[③]。

1. 独立战争前后美国情报体制的产生与没落

独立战争时期，大陆军需要与当时世界上第一强国英国开展军事斗争。为了完成这貌似不可能完成的任务，大陆军内出现了三位

---

① 查理·路易·孟德斯鸠：《论法的精神》，曾斌译，京华出版社，2000 年版，第 33 页。

② 弗朗西斯·培根：《人性的探索——培根随笔全集》，黑龙江人民出版社，1989 年版，第 189 页。

③ 所谓即兴式的管理指的是情报管理时断时续，完全根据当前危机的缓急而做出临时性的应对。

著名的情报领袖，他们不仅是美国情报工作的奠基人，同时也是美国情报的首批管理者。这三位重要人物分别是：美国首任情报长官乔治·华盛顿（George Washington）、首任反情报长官约翰·杰伊（John Jay）和首位隐蔽行动大师本杰明·富兰克林（Benjamin Franklin）。①

纵观这三位情报领袖在情报领域的突出成就，我们发现在独立战争时期，美国情报工作开展得有声有色，各情报从业者也可以基本胜任情报工作。这对于初次创设情报组织的美国情报从业者来说，是一次难能可贵的历练。然而好景不长，独立战争结束后，美国情报工作中的英雄们纷纷解甲归田，情报活动整体上陷入停滞状态。战时创设的临时性情报体制自然也淡出了人们的视线。当时首任美国陆军部长亨利·诺克斯（Henry Knox）的手下仅有一名士官和一名文职人员，"连制定作战计划的人手都嫌不够，更不用说从事情报活动了。有限的情报活动全部由作战军官来执行，内容不外乎勘探道路，绘制地图"。② 总体上看，美国战时临时性的情报体制已然不复存在。

2. 建国后至南北战争时期美国情报体制的曲折发展

（1）第二次独立战争前后的情报体制

独立战争结束后不久，新成立的美利坚合众国并没有完全摆脱战争的阴影。短暂的和平过去后，1812 年美英之间又爆发了第二次独立战争。由于战前美军没有构建任何情报机构，更无人从事专业化的情报工作，所以战争前期美军毫无情报准备。当然，随着战争的持续，战争后期美军加大了对情报的关注程度，并组建了临时情报机构，这样才最终赢取了战争的胜利。虽然这场战争最后以美国的胜利告终，但是战争中暴露出来的情报体制问题却触目惊心。例如，在战争中，美军曾试图入侵加拿大，以报复英国对美国本土的攻击。但是当时美军的情报组织工作却非常混乱，准备入侵的部队

① 任国军：《美国军事情报文选》，军事科学出版社，2007 年版，第 36 页。

② 刘宗和、高金虎：《外国情报体制研究》，军事科学出版社，2003 年版，第 4 页。

甚至没有专人负责绘制和分发行军地图。这种情报组织管理上的无序状态必然招致最终的惨败。整体上看，这场战争中，美国情报工作始终在老路上徘徊，其即兴式的情报体制没有发生丝毫的改变。

（2）美墨战争前后的情报体制

第二次独立战争结束后，美军的情报体制又重新回到了“战时建，平时撤”的老路上，情报组织再次被解散，情报工作也陷入低谷，无人过问。但是随着美国不断向西部开疆拓土，美国与墨西哥之间的矛盾逐渐激化，双方之间陷入长时间的交战状态。战争的不断持续，也令部分开明人士逐渐重视情报工作。这部分人中，尤其以一线指挥官最为重视情报。由于情报与作战联系紧密，所以战争实践令这批人明白了情报的重要性。这就产生了一种非常有趣的现象：在一线，越是常胜将军越是重视情报工作，而越重视情报的指挥官也越容易获得胜利。例如，温菲尔德·斯哥特少将（Maj. Gen. Winfield Scott）在国家没有提供情报支援的情况下，自掏腰包组建了从事情报搜集的“墨西哥间谍公司”（Mexican Spy Company），并由他本人亲自管理该情报组织。虽然该组织的成员仅仅是一帮乌合之众，毫无专业的情报素养，但是他们却或多或少提供了一些有价值的情报，为斯哥特少将 1847 年征服墨西哥城发挥了积极作用。由此可见，该战争中虽然美国在高层并没有专职的情报机构，但是一线却自发开始组建情报组织。然而好景不长，随着战事的结束，其情报组织再次被解散，战时的优良传统未能得到继承和发扬。整体上看，美国组建情报体制仍然奉行即兴式的方式。

3. 南北战争时期情报体制的短暂发展

1861 年美国南北战争爆发，这场战争为美军情报活动提供了巨大的机会。由于南北双方在文化和社会背景上十分相似，这就为间谍和特工们的纵横捭阖提供了广阔的空间。在战场上，南北双方都广泛采用骑兵作为侦察的主力。除了骑兵外，南北双方还在情报搜集领域广泛采用新技术。例如，北方为了侦察战场上敌军的部署，采用热气球进行情报侦察。1863 年，北方的陆军信号大队（Army

Signal Corps）也开始扮演情报角色。为了提供珍贵的战场情报，信号大队常常驻扎在战场的制高点，用旗语向己方传递情报。虽然这一方法还存在着许多不利因素，如旗语可能被敌方截收和破译，但是这也为情报欺骗提供了用武之地。这一切又促进了密码技术的发展。

由于情报活动的规模越来越大，情报工作也越来越职业化，这也令构建情报组织逐渐成为战争中各指挥官关注的重点。当然，这一时期，战场上大部分的指挥官还是自己亲自担任情报管理者的角色。例如，南方著名的“石壁将军”杰克逊（Lt. General Thomas “Stonewall” Jackson）就亲自主持地图的绘制，而朗斯特里特中将（Lt. General James Longstreet）也亲自听取谍报人员的简报。这种事必躬亲的情报管理方式仅仅是权益之计。毕竟指挥官的时间和精力有限，无法在情报管理上花费太多心思。为此，也有人尝试任命他人担任自己的情报管理者，负责组建情报机构。例如，北方军总司令麦克莱伦少将（Maj. Gen. George McClellan）就任命私交甚密的私人侦探艾伦·平克顿（Alan Pinkerton）担任他的首席情报官，专职管理情报组织。但是，平克顿对情报工作并不熟悉，在上任伊始就用夸大其词的评估报告让北方军止步不前，贻误战机。直到1863年，北方军才找到了一名精通情报管理的职业情报官——乔治·夏普上校（Col. George Sharpe）。在他的管理工作下，北方军的情报工作开始有了起色。在葛底斯堡战役中，夏普令南方军总司令罗伯特·李（Robert Lee）“成了一个没有掌握情报的将军，他在对联邦军队的规模、去向一无所知的情况下，被迫投入战斗，结果导致惨败”。[①] 而北方军总司令格兰特将军（Gen. Grant）“对南方首都里士满的一举一动都了如指掌”。[②] 取得这些成绩完全得益于夏普高超的情报组织才能和娴熟的管理技巧。在夏普的领导下，北方军的情报工作焕发了全新的面貌。

---

① 刘宗和、高金虎：《外国情报体制研究》，军事科学出版社，2003年版，第5页。

② 同上。

这一时期，美国情报工作从后方到前线都呈现出一派欣欣向荣的景象。然而好景不长，战争结束后，美国人的老习惯再次卷土重来，随着军队的大幅裁减，夏普上校不得不退役，其负责的情报机构也被一同撤销。在战争中用鲜血和汗水换来的经验与技艺在日复一日的和平生活中逐渐为人们所淡忘。

综上所述，每当战争和危机来临时，美军才仓促组建情报机构，并在战时花大力气开展情报活动，而当战争结束时，情报机构往往被撤销，情报从业者也纷纷解甲归田。这种“战时建，平时撤”的即兴式构建方式令美国情报机构连自身的生存都无法得到保证，更遑论其法治问题。直到1882年美国海军首先设立了和平时期常设性的情报机构——海军情报局（Office of Naval Intelligence）才令这一局面出现了改观。

（二）放养式的情报体制

1882年，美国海军首先设立了和平时期常设性的情报机构——海军情报局。1885年，美国陆军紧随其后也设立了和平时期常设性的情报机构——陆军军事情报局。这两家情报机构的设立标志着美国情报体制脱离了过去即兴构建的怪圈，步入了一个新的阶段。不过这一阶段的情报体制与美国现代国家情报体制相比仍然相去甚远。平心而论，这一时期情报用户们对情报的重视程度虽然稍有提高，但是仍然没有把它提高到应有的高度，仅把情报当作解决危机的权宜之计。因此，此时的情报体制是一种典型的放养式体制。[①]

这种放养式的体制体现在美国情报工作的方方面面。

1. 对情报机构的定位模糊不清

1882年，美国历史上第一个常设性情报机构海军情报局成立时，海军部长威廉·亨特（William H. Hunt）对其的要求是：“搜集

① 所谓放养式管理指的是情报管理者对所属情报机构漠不关心，对其未来的发展也没有规划，仅指示一个大概的方向，规定一些宽泛的职责，并未赋予其多少权力，是一种放任自流，不管不顾的管理方式。

和记录在战时和平时都有可能有用的信息。”[①] 无独有偶，1885 年美国历史上第二个常设性情报机构陆军军事情报局成立时，陆军部副官长 R. C. 德拉姆指出，该机构的职责是“在任何适当的时机为政府提供在应对突发战争时所需知道的一切事务”。[②] 这两个要求和指示都过于模糊和空洞，这让情报机构和情报人员可以对其进行随意解读。这种对情报机构职责和使命的模糊定位正是放养式体制的生动写照。

随着时间的推移，这种对职责和使命的模糊定位不但没有好转，反而愈演愈烈。1892 年，军事情报局的职能被进一步扩大，当时美国的战争部长将该机构进行了重组，并且赋予它许多额外职责，几乎把它变成了一个既负责搜集情报，又负责作战活动的参谋机构。具体来看，军事情报局重组后其职责包括：搜集美国国内外的情报、管理美国的武官系统、向陆军部队分发情报产品和军用地图、监管民兵动员基地以及管理军事博物馆。以今天的眼光看，其中很多职能并非情报职能，而该机构也变得越来越不像一家专业化的情报机构。

2. 投入情报机构的资源十分有限

由于奉行放养式的情报体制，所以分配给情报机构的的资源严重短缺。以陆军军事情报局为例，该机构成立时地位就不高，直到 1889 年才作为陆军副官长办公室的下属机构，直接对副官长负责。1898 年，美西战争爆发时，也只有 11 名军官在该机构任职。而随着战争的持续，陆军需要不断从后方抽调人员填补前线的缺额。因此，到战争结束时，军事情报局只有 2 名军官和 10 名文职书记员留在华盛顿总部，其余人员都已抽调至前线。[③]

除了编制员额难以满足工作需要外，拨付给各情报机构的物力

① Lt Col A P Gupta (Retd) & Major Suresh Goel (Retd), *International Encyclopaedia of Military, Security and Intelligence Agencies*, Vol. 7, MD Publications Pvt Ltd., 2009, p. 237.

② 任国军：《美国军事情报文选》，军事科学出版社，2007 年版，第 52 页。

③ 同上书，第 53 页。

和财力也捉襟见肘。1903 年，美国陆军部进行了机构调整，新建了总参谋部，并在其下设置了情报部。但是整个情报部只配了一辆公务用车，这使得其与情报用户的沟通与交流受到了严重的限制。[①]

对于这一时期的窘迫情况，国内也有学者指出："美国虽然建立了自己的常设性情报机构，但是情报活动的规模偏小，经费短缺，人手不足。"[②] 这一描述正是当时情景的生动写照。第一次世界大战后，美国情报机构的面貌也没有丝毫改观。情报体制仍然遵循放养式的体制。虽然机构没有被撤销，但是经费一再削减，人员一再裁撤。整个情报体制内的各个部门都在为谋求生存而痛苦挣扎，根本谈不上思考其他问题。

3. 对情报机构的编制调整随心所欲

在放养式的体制下，情报用户们对情报机构的编制调整几乎毫不重视，完全凭借自己的好恶和主观认识实施管理，呈现出典型的"人治"色彩。例如，1908 年，时任陆军参谋长的富兰克林·贝尔（Franklin Bell）为了公报私仇，悍然将拉尔夫·范迪曼（Ralph Van Deman）掌管的陆军军事情报局撤销。[③] 而当时欧洲局势已经陷入危机，世界大战也一触即发。在这非常时期，情报管理者完全不顾情报工作的极端重要性，仅凭自己的个人好恶就令国家失去了重要的屏障。这正是奉行"人治"的重要例证。无独有偶，第一次世界大战后，胡佛总统的国务卿亨利·史汀生（Henry Stimson）也以"君子不偷看他人信件"为由解散了著名的密码破译机构"美国黑屋"。这件事本身不仅沦为世界情报史上的一大笑谈，而且也从侧面反映了当时美国情报管理上的"人治"化程度。

（三）割据式的情报体制

随着时间的推移，美国国内从事情报工作的机构也逐渐增加。

---

① 任国军：《美国军事情报文选》，军事科学出版社，2007 年版，第 55 页。

② 刘宗和、高金虎：《外国情报体制研究》，军事科学出版社，2003 年版，第 8 页。

③ 同上，第 9 页。

除了陆军和海军在各自总部机关又增加了一些情报机构外，美国司法部也于1908年成立了调查局（Bureau of Investigation）[①] 负责国内犯罪调查和反情报活动，而美国国务院也有一个名义上的情报司[②]。除了这三大部门的情报机构外，美国内政部、商务部、农业部等部门也开展了一些情报活动，但规模和影响都较为有限。[③] 二战爆发后，罗斯福总统应威廉·杜诺万（William Donovan）的要求，成立了战略情报局，全面负责协调情报工作、从事情报分析和开展隐蔽行动。而二战结束时，美国国务院也吸收了战略情报局的研究和分析处，并在其基础上于1945年10月组建了情报研究局（Bureau of Intelligence and Research）。除了政府和军方高层组建了各类情报机构，在战场和一线还存在着其他形形色色的情报分支单位。例如，珍珠港事件前，美国海军在夏威夷就设有作战情报部（Combat Intelligence）、舰队情报部（Fleet Intelligence）和反间谍部（Counterespionage），美国陆军也设有情报部（Main G－2）和隶属陆军航空队的特别情报部（Special G－2）等。[④] 这些单位职权和隶属关系纷繁复杂，相互之间没有明确的职责限定。这一诸侯林立、各自为政的局面，就是当时美国情报体制的一大特色。

1. 本位主义成为体制内的主流思想

自美国海军和陆军各自成立常设性的情报机构开始，美国官僚政治体制中的本位主义思想就在情报体制内部开始萌芽。这一思想在二战结束时更是甚嚣尘上。陆、海军下属的各类情报机构、司法部的联邦调查局以及二战后不久新成立的国务院情报研究局都各自努力争取生存空间。为了争取更多的预算，得到更多的编制，凸显自身的价值，这些情报机构纷纷在总统面前表现自己，打击对手，

---

① 该机构即为现今美国联邦调查局的前身。

② 纪真：《总统与情报：从罗斯福到小布什》，军事科学出版社，2008年版，第8页。

③ 同上。

④ Roberta Wohlstetter, *Pearl Harbor: Warning and Decision*, Stanford University Press, 1962, pp. 29－30.

希望争取总统的信任和青睐。甚至在一些重大事件上，各情报机构都从本部门的利益出发，将国家安全和国家利益放在一边，为了各自的“地盘”撕破脸皮，相互攻讦。

例如，二战时情报协调局（Office of the Coordinator of Information，战略情报局的前身）成立伊始，美国军事情报机构就对这一文职部门充满敌意，使得其根本无法开展工作。对此，杜诺万曾抱怨说，美国军方的情报机构从来没有向他提供过情报。[①] 哪怕1942年7月情报协调局改组为战略情报局并划归参谋长联席会议直接领导时，陆军情报机构仍然不允许战略情报局的情报分析人员获取密级较高的通信情报。[②] 隐藏在这些现象背后的都是各单位的本位主义思想。无独有偶，二战刚结束，当杜鲁门总统决定改组美国情报体制时，陆、海军的情报机构、国务院的情报研究局和司法部的联邦调查局都希望在改组方案中体现本机构的作用，力图主导改革方案，实现本部门利益的最大化。[③] 这种“占山头”的本位主义是当时情报体制内的主流思想。而这种本位主义思想虽然在之后的一段时间里遭到打击和压制，但是一直难以被消除，甚至在某些时候还会有所激化。例如，二战后美国中央情报局与联邦调查局关于拉美地区的地盘争夺问题就是本位主义的又一个典型案例。两大机构对于拉美地区反情报工作归属权的争夺竟然一度闹到需要总统做出仲裁。最后里根总统不得不通过行政命令才将这两机构的职责权限做了区分。

---

① 托马斯·特罗伊：《历史的回顾——美国中央情报局的由来和发展》，群众出版社，1988年版，第226页。

② Ronald Spector, ed. , *Listening to the Enemy*, Wilmington: Scholarly Resources, 1988, p. 199.

③ 美国军方、国务院和联邦调查局等部门一开始都极力反对整合，他们认为只有松散的情报体制才能确保搜集和分析工作更加客观，也更加容易兼顾各方的利益。但由于杜鲁门总统强力要求整合情报机构，各部门才不得已提出由各自主导的整合方案，如陆军的“洛维特委员会报告”；海军的“埃伯施塔特报告”；国务院的“麦科马克计划”。最终三方在杜鲁门总统的强压下不得不采取折中方案，首先设立一个临时性的“中央情报组”（Central Intelligence Group）解决燃眉之急。而联邦调查局对此事非常不满，反对将自己排斥在改组方案之外，并坚决要求禁止中央情报组在美国大陆和属地行使情报调查权。在联邦调查局的一再要求下，最终改组方案也加入了联邦调查局的意见。

但是事后联邦调查局对这一裁定十分不满，甚至将其积攒多年的档案资料付之一炬。这正是本位主义的又一次重要体现。[①] 直到今天，美国情报界内还留有该种思想的信徒，这也让美国情报融合和共享工作无法从根本上得到好转，其融合和共享的效率始终受到掣肘。

2. 职能过度重叠成为影响效率的一大顽疾

由于美国军方、司法部和国务院等部门都热衷于组建自己的情报机构，以满足本部门的情报需求，而国家决策层又缺乏整体统筹和规划情报管理的机构，这就造成情报机构的职能难免出现过度重叠和交叉。而这种职能的交叉和重叠严重影响了情报工作的效率。

以二战前的反情报工作为例，联邦调查局负责美国国内和拉美地区的反情报工作，而美国军方也有负责美国国内反情报事务的情报部门，如陆军部下属的陆军情报局（Army Intelligence Agency）和海军部下属的海军情报局。这三家机构在美国国内反情报工作上存在着严重的职能交叉和重叠。这就造成了在开展反情报工作时，人力和财力的浪费，同时也存在严重的内耗和相互掣肘。例如，有时候陆军情报局花费重金策反和收买了敌国驻美间谍组织的成员，并将其发展成为一名重要线人，希望顺藤摸瓜找出该机构的其他成员。然而海军情报局也积极插手调查该间谍组织，并在该组织内部安插了本单位的卧底特工。由于双方互不知情，结果相互阻碍对方开展工作，未能携手形成合力。与此同时，联邦调查局也插手该案件，并将陆军情报局的线人和海军情报局的卧底特工一起逮捕，并绳之以法，破坏了陆军情报局和海军情报局下一步的反情报计划。这个例子就是一起典型的职权重叠、各自掣肘的案例。

职能重叠除了造成各情报机构竞逐有限的情报资源和争夺情报活动的主导权外，在遇到难题和追究责任时，各情报机构又可互相推诿和逃避处罚。例如，在1938年的拉姆里奇案件中，由于插手侦察和逮捕的单位太多，被起诉的18名犯罪嫌疑人中竟有14人钻了

---

① 胡荟：《浅论情报分析失误的原因——组织制度下的思考》，《解放军外国语学院学报》（社科版），2012年第3期，第26页。

职能重叠的空子，逃出法网。[①] 事后问责时，各单位也相互推诿，没有哪家单位愿意出面承担办事不力之责。无独有偶，在珍珠港事件中，美国陆军、海军、国务院，甚至包括司法部的联邦调查局都极力撇清自己的责任，极力将失误的责任推到其他部门头上。各情报机构都声称自己并没有掌握确实与完整的情报，而其他情报机构应该承担更大的责任。[②]

3. 缺乏协调成为导致情报失误的重要原因

山头林立，各自为政的局面直接导致了二战中珍珠港的悲剧。战后，美国政府和学界在对珍珠港事件的反思中反复强调——情报机构之间缺乏协调是导致珍珠港情报失误的重要原因。对于当时美国情报体制上的协调问题有学者描述到：（美国各情报机构）缺乏集中统一的领导、协调机制……没有统一的国家情报需求：尽管认识到与日本必有一战，而且每个情报机构都忙着搜集各类信息，却没有总体上统一的国家情报需求；也没有统一的情报搜集规划：尽管各部门都有自己的搜集任务和计划，但跨部门之间缺乏协调，导致资源浪费严重；更没有统一的情报分析机构：各部门都把自己获取的情报私藏起来，作为邀功的成果。[③]

面对这一壁垒森严，划地而治的情况，罗斯福总统通过临时组建协调机构的方法作为应急之策。到二战结束时，这些负责协调情报活动的委员会竟然高达20个。虽然协调委员会数量众多，但是收到的成效却不甚理想。以同属军方的陆军军事情报局和海军情报局为例，哪怕几经协调，双方之间仍然缺乏有效沟通和合作。甚至直到1944年，美国“海军情报机构还不能与陆军共享其获得的情报”。[④] 甚至“在整个二战期间，两个情报机构之间都没有保密电话

① 刘宗和、高金虎：《第二次世界大战情报史》，解放军出版社，2009年版，第146页。

② Roberta Wohlstetter, *Cuba and Pearl Harbor: Hindsight and Foresight*, the Rand Corporation, 1965, p. V.

③ 孙建民、汪明敏、杨传英：《情报战战例选析》，国防大学出版社，2010年版，第138页。

④ 刘宗和、高金虎：《第二次世界大战情报史》，解放军出版社，2009年版，第167页。

联系，这也说明，两个机构之间的合作是极为有限的”。[①]

总体上看，无论是即兴式的情报体制，或是放养式的情报体制，还是割据式的情报体制，都无法保证情报工作的效率。由于缺乏中央首脑和统一的法规制度，导致情报活动基本都以各部门首长的主观意志为管理规则。而这也导致情报工作效率低下，情报失误频频。这种以“人治”为基础的管理方式并不符合美国的国家利益。因此，美国决策层决定改变过去的管理思路，采用更加权威和更加规范的方式管理情报。在这一背景下，美国国家情报的法治进程开始加速发展。

二、第一次集权体制与法治成长期（1947—1974 年）

随着人们对情报的认识不断深化，美国政府的高层决策者们越来越意识到在构建情报体制时应该构建集权式的情报体制。为了给集权式体制赋予权威，1947 年在杜鲁门总统的强力推动下，美国国会通过了《1947 年国家安全法》，并以此为基础构建了美国现代国家情报体制。这也标志着美国中央集权式的国家情报体制第一次在法律层次上得以确立，具备了足够的权威。

然而这一体制的建立与成形却并非一帆风顺，水到渠成，而是经历了复杂的发展演变，有着无数的曲折和妥协，而且直至今日也远没有实现其预期的设想。从历史发展的角度上审视，中央集权式的情报管理思想早在二战前就已经产生，1946 年进行了初步尝试，直到 1947 年才得到正式贯彻和初步落实。随着时间的推移，这一情报体制也不断暴露出缺陷和弊病。即使如此，这一时期也是美国现代国家情报体制从无到有，从分散到集权的重要时期。它对日后美国国家情报体制的进一步发展与完善具有重要意义。

① 刘宗和、高金虎：《第二次世界大战情报史》，解放军出版社，2009 年版，第 167 页。

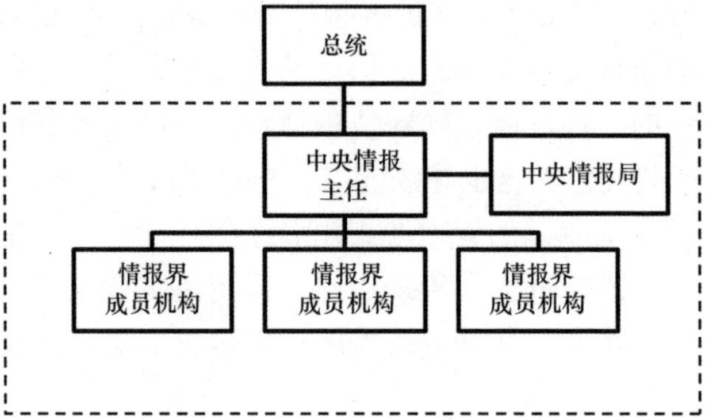

图 1－1　第一次集权体制示意图

（一）中央情报思想的产生

1. 出现和沉寂

国内学界普遍认为，美国的中央情报思想产生于二战前后，其代表人物是美国“中央情报局之父”威廉·杜诺万。然而早在 1929 年，美国海军上校约翰·盖德（Captain John Gade）[①] 就划时代地提出了成立国家情报机关统管全美情报工作的大胆设想。对此，中央

---

① 约翰·A·盖德生于 1875 年，卒于 1955 年。曾任美国海军驻外武官，是一名作家、建筑师和金融家。盖德出生在马萨诸塞州，母亲是地道的美国人，而父亲却是一名挪威裔的外交官。这种国际化的家庭背景为他日后的情报生涯打下了扎实的基础。他自幼就与欧洲的其他精英分子一样留学于法国和德国，熟悉了欧洲国家的民俗文化，并掌握了好几门外语。当欧洲大陆爆发第一次世界大战时，盖德不满自己和平的生活，毅然放弃建筑师的工作，选择报效国家。1916 年，盖德加入了由赫伯特·胡佛（Herbert Hoover，1928 年竞选胜利后任美国总统）领导的美国援助组织——比利时救济委员会（Commission for Relief inBelgium），开始从事人力情报工作。在一战中，他在人力情报领域大展拳脚，工作表现十分出色。一战后，他担任美国驻波罗的海诸国专员，继续从事人力情报工作。1920 年 5 月，盖德由于私人原因，辞去了公职，回到美国华尔街一家公司工作，但是他对情报的关注却丝毫没有减弱。依靠自身的工作经历，再加上经常与美国情报官员进行讨论交流，盖德提出了一些有建设性的设想。而这些想法与美国政府日后组建战略情报局和中央情报局的初衷不谋而合。从历史贡献上看，盖德虽然并未直接推动美国的情报改革，也没有取得什么令人惊叹的丰功伟绩，但是他的独到眼光和深邃思维让他成为一名预言者，并为当时摸着石头过河的美国情报工作者们指明了正确的航向。

情报局历史学家托马斯·F·特洛伊（Thomas F. Troy）评价道："盖德在1929年就第一次提出了构建中央情报局的构想，毫无疑问，在这方面他是先驱。"①

1929年，盖德在与两位美国军事情报官员共进晚餐时，提出构建"国家情报局"（National Intelligence Service）辅助总统统管全美情报工作的设想。当时就餐中的一名军事情报官员发现盖德的提议是经过深思熟虑的发言，而非信口雌黄，因此他就将盖德的想法向他的上级领导陆军军事情报局（MID）参谋长斯坦利·H. 福特上校（Colonel Stanley H. Ford）做了汇报。

当四天后再次与这名官员会晤时，盖德将已打印好的报告送到了他手中。在这份报告中，盖德列举了美国情报体制中的诸多不足，如各部门各自为战，缺乏协调和管理，没有专职的情报分析单位，因此需要对整个体制进行大改组。而改组的核心就在于组建他先前提到的"国家情报局"。当然，由于资金有限，国会也可能刻意刁难，现今最合适的解决方案就是建立临时性的中央情报组。而该机构应具备足够的职权获得各情报源提供的情报素材，这样才能够迅速地将这些只鳞片爪的材料拼凑成一幅完整的拼图，并将其迅速分发给情报用户。该机构应是行政系统中的一个独立部门，这样它才能充分利用美国情报系统的各个成员并防止出现职责重叠的情况。此外，该机构还将负责直接向总统提交评估报告并充分改善各情报组织和警察机关之间的信息共享。

为了提高美国情报机构的工作效率，盖德建议向外国同行，尤其是向英国同行学习。学习他们先进的管理经验和职业技巧。盖德还呼吁在和平时期就应花大力气进行情报力量建设，而非等到危机迫在眉睫才临时抱佛脚。按盖德的话说："只有在和平时期掌握了足

① Thomas F. Troy, *Donovan and the CIA: A History of the Establishment of the Central Intelligence Agency*, Washington, D. C.: Center forthe Study of Intelligence, 1981, p. 4.

够的情报，才能在战时预判正确。”①

对于今天的人们来说，盖德提出的中央集权、强化协调、改善分析和优化行动的提议并没有什么新意，但是在当时却是划时代的见解。因为十多年之后，威廉·杜诺万才在二战末期向罗斯福总统进言，提议进行情报改革，而杜诺万的改革设想与盖德的提议几乎如出一辙。而盖德之所以能够划时代地提出构建中央情报机关统管全美情报的建议，并不是一时心血来潮，而是由于他在一战期间曾担任美国驻欧洲海军武官，历经过战争的洗礼，并曾在俄国十月革命时期亲临一线从事隐蔽行动。他在第二次世界大战到来之前就曾想方设法加强美国的情报力量建设。

但是盖德所处的历史时期却远不如杜诺万幸运。美国新任总统胡佛对美国情报机构的发展壮大毫无兴趣。在 20 世纪 20 年代末，美国业已有限的情报力量也逐渐枯萎凋敝。当时标志性的事件就是美国国务卿亨利·史汀生以“君子不偷看他人信件”为由，关闭了亚德利领导的密码破译机构“美国黑屋”。至于盖德上报的提案，陆军军事情报局参谋长福特上校将其交给了一名副官处理。而这名副官却对盖德的提案指手画脚，嗤之以鼻。他认为盖德对新建一家国家机构的预算估计不足，而且提案中都是教条主义的理论，没有什么实际价值。福特上校也认同这种看法，随后就将盖德的提议束之高阁。而盖德曾经工作过的海军情报局对此也是三缄其口。据史学家托马斯·特洛伊（Thomas Troy）所言：“盖德的提案之所以失败，是因为情报首长不赞成此事，而他们的消极态度也反映了当时各情报机构不愿协调和整合的心态。”②

2. 传播和认同

盖德虽然关于中央情报机关的提案无疾而终，但是成立中央情报机关统管情报工作的思想并没有就此消亡。以威廉·杜诺万为代

① “Memo to Colonel Ford from Major O. H. Saunders, 27 April 1929,” *Records of the US Military Intelligence Division*, Record Group 165, 9944 – zz – 6 (US National Arc – hives, College Park, MD).

② Thomas F. Troy, *Donovan and the CIA*, 5.

表的行动派们积极呼吁成立国家情报管理机关，领导和协调全美情报工作。二战时期，罗斯福总统接纳了杜诺万的建议，成立战时协调美国情报工作的情报协调局，并随后将其改组为战略情报局（Office of Strategic Service）。而二战接近尾声时，杜诺万再次向罗斯福总统提交了一份名为《永久性的世界范围情报机构基础》的研究报告，呼吁罗斯福总统组建一个和平时期负责全美情报工作的中央情报机构。

当然，这一时期，中央情报思想并未被人们广为接受和认同，“杜诺万的计划在白宫仅仅得到很少一部分人的支持，大部分人都持明确的反对态度”。[①] 军方、国务院和司法部都担心这一新成立的机构会削弱自己在情报领域的控制权。因此，杜诺万的提议在这几个部门都遭到强烈抵制。他们认为只有松散的情报联盟才能确保有效地搜集和分析情报，并兼顾多方利益。[②] 当杜诺万通过罗斯福总统强推这一整合计划时，联邦调查局局长胡佛甚至“公然违反保密措施，将这一绝密文件泄露给激烈反对罗斯福的《芝加哥论坛报》，该报撰写了一系列文章，抨击杜诺万要在美国国内建立‘警察制度’，窥探和监视公民的私生活……舆论界大哗”。[③] 在舆论的压力下，美国组建中央情报机关的进程也不得不一度被延迟。

罗斯福总统逝世后，其继任者杜鲁门总统起初并不认同中央情报思想，并一度解散战略情报局。但是在现实面前杜鲁门总统很快认识到中央情报机关的重要性，因为一盘散沙的美国情报机构根本无法为他提供一份高质量的综合评估报告。为此，杜鲁门总统转而成了中央情报思想的坚定支持者。后来担任中央情报主任的威廉·科尔比（William Colby）曾在其回忆录中写道：“当时总统需要一个中央情报组织，把送来的十几份或者更多的各种情报交给一个情报

---

① 纪真：《总统与情报：从罗斯福到小布什》，军事科学出版社，2008 年版，第 20 页。

② Amy B. Zegart, *Flawed by Design: The Evolution of the CIA, JCS, and NSC*, Stanford: Stanford University Press, 1999, pp. 175 – 176.

③ 纪真：《总统与情报：从罗斯福到小布什》，军事科学出版社，2008 年版，第 35 页。

组织，这样总统可以对世界各地发生的事情有一个单一的报告。”[①] 随着总统的推动和对珍珠港事件的反思，美国国内越来越多的有识之士认识到了中央情报思想的价值，并转而成为该思想的支持者。这批有识之士不仅包括威廉·杜诺万这样的行动派，还包括谢尔曼·肯特这样的理论派。军方、国务院和司法部也认识到中央情报思想是大势所趋，不得不放下本位主义的心态，勉强接受集权体制。虽然这几个部门对于中央情报机构领导权的问题争论不休，但是基本都已默认情报管理需要采取集权体制。这种自上而下的思想转变也直接推动了美国现代国家情报体制的建立与成形。

（二）集权道路上的法治成长

自现代国家情报体制正式建立后，中央情报主任就着手依法扩大自己手中的管理权。但是，这一集权的过程并非一蹴而就，而是经历了较为漫长的过程。在这一时期，历任中央情报主任都不遗余力地扩张自己的权力，但是在其权力扩张的进程中也遭遇了强烈抵制和反弹。由于在《1947 年国家安全法》中，中央情报主任的权力并没有特别具体的规定，而大多是一些含糊不清的法条，这就令各部门在解读法律上有了灵活的处置权。例如，《1947 年国家安全法》第 102 条第 4 款规定：“为了保证现有情报机构的利益，（中央情报局可）从事国家安全委员会认为由中央机构可以更有效地完成以上情报机构共同关心的其他工作；（中央情报局还应）履行国家安全委员会随时可能赋予的与国家安全情报有关的其他职责。”[②] 这些规定十分空泛，指向模糊，标准也不清晰。这使得中央情报主任在开展工作时缺乏坚定的理由和依据。此外，由于当初各部门的强烈坚持，在《1947 年国家安全法》中还有部分条款特意保护部门情报机构的

---

① 威廉·科尔比：《情报生涯三十年——美国中央情报局前局长科尔比回忆录》，群众出版社，1982 年版，第 53 页。

② Dennis Merrill (ed.), “The Central Intelligence Agency: Its Founding and the Dispute over Mission, 1945 – 1954,” *Documentary History of the Truman Presidency*, University Publication of America, 1998, pp. 183 – 187.

利益，这也令中央情报主任难以顺利行使其权力。例如，《1947 年国家安全法》第 102 条第 4 款还规定：“（中央情报局应）对国家安全有关的情报进行归类和评估，并利用现有的、适当的机构和设备适当地在政府内部分发这些情报。前提条件如下：中央情报局不得行使维持治安、传唤和执法权；各部门和其他机构应继续搜集自身所需的情报并对其进行评估、归类和分发。”①

由于法律的不健全和当初制度设计上的缺陷，所以中央情报主任的权力大小并不固定，常常因人而异，反映出较为典型的“人治”风格。历史上看，历任中央情报主任的权力大小常常取决于个人的管理风格、人际关系以及与总统的亲疏程度等软指标。例如，罗斯科·希伦科特（Roscoe Hillenkoetter）担任首任中央情报局局长时，由于“缺乏对情报活动的了解，领导情报工作的能力不足”②，使得中央情报局缺乏积极性和主动性，办事循规蹈矩。这也令其权力受限，举步维艰。而其继任者沃尔特·史密斯（Walter Smith）由于在一战和二战中都在美国军事情报机构有过任职经历，因此拥有较高威望和人脉。在他的领导下，中央情报局的地位有所提升。在史密斯召开情报工作会议时，甚至“不用邀请各个军事情报机构的负责人，他们就会出席，而且一直到会议就有关情报问题取得一致结论以后才会离去”。③ 而在艾伦·杜勒斯（Allen Dulles）担任中央情报主任时，由于其哥哥担任国务卿，而其本人又深受艾森豪威尔总统的信任，因此其手中的权力更是得到了大幅度提升。杜勒斯本人也由于权力高度集中而野心勃勃，策划了一起又一起的隐蔽行动。在杜勒斯的领导下，“中央情报局的地位、规模和权力都有了极大发展，奠定了该局在美国情报界的领导地位”④。

---

① Dennis Merrill (ed.), “The Central Intelligence Agency: Its Founding and the Dispute over Mission, 1945 - 1954,” *Documentary History of the Truman Presidency*, University Publication of America, 1998, pp. 183 - 187.

② 祁长松：《美国情报首脑全传》，中国社会科学出版社，2006 年版，第 78 页。

③ 纪真：《总统与情报：从罗斯福到小布什》，军事科学出版社，2008 年版，第 50 页。

④ 祁长松：《美国情报首脑全传》，中国社会科学出版社，2006 年版，第 180 页。

然而好景不长，杜勒斯之后的约翰·麦科恩（John McCone）由于与约翰逊总统在越战一事上存有分歧，因此关系不佳，这也直接导致了其情报管理权的削弱。而之后的威廉·雷伯恩（William Raborn）“对国际事务孤陋寡闻，对错综复杂的情报业务更是一窍不通，加之蛮横粗暴”，这使得他上得不到总统信任，下无法树立威信。这一窘境更令其在集权化管理的道路上一败涂地。他不仅无法扩展情报管理权，连有限的协调权也难以落实。他自己也成了“历任局长中最无能、最无所作为的一个”。[①] 接替雷伯恩的理查德·赫尔姆斯（Richard Helms）在约翰逊政府中地位较雷伯恩有所提升，但是仍然无法与杜勒斯时代相提并论，其情报管理的权力由于受到国防部长罗伯特·麦克纳马拉（Robert McNamara）的制约而难以有效集中。尼克松总统上台后，虽然留任了赫尔姆斯，但是由于国务卿亨利·基辛格（Henry Kissinger）深受尼克松信任，所以其主导的国家安全委员会几乎剥夺了赫尔姆斯的情报管理权，其国务院下属的情报研究局也与中央情报局分庭抗礼，而时任国防部长的莱尔德也明确表示“他不准备把军事情报的控制权交给赫尔姆斯”。[②] 而赫尔姆斯也“十分知趣，从未试图认真地去管理情报界，而是……继续以独立平等的态度管理中央情报局，并不寻求在情报界中处于支配地位”。[③] 这对情报管理的集权化发展无疑又是一次严重倒退。赫尔姆斯之后的詹姆斯·施莱辛格（James Schlesinger）在上任前曾在“施莱辛格报告”中尖锐地提出中央情报主任一职名不副实，需要赋予其更大权力。因此，他上任伊始就打算进行大刀阔斧的改革，打算依靠总统的信任而继续推进集权化管理。但是，由于其改革的力度过猛，强度太大而不得人心。更加上其任职时间太短，也使得其集权化的管理未能达到预期效果。[④] 其之后的威廉·科尔比更是未能

---

① 祁长松：《美国情报首脑全传》，中国社会科学出版社，2006 年版，第 230 页。

② 纪真：《总统与情报：从罗斯福到小布什》，军事科学出版社，2008 年版，第 112 页。

③ 同上。

④ 施莱辛格只担任了 4 个月的中央情报主任就被调往国防部担任国防部长一职。

得到总统的信任，当时深陷“水门事件”① 丑闻的尼克松总统对中央情报局充满猜疑，这也令科尔比与“尼克松只有三次单独会面的机会”，② 其手中的权力甚至还不如施莱辛格。

综上所述，自现代国家情报体制的建立至20世纪70年代中期，美国在集权式的道路上经历了几次起伏和波折。由于牵涉部门利益太广，遭遇抵制太强，而法律规定又较为模糊，对中央情报主任的职权限定过严，所以其难以具备真正的实权，无法代表总统完全掌控美国情报界。中央情报主任充其量也仅仅是美国情报界名义上的最高领导，其真正能够完全掌控的只有中央情报局这一家单位。这也是为什么历届中央情报主任都更多地关注中央情报局的内部事务，而对协调整个美国情报界缺乏兴趣和耐心。而这一时期，由于美国国会颁布施行的情报法律也较为有限③。仅有的几部法律也只是对具体情报机构职责权限进行规范和限定，并未从根本上解决中央情报主任权责不相符的问题。而由于法规不够健全，所以中央情报主任权力的大小完全取决于个人的主观认识和其他各类软指标，这也使得美国的国家情报管理更偏向于“人治”而非“法治”。

即使如此，这一时期与之前混沌的早期情报体制相比，情报工作的效率已实现了飞跃，在情报管理中也具备了部分“法治”要素。而人们发现通过法律手段确定的集权体制更加符合情报工作的运行规律。这也令情报越来越成为总统手中的重要执政工具。然而随着情报

① “水门事件”是美国历史上重大政治丑闻之一。1972年尼克松在总统大选时，为了取得民主党内部竞选策略的情报，其竞选班子的首席安全问题顾问詹姆斯·麦科德（James McCord）带领几名手下潜入位于华盛顿水门大厦的民主党全国委员会办公室，安装窃听器并偷拍有关文件。然而这几人被安保人员发现后当场被捕。麦科德被捕时自称是前中央情报局雇员。这也引发外界对总统滥用情报机构的担忧和质疑。

② 纪真：《总统与情报：从罗斯福到小布什》，军事科学出版社，2008年版，第125页。

③ 这一时期国会颁布的主要法律包括：《1949年中央情报局法》（Central Intelligence Agency Act Of 1949）、《1958年国防部改组法》（The Department of Defense Reorganization Act of 1958）、《1959年国家安全局法》（National Security Agency Act Of 1959）、《信息自由法》（Freedom Of Information Act）和《1968年综合犯罪控制与街道安全法》（Omnibus Crime Control and Safe Streets Act of 1968）。

管理权的逐渐集中，以总统为代表的行政机关滥用情报，违法乱纪的现象也越演越烈。这最终引起了国会的警惕和公众的不满，并直接导致美国国家情报体制的再次调整，并间接推动了其法治进程。

三、多元化分权体制与法治发展期（1974—2004 年）

自美国现代国家情报体制建立以来至 20 世纪 70 年代中期，中央情报主任一直代表总统对整个情报界进行名义上的集权化管理。无论中央情报主任手中的权力是大是小，情报管理权都始终牢牢地掌握在行政部门手中。在冷战初期国家安全大于一切的大背景下，立法部门和司法部门对行政机关独享情报管理权几乎毫无异议。人们的注意力都集中在如何获得更多的情报能力以更好地维护国家安全这个问题上，谁也不会过分地盯住情报机构或其活动情况，人们都相信情报机构会做出合适的决定。①

但是随着美苏冷战的缓和以及中美关系的改善，国家安全至上的观念逐渐发生了变化。与此同时，美国情报机构目无法纪，滥用职权，为所欲为的行径也逐渐暴露。由于“五角大楼文件案”②“水门事件”和“家庭珍宝事件”③ 等丑闻相继爆发，美国情报机构的

---

① 约翰·兰尼拉格：《中央情报局》，中国社会科学出版社，1990 年版，第 222 页。

② “五角大楼文件案”源于肯尼迪政府时期国防部长麦克纳马拉于 1967 年 6 月下令进行的一项研究项目。该项目的最终报告《美国的越南政策制定过程史》梳理了自二战至 1968 年美国是如何逐步卷入越战的全过程。越战期间，《纽约时报》和《华盛顿邮报》搞到该报告的副本后对此进行了分析研究，并写出了摘录。1971 年两报先后发表相关摘录和社论。尼克松总统授意司法部以危害国家安全为由，禁止两报发表相关文章。最后政府和两家报社分别打起了官司，并上诉至联邦最高法院。最终联邦最高法院裁定，政府违反美国宪法第一修正案，报社具有言论自由的权利，联邦政府不得对新闻出版实施事先审查。这也标志着美国政府以国家安全为由牺牲公众民主权利的年代一去不复返。

③ “家庭珍宝事件”是施莱辛格任中央情报主任时为了了解中央情报局所从事过的所有违法勾当而授意局内人员汇编而成的记录文献。该文献超过 300 份文档，其中记录了中央情报局历年来从事的国内谍报、精神类药物测试、截收邮件、暗杀外国政要、策划阴谋等非法行为。1974 年 12 月 22 日，《纽约时报》刊发了揭发中央情报局“家庭珍宝”的文章，并引起全美对于以中央情报局为首的情报机构滥权和违法的谴责与声讨。

形象跌入谷底。国会和司法机关也趁机发难，争夺对情报的管理权。以《1974 年休斯－瑞安法》（*Hughes-Ryan Act of 1974*）① 的实施为标志，美国国家情报体制正式进入多元化分权体制时期。② 虽然这一时期中央情报主任对情报界仍然实行集权化管理，而且其权力甚至还在不断扩大，但是作为最高管理者的情报用户发生了变化，参与国家情报管理的部门和机构也有所增加。除了行政机关仍然是情报用户外，国会也逐渐成为了重要的情报用户。③ 参与国家情报管理的高层管理方不再局限于行政机关。与过去行政机关独霸国家情报管理权不同，这一时期参与国家情报管理的管理方还包括以国会为首的立法部门和以联邦最高法院为首的司法部门。④ 而立法部门和司法部门的加入也标志着美国国家情报法治进程实现了一次重大飞跃。

在这一时期，立法、行政与司法部门在对国家情报管理权的归属上表现出了截然不同的态度，并各自运用法律手段争夺情报管理权：

（一）国会积极争夺国家情报管理权

1. 运用法律武器主动插手国家情报管理

自 1947—1974 年，国会几乎从不过问情报事务，这一时期也被

---

① 也有学者将其称为“休斯－瑞安修正案”。

② 国内有学者将美国国家情报体制划分为三个层次，即决策监督层（总统和国会）、管理协调层（国家安全委员会和中央情报主任）和任务执行层（情报界各情报单位）。第一次集权体制时期主要是管理协调层发生了重要变革，而分权体制时期则是决策监督层发生了重要变革。参见申华：《美国国家情报管理制度研究》，军事科学出版社，2010 年版，第 3 页。

③ L. Britt Snider, *Sharing Secrets with Lawmakers*: *Congress as a User of Intelligence*, Center for the Studies of Intelligence, pp. 47 –69.

④ 国内外也有学者认为公众、媒体、利益集团和专家学者也构成非正式的管理力量。但笔者认为这些非正式的管理力量最后还是需要通过行政机关、立法部门和司法系统对情报机构实施管理，故其本身并不构成情报管理力量，而仅为以上三大管理力量在实施管理时的间接影响要素。参见汪明敏、谢海星、蒋旭光：《美国情报监督机制研究》，光明日报出版社，2013 年版，第 18—34 页。

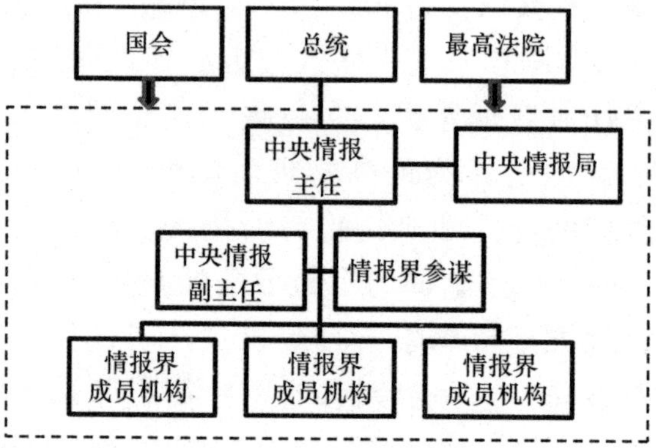

图1－2　多元化分权体制示意图

学者们称为“互相信任期”或“善意忽视期”。① 以中央情报局为例，当时只有国会两院的武装部队委员会和拨款委员会下设的国防分委员会负责中央情报局的管理和拨款事务。由于情报工作的机密性，真正了解其运作和管理情况的人员仅限各委员会主席和委员会的资深议员。绝大多数国会议员并不关心情报事务，甚至担心牵涉国家安全容易在政治上承担风险而刻意对此予以规避。对此，参议院军事委员会和拨款委员会主席理查德·拉塞尔（Richard Russell）甚至曾提出：“如果政府部门当中有一个机构我们必须要完全信任，不需要固定的方法与资源来调查它，我相信它一定是中央情报局。”②

但是这一情况到了1974年出现了变化。1974年4月，美国国会参议员哈罗德·休斯（Harold Hughes）和众议员里奥·瑞安（Leo Ryan）向美国国会提交议案，要求对美国国会于1961年颁布的《对外援助法》（Foreign Assistance Act）的第622条进行修正。其目的在

① Loch K. Johnson, “The Contemporary Presidency: Presidents, Lawmakers, and Spies: Intelligence Accountability in the United States,” *Presidential Studies Quarterly*, Vol. 34 No. 4, 2004.

② Frank J. Smist Jr. , *Congress Oversees the United States Intelligence Community* 1947 – 1994, Knoxville: The University Press, p. 6.

于进一步规范美国中央情报局实施隐蔽行动时的审批和监督程序。由于该修正案在规范美国情报活动方面具有重要作用，因此也被单独命名为《1974 年休斯－瑞安法》。该法规定，中央情报局在实施任何隐蔽行动时必须获得总统的授权，且总统还需及时以书面形式上报国会六大委员会[①]。在得到委员会的审批同意后，中央情报局才可获取实施隐蔽行动所必需的经费。这就标志着除总统外，美国国会也第一次真正参与到国家情报管理工作中。

1975 年，在总统的授意下，时任中央情报主任的威廉·科尔比向国会两院拨款委员会提出追加拨款的要求，以支援在安哥拉开展的隐蔽行动。然而国会出人意料地拒绝了再次拨款的请求，“并禁止美国对任何直接或间接参与安哥拉事务的行动提供援助”。[②] 这是美国国会历史上第一次真正切断情报机构在实施隐蔽行动上的资金来源。这也反映出国会在国家情报管理上具备了一定的发言权。

从这两件事情中，人们可以发现，美国国会一改过去的默许和迁就态度，开始主动挑战总统在国家情报管理上的权威。这不仅标志着美国国会作为一支重要的国家情报管理力量开始崛起，也标志着美国国家情报法治进程驶入了快车道。

2. 运用法律手段建立常设性专职管理机构

随着“水门事件”和“家庭珍宝事件”的不断发酵，美国公众对情报机构的不满和厌恶与日俱增。国会参众两院趁机先后成立“丘奇委员会”[③] 和“派克委员会”[④] 对美国政府的情报活动进行调

---

① 这六大委员会包括武装部队委员会、拨款委员会等关键机构，之后又增加至八大委员会，分别增加了参议院情报特别委员会和众议院常设情报特别委员会。

② 约翰·兰尼拉格：《中央情报局》，中国社会科学出版社，1990 年版，第 739—740 页。

③ 1975 年 1 月 27 日，应参议员帕斯托尔（Pastore）的提议，美国参议院成立“政府情报活动行为特别委员会”（Senate Selected Committee to Study Governmental Operation With Respect to Intelligence Activities）调查美国情报机构的所作所为是否合法。该委员会主席为参议员弗兰克·丘奇（Frank Church），故该委员会也被称为“丘奇委员会”。

④ 1975 年 7 月 17 日，美国众议院成立以众议员奥蒂斯·派克（Otis Pike）为主席的情报特别委员会对中央情报局和联邦调查局开展调查。其调查领域与丘奇委员会大致相同，但更关注情报质量问题，由于种种原因，其未能发布最终调查报告。

查。经过一年多的调查和听证，两委员会分别提出了一系列意见和建议。其中对美国国家情报体制影响最为深远的一条建议是参众两院分别组建专司情报管理的情报特别委员会。1976 年 5 月，参议院以 72：22 的投票结果顺利通过了 SR400 决议，建立参议院情报特别委员会（Senate Select Committee on Intelligence，SSCI）；众议院于 1977 年 7 月以 227：171 的投票结果顺利通过了 HR658 决议，建立了众议院常设情报特别委员会（House Permanent Select Committee on Intelligence，HPSCI）。[①]

根据 SR400 决议，参议院情报特别委员会由 15 名参议员组成，两党大致各占一半，体现情报管理中的非党派因素。其中参议院的军事、外交、司法和拨款委员会必须各派两名成员参加情报特别委员会，而剩余 7 名成员则由两党领袖分别指定。另外，两党领袖也必须列席会议，但他们没有投票权，也不能参加该委员会下属的任何分委员会。[②] 而根据 HR658 决议，众议院常设情报特别委员会成员最多不超过 16 人，其中军事、外交、司法和拨款委员会必须至少派一名成员参加。两党领袖也必须列席会议，但他们也没有投票权且不能参加该委员会下属的任何分委员会。[③]

这两个委员会专司国家情报管理工作，并具备预算审批权，立法权，调查、审计和质询权，评估权以及人事同意权。自此，国会掌控了美国情报界的财政权，具备了制定管理规则的立法权，获得了了解情报工作运行状态的审查权，取得了评判情报工作优劣的裁量权，拥有了在部分高层人事安排上的建议权。这些权力的获得，对于国会发挥国家情报管理职能来说具有重要意义，同时也为国会成为一支重要的国家情报管理力量奠定了坚实的组织基础。

---

① 虽然两委员会都为特别委员会，按照国会惯例应是一种临时性机构，但这两个委员会却极为特殊。虽为特别委员会，却是常设性委员会。

② W. Thomas Smith Jr. , *Encyclopedia of the Central Intelligence Agency*, Facts On File, Inc. , 2003, p. 56.

③ Ibid. , p. 188.

当然，国会对美国情报界的管理更多体现在控制资金、人事认同和调查监督上，但其并不具备对美国情报界各成员单位的直接领导权。因此，从管理效果上看，国会的管理属于间接管理，相对总统依靠行政隶属关系而实现的直接领导来说，国会的间接管理其管理效果要弱一些。以隐蔽行动的审批为例，由于实施隐蔽行动并不一定必须得到国会情报委员会的批准，按照规定只需及时通知国会即可。因此，如果国会情报委员会反对总统提出的某项隐蔽行动，那么摆在委员会面前的选项只有：“（1）尽力说服总统停止行动；（2）通知国会其他成员或者泄露给公众，利用舆论压力迫使总统让步；（3）阻止拨款；（4）限制总统实施隐蔽行动的其他权力。”① 这些选项中，选项（1）和选项（4）都没有什么太大的效果，选项（2）更是需要冒泄密的风险而徒增变数，而唯一可选的选项（3）只有部分限制作用，因为情报机构可自己想办法筹措经费，② 因此，与总统的直接领导相比，其管理效果具有一定的局限性。

3. 形成有法律约束力的年度授权机制

参众两院情报特别委员会组建后，根据 SR400 和 HR658 决议，自 1979 财年起，美国情报界申请的各项情报活动经费必须得到国会授权和总统签署。而这项规定也成为一项年度授权机制，即每年美国情报界都必须提出经费申请，经参众两院情报特别委员会审议后，提交总统签署成为有法律约束力的年度情报授权法。

在每年的情报授权法中，除了包含对各情报机构的资金和人员等资源的分配外，还包含了涉及国家情报事务的新创法律和已有法律的修正案，以实现国会的情报管理职能。一些较为重要的法条也会有自己的名称，如《1990 年中央情报局监察长法》（*CIA Inspector*

---

① Frank J. Smist, *Congress oversees the United States Intelligence Community* 1947 – 1994, Knoxville: The University Press, 1994, p. 246.

② 例如，在 20 世纪 80 年代的“伊朗门事件”中，中央情报局为了给尼加拉瓜的隐蔽行动筹措资金而违反国会的武器禁运决议，私下与伊朗政府进行武器贸易。后来此事被曝光后引起轩然大波，并导致总统在提名中央情报局资深干将罗伯特·盖茨（Robert Gates）担任中央情报主任时，未能获得国会的同意。

General Act of 1990）、《1991 年情报监督法》（*Intelligence Oversight Act of 1991*）、《1992 年情报组织法》（*Intelligence Organization Act of 1992*）等都是各自年度情报授权法的重要组成部分①。按照惯例，年度情报授权法案已成为两院情报特别委员会的首要立法工具。当然，行政机关也常常借此机会将其所需的各项规定提交给国会，将各类行政性的法令和规定升级成为法律以获得更高的法律效力。因此，国会的年度情报授权法也成为了行政与立法部门相互争夺和相互妥协的共同立法平台。这也表示双方在某种程度上分享了国家情报管理权。而行政与立法部门都依据法律和规则分享国家情报管理权的做法也表明国家情报法治进程又向前迈进了一大步。

这种年度授权机制自 1979 财年起几乎成为年度惯例，但是 2006 财年至 2009 财年由于总统和国会关于情报预算及国家情报管理事务上的争议较大，所以这四个财年的情报授权法未能成功获得通过。这也部分限制了立法机关的国家情报管理权。但即使行政与立法机构之间存在尖锐的矛盾，双方仍然在各自法定权限内实施管理，并未出现违反法律和逾越规则的行为。这种恪守规则，依法办事的做法也是美国国家情报管理上的突出特点。

（二）行政机关全力守护国家情报管理权

早在 1947 年现代国家情报体制创建时，以总统为首的行政机关就利用先天优势奠定了在国家情报管理上的主导地位。作为后来者的立法和司法部门则不得不后发制人，争夺国家情报管理的主导权和话语权。面对咄咄逼人的立法部门和虎视眈眈的司法部门，以总统为首的行政机关则不得不采取全力防守的方针，努力保护其既得利益。自 20 世纪 70 年代中期开始，为了顺应民意和争取控制权，行政机关常常主动作为，力争通过合法手段扭转不尊重民主、不尊重法治的负面形象和被动局面。

---

① Loch K. Johnson, *Intelligence: Critical Concepts in Military, Strategic & Security Studies*, Vol. 4, Routledge, 2011, p. 85.

1. 抢先组建委员会掌握调查主动权

1974 年，“家庭珍宝事件”引发了美国国内的轩然大波，美国公众突然发现以中央情报局为首的美国情报机构已经成为失去控制的“疯狂野象”。面对纷至沓来的指责之声，福特总统几经考虑，决定抢在国会开展调查之前，由行政机关自己率先开展调查工作，企图通过合法手段将情报调查的主导权牢牢地控制在自己手中。为此，1975 年 1 月 16 日，他颁布第 11828 号总统行政命令（Executive Order 11828）任命副总统纳尔逊·洛克菲勒（Nelson Rockefeller）为主席，成立“中央情报局国内活动调查委员会”（Commission on CIA Activities within the United States）[①] 调查中央情报局在国内从事非法活动和侵犯人权的行为。这一行动比参议院成立丘奇委员会整整早了 11 天，更是远远早于众议院成立派克委员会的时间。

经过半年的听证和调查后，1975 年 6 月，该委员会提交调查报告并得出结论：中央情报局绝大多数行动是符合其法定职权的，只有极少一部分行动属于非法行为，而且已经得到了彻底改正。[②] 该委员会除了得出积极正面的结论并提出一些不痛不痒的改革建议外，其在整个调查过程中也透露出对中央情报局的偏袒和保护。例如，委员会主席洛克菲勒副总统发现中央情报主任科尔比在作证时非常主动和坦白后，就把他带到自己办公室，直言不讳地提出，科尔比应该以保密为由，将一些问题搪塞过去，而不应该知无不言，言无不尽。[③] 自 20 世纪 70 年代中期开始，这种行政机关与司法部门竞相组建委员会争夺调查主动权的做法就经常发生。例如，20 世纪 90 年

① 该委员会亦称“洛克菲勒委员会”。

② 委员会报告中指出：“经过对事实的详细分析，委员会确信，中央情报局在国内的绝大多数的活动是符合它的法定权限的。然而 28 年多的历史中，确有某些行动是应当受到批评并且是不允许再发生的……在这些行动中，有些是总统直接或间接提出和指令做的。有些行动的性质难以确定，即介于委托给中央情报局的职责和严禁该局干的事情这两者之间。有些行动显然是非法的……中央情报局在 1973 年和 1974 年这两年已经有效地终止了这些非法活动。”参见威廉·科尔比：《情报生涯三十年》，群众出版社，1982 年版，第 344—345 页。

③ 威廉·科尔比：《情报生涯三十年》，群众出版社，1982 年版，第 344 页。

代克林顿总统执政时期也曾发生过类似情形。① 这也从侧面反映了行政机关与立法机构对国家情报管理权的激烈争夺。

当然，行政机关采取的“自我批评式”的调查不可能真正触动其既得利益。这种调查实为对情报单位的变相保护。其根本目的在于维护行政机关对情报机构的控制权，避免大权旁落。而在争权的同时，行政机关也不忘给自己的行为披上合法的外衣。由于各类委员会的组建都有明确的法律授权，所以其调查行动都属于合法行为，具有法律权威。而这种以合法之表行违法之实的做法却反过来阻碍了美国国家情报法治的发展与深化。

2. 从上到下极力抵制国会的调查行动

面对国会史无前例的严厉调查，以总统为首的行政机关常常以保密为由拒绝配合。如福特总统就“对派克委员会提出看文件审材料的要求并非有求必应。他始终保持谨慎态度。他曾多次征求司法部长的意见，只要司法部门认为不必满足派克的要求，福特便断然拒绝派克方面的要求”②。对于国会情报特别委员会保密措施不严，常常泄露国家机密的问题，福特更是指出：“不负责任地而且是危险地暴露国家情报机密的行为必须终止。这是十分重要的……公开性是我们这个国家的标志。但美国人民从来也没有认为我们国防部的秘密作战计划公开是必要的，我认为他们也并不希望把真正的情报机密泄露出去。”③ 1975 年 9 月，福特总统甚至一度禁止派克委员会阅览涉密文件，并严禁政府官员赴委员会作证。这一禁令长达 12 天

---

① 1994 年，克林顿总统为了规划美国情报机构未来的发展方向，提议设立调查委员会开展调查研究，并任命前国防部长阿斯平（Les Aspin）担任委员会主席。但是众议院常设情报特别委员会对总统的提议极力反对。虽然最终双方相互妥协，成立了一个由双方各自安排人员组成的混合委员会——阿斯平－布朗委员会（Aspin-Brown Commission），但是众议院仍然不甘心失去发言权，另外安排了人马进行调研工作。最终两个调研机构分别发表了《为 21 世纪做准备：美国情报界评估》（*Preparing for the 21st Century: An Appraisal of U. S. Intelligence Community*）和《21 世纪的美国情报界》（*IC21: TheIntelligence Community in the 21st Century*）两份研究报告。

② 祁长松：《美国情报首脑全传》，中国社会科学出版社，2006 年版，第 344 页。

③ 约翰·兰尼拉格：《中央情报局》，中国社会科学出版社，1990 年版，第 723 页。

之久。[①]

除了总统不断抵制国会的调查行动，美国情报界高层管理人员面对调查也采取消极怠工的方法拒绝配合。以前中央情报主任理查德·赫尔姆斯为例，他在国会的历次听证会上都三缄其口，面对指控一概不承认，是名副其实的“守口如瓶的人”。[②] 在他卸任中央情报主任，改任驻伊朗大使的4年时间里，他“曾从伊朗被召回美国接受国会各种调查委员会的调查16次，其中13次是在各种官方调查机构作证。他总共作证30多次，费去了100多个小时”[③]。但在这种频繁的调查与听证中，赫尔姆斯依然保持冷静，“坚持使用含糊不清的言词，多次用那种拐弯抹角的表达方式……这并不是说他不知道是谁下令、出于什么考虑、向谁和用什么措辞下令的，显然是因为他们曾发誓不泄露秘密”。[④] 在丘奇委员会的听证会上，赫尔姆斯甚至对弗兰克·丘奇不无嘲讽地说道：“我不认为在人的一生中，各种事情要么全是白的，要么全是黑的。我只是想说，我不是个法学家。”[⑤] 虽然赫尔姆斯最后被判伪证罪，并被判处罚款2000美元，但是他的行为却得到了美国情报界绝大多数从业者的拥护和支持。当“判决结果一公布，在贝塞斯达宴会上，400多名退伍情报官全体起立，对赫尔姆斯的到来欢呼，并为他准备了要交纳的2000美元罚金”[⑥]。甚至在丘奇委员会内部都有人为其如此执着地保守情报秘密而大感折服。[⑦]

除了总统和高层极力抵制国会的调查活动，美国情报界的普通

---

① Gerald K. Haines, Looking for a Rogue Elephant: The Pike Committee Investigations andthe CIA, Center for the Studies of Intelligence, p. 87.

② 托马斯·鲍尔斯：《守口如瓶的人——理查德·赫尔姆斯和美国中央情报局》，群众出版社，1985年版，第278页。

③ 祁长松：《美国情报首脑全传》，中国社会科学出版社，2006年版，第294页。

④ 同上，第295页。

⑤ 同上。

⑥ 同上，第297页。

⑦ 同上，第294页。

从业者也对国会的调查行为十分抵触和不满，认为这是“外行人”的“找茬”行为。中央情报局内负责协调工作的唐纳德·格雷格（DonaldGregg）对派克委员会的调查活动评价道：“与派克委员会相处几个月后，我发现我在越南任职时就像在参加野餐一样惬意。我宁愿去与越共作战，也不愿与这种政治调查打交道。”① 中央情报局内与派克委员会一起工作的审查小组也认为派克委员会的成员都是一些“嬉皮士，太过年轻，不负责任而且太幼稚”。② 连一贯保守的中央情报局法律顾问米奇·罗戈文（Mitch Rogovin）也认为派克是“一个难对付的棘手货色”，虽然派克从事的就是这种招人白眼的工作，但是“他把这事弄得特别糟糕，你还得时刻提防派克本人的政治野心”③。为此，中央情报局在上交给派克委员会的各类材料中都尽量标上“秘密”字样，防止其随意散播和使用。而派克本人也在给时任中央情报主任的威廉·科尔比的回信中挖苦道：“首先我得感谢你给我的两封信中没有在每页上都标明‘秘密’字样。”④ 这种从上到下的反感与不满更加加剧了国会与美国情报界之间的对立与紧张局面，也令国会在争夺国家情报管理权的道路上举步维艰。

3. 运用法令强化国家情报管理权

为了表现出改过自新的诚意，并努力摆脱不尊重法治的负面形象，福特总统于 1976 年 2 月 18 日颁布了第 11905 号总统行政命令（Executive Order 11905）。这是美国历史上第一次公开发布的关于情报改革的总统行政命令。该命令指出：建立以中央情报主任为首的对外情报委员会（Commission on Foreign Intelligence），用于统一协调情报管理事务；另组建情报监督委员会（Intelligence Oversight

---

① Gerald K. Haines, *Looking for a Rogue Elephant: The Pike Committee Investigations andthe CIA*, Center for the Studies of Intelligence, pp. 83 – 84.

② Ibid. , p. 83.

③ Ibid.

④ Ibid. , p. 84.

Board)，负责向司法部长和总统汇报情报界的非法行为。[①] 除此之外，该行政命令还明确禁止情报机构从事暗杀活动，并指出以下机构和人员负责美国情报界的控制与领导：国家安全委员会、新设立的对外情报委员会、新设立的行动顾问小组（Operation Advisory Group）[②] 以及中央情报主任。[③] 从表面上看，这些改革措施强化了对情报活动的审批和监督，有利于避免情报机构为所欲为，滥用职权，对国家情报的法治进程具有一定的促进作用。但扩大中央情报主任的权力和组建直属总统的情报监督委员会更进一步强化了总统对情报机构的领导，使美国情报界完全服从于总统的指示和安排。这种通过发布法令以实施改革的做法可谓一箭双雕。既顺应了民意，又强化了控制权。

1978 年 1 月 24 日，卡特总统签署了第 12036 号总统行政命令（Executive Order 12036），再次重申"美国政府任何雇员不得代表政府参与或策划暗杀行动"，[④] 并规定了一系列的改革措施，防止美国情报界失去控制。虽然在该行政命令中，国会情报特别委员会也被列为情报管理机构之一，但是其地位仅排在第四。位于前三的管理机构和人员分别是直属总统的情报监督委员会、各机构的监察长和法律顾问以及司法部长。[⑤] 而该行政命令仍然继续强化中央情报主任的职权，并进行了一系列眼花缭乱的机构改组，其真实目的还是将国家情报管理权牢牢掌握在总统手中。

1981 年 12 月 4 日，里根总统签署了第 12333 号总统行政命令（Executive Order 12333），对美国的国家情报管理事务也进行了一系

---

① Christopher Andrew, *For the President's Eyes Only: Secret Intelligence and American Presidency form Washington to Bush*, Harper Collins Publishers, 1995, pp. 411 -413, 417 -420.

② 该小组用于取代过去的 40 人委员会，专司隐蔽行动的审批事宜，主要成员包括白宫、中央情报局、国务院、国防部和军方的高级代表。

③ W. Thomas Smith Jr., *Encyclopedia of the Central Intelligence Agency*, Facts On File, Inc., 2003, p. 91.

④ Ibid.

⑤ Ibid., p. 91.

列的调整。例如，将隐蔽行动的归属权收归中央情报局；将中央情报主任定位为总统和国家安全委员会的“首席情报顾问”（Principle Intelligence Advisor）；赋予中央情报主任管理国家对外情报项目的资金和运行情况的权力等。这些规定大大提高了中央情报主任的地位，也从侧面巩固和扩大了总统的国家情报管理权。里根甚至特意安排其心腹威廉·凯西（William Casey）担任中央情报主任一职，并在历史上第一次给予中央情报主任内阁成员的地位。[①] 这也令中央情报主任凯西成为权倾朝野的大人物。[②] 这些都是总统强化手中国家情报管理权的重要表现。

自里根之后的老布什、克林顿和小布什也都各自签署了涉及情报改革的总统行政命令，但都毫无例外地借机扩大国家情报管理权。这些例子都充分说明了总统以情报改革之名，借助合法手段行扩大和巩固国家情报管理权之实。而之所以采取这一做法，其目的是运用合法手段反抗立法和司法部门分享国家情报管理权，从法理上实现总统对美国情报界的绝对控制。

（三）司法系统逐渐参与国家情报管理

1. 几乎不参与国家情报管理

以联邦最高法院为首的司法系统在 20 世纪 70 年代之前一直避免牵扯情报事务，几乎不参与美国国家情报管理。以中央情报局为例，1947 年至 20 世纪 70 年代间，“美国各级法院只做出了 7 个与中央情报局直接有关的司法判决，而且其中没有一个裁决对中央情报局的活动有实质性影响。”[③] 而 20 世纪 70 年代之前，联邦最高法院仅有的几个涉及情报活动的判例也都仅仅关注情报机构实施国内监控的问题，对于其他情报事务几乎没有关注。例如，1928 年的奥姆斯特德诉美国案（Olmstead v. United States）、1937 年的纳登诉美国

① 祁长松：《美国情报首脑全传》，中国社会科学出版社，2006 年版，第 416 页。

② 纪真：《总统与情报：从罗斯福到小布什》，军事科学出版社，2008 年版，第 164 页。

③ 汪明敏、谢海星、蒋旭光：《美国情报监督机制研究》，光明日报出版社，2013 年版，第 59 页。

案（Nardone v. United States）、1942 年的戈德曼诉美国案（Goldman v. United States）、1961 年的西尔弗曼诉美国案（Silverman v. United States）等。[①] 这种司法上的不作为也间接阻碍了国家情报法治的步伐。

2. 间接参与国家情报管理

这种放任情报机构和维护政府利益的做法在 20 世纪 70 年代开始发生变化。在五角大楼文件案、美国诉联邦地区法院案（United States v. United States District Court）、前中央情报主任赫尔姆斯伪证案中，司法部门开始强调遵纪守法的重要性，并通过判例间接参与国家情报管理事务。这一时期，司法系统认为，情报机构不得再以国家安全为借口，为所欲为，践踏法律。其通过运用司法解密权和司法审查权形成的判例间接参与国家情报管理事务。如在美国诉联邦地区法院案中，联邦最高法院的 9 名大法官以 9∶0 的一致投票结果认定：美国政府曲解了《1968 年综合犯罪控制与街道安全法》第 2511 条 c 款的规定。该条款并未授权美国总统在未获得法院判令（order）的情况下可以实施电子监控，即使国家安全正面临威胁。因此，该案中美国政府实施的窃听行为违反了美国宪法第四修正案，是一种严重的违宪行为。[②] 这一判例具有里程碑意义，它不仅对窃听的合法性和规范性进行了重新界定，同时也表明司法系统已经运用司法审查权间接干涉情报事务。

1977 年 11 月，联邦地区法院对赫尔姆斯伪证案做出宣判。法官巴林顿·帕克在判词中提道：“你认为自己有义务保护你曾经管理过的中央情报局，认为把实情讲出就是有辱你庄严的誓词。假如执行公务的官员由于某种误入歧途的不正确想法和信念，认为早有先例和考虑，他们必须遵守，而有意识地走上不服从或忽视我国法律的道路，我国的前途就会处于危险中。我国情报安全机关雇用的某些

① 刘涛：《美国涉外情报监控与通信截取法律制度》，中国政法大学出版社，2014 年版，第 2—4 页。

② 同上，第 6—7 页。

人员……觉得他们有在国家法令范围以外自由行事的特许，不然就以自己认为恰当的方式无法无天进行活动。任何一级的国家官员，地位不论多高，都应当像任何普通人那样尊重美国宪法和法律。”[①]从这份判词中我们发现，司法系统已经依照宪法和法律开始认真审查美国的情报活动，其审查的对象甚至包括中央情报主任，而美国情报界也不再享有任何特权，也需要依法办事。这一判例也表明司法系统一改过去放任和迁就的做法，开始真正成长为国家情报管理的重要力量。

3. 直接参与国家情报管理

如果说过去司法系统还是依靠判例间接参与情报管理事务，那么自《1978 年对外情报监控法》颁布实施后，司法系统则具备了组建特殊法院直接参与国家情报管理的能力。这也令美国国家情报法治进程再次往前迈进了一大步。由于《1968 年综合犯罪控制与街道安全法》中只规范了联邦调查局在国内反情报调查时实施的窃听行为，而对涉及国家安全和对外情报方面的监控行为则规定的比较模糊，所以为了避免总统滥用权力，美国国会于 1978 年 10 月通过了《1978 年对外情报监控法》。该法第 103 条 a 款明确规定：“（1）联邦最高法院首席大法官应公开从 7 个以上的美国司法巡回区中选出 11 名地区法院法官组成一个法院。该法院有权对美国国内经合法程序提出的电子侦察申请举行听证，并依法颁布判令。”[②] 该条 b 款还规定：“联邦最高法院首席大法官应公开从美国地区法院或上诉法院中指派 3 名法官组成上诉法院，并从这三人中挑选一人担任首席法官。该法院将依据本法的相关规定对被拒绝的申请进行复核。”[③] 从这些规定中我们可以看出，司法系统通过颁发电子侦察申请判令的方式掌握了部分情报搜集活动的审批权。这可以确保美国情报机构

① 约翰·兰尼拉格：《中央情报局》，中国社会科学出版社，1990 年版，第 746 页。

② Office of General Counsel, *Intelligence Community Legal Reference Book*, Office of the Director of National Intelligence, Winter 2012, pp. 421 –422.

③ Ibid.

在执行相关情报搜集活动时遵守相关法律规定。当然，以该法为依据，司法系统可以组织“对外情报监控法院”（FISA court）直接参与情报事务。这也确定了其在国家情报管理中的重要地位。

从上文所述的各类史实中我们发现，由于行政、立法和司法部门都参与国家情报管理，这使得美国国家情报管理更加正规化和制度化。“人治”的因素逐渐淡出国家情报管理领域，而“法治”的要素也逐渐齐备。各管理方都依靠自己手中的法治工具调控美国国家情报体制的运转和发展。这也令美国国家情报管理开始呈现出较为鲜明的法治特性。

四、第二次集权体制与法治成熟期（2004 年至今）

如果《1974 年休斯－瑞安法》的签署标志着美国国家情报体制由第一次集权体制时期进入多元化分权体制时期，那么 2004 年 12 月 17 日小布什总统签署的《2004 年情报改革与防止恐怖主义法》（Intelligence Reform and TerrorismPrevention Act of 2004）则标志着美国国家情报体制进入第二次集权体制时期。这一时期美国情报界所处的情形与第一次集权体制时期相比，存在着诸多不同。不仅立法部门早已深度参与国家情报管理，而且司法系统也已经在国家情报管理领域拥有了一席之地。如果第一次集权体制属于一元化领导下的中央集权，那么第二次集权体制则属于多元化领导下的中央集权。

在这一背景下，美国国家情报体制呈现出如下特点：

（一）三分天下的局面没有根本性的动摇

虽然“9·11”事件和伊拉克战争中的情报失误在美国国内掀起了一片情报改革的声浪，但是无论如何改变，三分天下的国家情报管理格局始终没有发生根本性的变化。这也标志着美国国家情报法治的根基并没有被动摇。虽然依据“9·11”委员会的最终报告，小

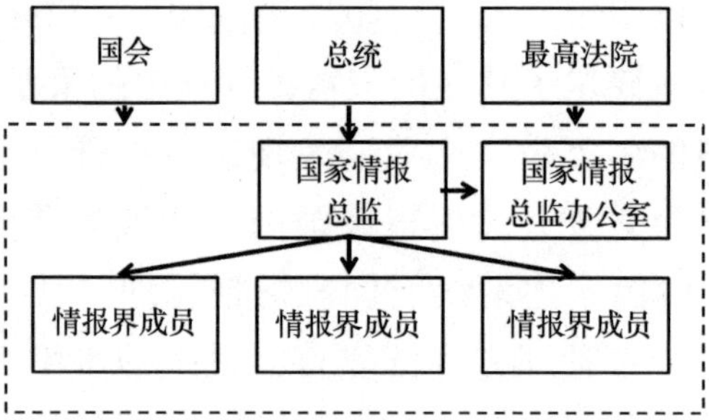

图 1-3　第二次集权体制示意图

布什总统发布了一系列的行政命令①，对美国国家情报体制进行了大幅度的调整，并实行了各类集权化的措施，加大了情报界中央集权的力度，但是无论其如何调整和变化，依照《2004 年情报改革与防止恐怖主义法》的规定，国会对情报界的管理职能依然得到了保留。参众两院的情报特别委员会仍然依法履行着自己的管理职能。而小布什总统通过组建军事法庭审判恐怖分子的做法也表明美国司法系统更加紧密地参与管理美国国家情报事务。

当然，从对情报机构的影响上看，行政当局的影响力在这一时期呈现显著上升趋势。面对后"9·11"时代的各种安全威胁，美国行政、立法和司法系统都不约而同地形成了一种放松监管缰绳的默契。这三方都希望美国情报界可以提高自己的工作效率，更好地完成其分内之事，维护美国的国家安全和国家利益。美国学者弗雷德里克·希茨（Frederick F. Hitz）更是呼吁"放开缰绳，让中情局成

① 仅以 2004 年 8 月 27 日为例，小布什总统在一天之内连续发布了四份涉及国家情报事务的行政命令：第 13353 号行政命令《建立维护美国民主权利的总统委员会》（*Establishing the President's Board on Safeguarding Americans' Civil Liberties*）；第 13354 号行政命令《国家反恐中心》（*National Counterterrorism Center*）；第 13355 号行政命令《强化情报界管理》（*Strengthened Management of the Intelligence Community*）；第 13356 号行政命令《为保护美国人民而强化恐怖主义信息共享》（*Strengthening the Sharing of Terrorism Information to Protect Americans*）。

为中情局”。[①] 在这一大背景下，小布什总统推动国会通过一系列加强国家情报职能的法律，如《2005 美国爱国者修订和再授权法》（*USA Patriot Improvement And Reauthorization Act Of 2005*）、《2007 年执行“9·11”委员会建议法》（*Implementing Recommendations Of The 9/11 Commission Act Of 2007*）、《2007 年保护美国法》（Protect America Act Of 2007）等，大大扩大了美国情报界的权力。同时，行政机构也趁这次情报改革的良机，通过增设国家情报总监及各类国家级的情报中心，强化了情报领域的中央集权。然而国会也不甘示弱，企图在这次为情报机构扩权的同时也扩大自身对情报事务的管理权。例如，在《2008 财年情报授权法》（*Intelligence Authorization Act for Fiscal Year 2008*）的制定过程中，国会特意提出要将以下条款写入该法之中：第一，禁止水刑等审讯方式；第二，要求国家安全局局长、国家侦察办公室主任等职务的任命需经参议院审批；第三，要求政府相关部门定期向国会提交某些情报报告。面对国会扩大国家情报管理权的行为，小布什总统顶住各方压力，运用总统的否决权否决了这一法案，令《2008 财年情报授权法》胎死腹中。无独有偶，自 2006 财年至 2009 财年，美国年度情报授权法都未能顺利获得通过。由于情报授权法是国会对情报界实施管理的重要法律工具，因此该法案未能通过严重影响了国会对情报的管理职能。而行政部门在国家情报管理上则获得了更多的主动权。但是即使行政、立法和司法在国家情报管理上的地位有所消长，立法和司法系统也永远不会甘愿退出，放弃已经到手的权力。因此，在第一次集权化体制下，总统一手遮天的局面将难以再次上演。美国国家情报体制呈现出多元化领导下的中央集权模式。

（二）情报界首脑的职权发生重要变化

在 2004 年美国情报大改革中，最引人注目的一大变化是国家情

---

① Frederick F. Hitz, “Unleashing the Rogue Elephant: September 11 and Letting the CIA be CIA,” *Harvard Journal of Law & Public Policy*, 2002, pp. 765 – 780.

报总监一职的设立。依照“9·11”委员会的建议，中央情报局局长不再作为中央情报主任负责统管全美情报工作，而仅作为中央情报局的领导，负责中央情报局的内部事务。此外，依法另设国家情报总监一职，作为总统首席情报顾问，并代表总统负责管理全美情报工作。其下设置情报总监办公室，辅助其履行法定职责。这一职位与过去的中央情报主任相比，权力增大很多，其中最重要的变化之一是拥有了调整预算的权力和高层人事任命的同意权。

当然，这一职位的创设及其赋权行为也经历了一系列的斗争和妥协。例如，美国国防部就曾强烈反对创设该职位。由于害怕国家情报总监真正掌握全美情报机构的管理权，美国国防部极力反对赋予该职位预算权和人事权。美国参众两院关于国家情报总监的职权也各持己见（具体争议情况参见表1－1）。经过一系列的激烈争论，有关各方才勉强达成一致。

表1－1　参众两院关于国家情报总监职权的主要争议情况汇总表①

问题	参议院法案	众议院法案	最终法案
关于情报预算上限是否保密问题	预算上限不再列入机密范围	预算上限继续列入机密范围	预算上限继续列入机密范围
预算执行问题	情报拨款不再通过国防部，直接下拨情报机构	情报拨款需要经过国防部，再下拨情报机构	情报拨款需要经过国防部，再下拨情报机构
重新制订预算计划问题	可以无须经过部门和机构领导同意，重新制订预算计划，而且资金数目不受限制	单方面改变部门预算的权限最高为部门预算总额的5%	单方面改变部门预算的权限最高为部门预算总额的5%
人员调动问题	可以无须经过部门或机构领导的同意调动人员，人员数目不受限制	没有单方面调动人员权力	对于每个新组建的国家情报中心，最多可调动100人

① 在原表基础上略有修改，参见纪真：《总统与情报：从罗斯福到小布什》，军事科学出版社，2008年版，第281页。

续表

问题	参议院法案	众议院法案	最终法案
人员管理问题	可以制订情报界（包括军方）的人事政策和需求	国家情报总监的人事政策权仅限于非军方的人员	国家情报总监的人事政策权仅限于非军方的人员
国家情报总监控制军方项目问题	赋予国家情报总监对国家安全局、国家侦查办公室和国家地理空间情报局各项目的主要控制权，其中包括对非国家层面的军事项目（如联合军事情报项目 JMIP）的控制权	国家情报总监不得对联合军事情报项目下的所有军事情报项目拥有主要控制权	国家情报总监不得对联合军事情报项目下的所有军事情报项目拥有主要控制权

从表 1 - 1 中可以看出，与过去的中央情报主任相比，国家情报总监的管理权有所扩大，不再仅仅扮演一个“监督者”的角色，而是真正掌握了情报界的部分管理权。这种制度上的硬性规定，比过去依靠“软指标”扩大管理权的做法相比，更加科学也更加规范。当然，赋予国家情报总监的权力与其所肩负的职责相比，仍然显得权力小，责任重。现在的国家情报总监充其量也仅仅是一个“协调者”，距离真正的“管理者”还有很长一段路要走。[①] 而这种权责不相符的现象也继续束缚住了国家情报总监的手脚，令其无法完全履行职责。自首任国家情报总监约翰·内格罗蓬特（John Negroponte）上任至第三任国家情报总监丹尼斯·布莱尔（Dennis Blair）辞职，每任国家情报总监都未干满两年，这也从一个侧面反映出该职位所

① 第二任国家情报总监迈克·麦康奈尔（Mike McConnell）在 2008 年 2 月的一次听证会上曾坦言：“《2004 年情报改革与防止恐怖主义法》给予新的国家情报总监作为协调者或整合者的权力，尽管优于原来的监督者，但距一个真正的拥有指导权的总监还有一定的距离。”参见 Office of the Director of National Intelligence, *Reforming Intelligence: The Passage of the Intelligence Reform and Terrorism Prevention Act of* 2004, Feb. 2009, p. 25. http://www.fas.org/irp/dni/reform.pdf.

面临的巨大压力及其权责的严重不匹配，而美国媒体也认为该职位存在严重缺陷。[①]

（三）国家情报法规进一步成熟与完善

这一时期，除了国会颁布的法律和总统发布的行政命令外，美国司法部长也发布了一系列的指导方针以规范美国的情报活动，如《关于迅速处理对外情报源可能参与犯罪活动的指导方针》《司法部长针对联邦调查局国内行动的指导方针》《确保在发展与使用信息共享环境下保护美国公众信息隐私与合法权力的指导方针》等[②]。而国家情报总监也依照各类法律和行政命令发布了一系列的情报指令和政策备忘录，如情报界指令（Intelligence Community Directives，ICD）、情报界政策备忘录（Intelligence Community Policy Memorandum，ICPM）和情报界政策指南（Intelligence Community Policy Guidance，ICPG）。这些指导方针、指令和政策备忘录也令美国国家情报法规体系得以细化和完善，令美国国家情报进入了法治成熟期。

当然，美国国家情报在法治的道路上远没有达到终点。随着时间的推移，其法规体系还将进一步扩充和完善，其法治的手段也将更为多样。但是，其依法施政的思想将一以贯之。这也是美国情报工作能够始终保持高效与生机的重要奥秘之一。

第二节　法在国家情报体制发展演变中的地位与作用

王人博先生在《法治论》中对美国的法治曾有如下评论："美国社会的历史特点决定了美国资产阶级法治所走过的独特历程，决

① Editorial, "Dennis Blair's Replacement Has Problems to Solve," *Washington Post*, May 22, 2010.

② Office of General Counsel, *Intelligence Community Legal Reference Book*, Office of the Director of National Intelligence, Winter 2012.

定了其法治发展的独特模式。美国的历史虽然不长，但它开始于欧洲那激动人心的年代：文艺复兴、宗教改革、罗马法复兴等重大事件对于将要成为美国人的那些人有着观念化的影响。美国来自欧洲，这种文化上的渊源使得美国不能完全脱掉母体的痕迹。美国的法治发展模式既有英国的影子，也留有法国的痕迹，但其历史的特性使美国既不能完全沿袭英国之路，也不能照搬法国的模式，而是在两者的基础上根据历史使命以及社会所提供的材料铺设一条由自己设计的法治发展之路。这条路使美国人用较短的时间走完了其他国家必须用几百年甚至上千年才走完的那些历程。”① 在国家情报领域，我们发现，美国人同样富于独创精神。他们不断创设和完善国家情报法规，将其组建为一套较为完备的国家情报法规体系，并将其作为法治的重要基础和依据。而这套法规体系的完善与其国家情报体制的成熟之间也潜藏着某种独特的规律，值得我们进一步挖掘和探究。

一、法是国家情报体制构建的基础和前提

国内外学界一致认为，美国现代情报体制的构建源于《1947 年国家安全法》。该法中不仅规定了美国国家安全委员会的组织形式、人员构成和基本职能；同时也创设了中央情报主任一职，并在法理上承认其为美国情报界的法定代表。而根据该法第 102 条的规定，过去临时性的“中央情报组”也转变为拥有独立自治权的“中央情报局”。② 自此，以该法为基础，美国现代国家情报体制初具雏形。

然而从历史上看，早在《1947 年国家安全法》颁布之前，杜鲁门总统已经通过发布法令的形式对美国现代国家情报体制的构建进行了预演和准备。1946 年 1 月，杜鲁门总统发布总统行政命令，组

① 王人博、程燎原：《法治论》，广西师范大学出版社，2014 年版，第 272 页。

② Michael Warner & J. Kenneth McDonald, *US Intelligence Community Reform Studies since* 1947, Center for the Study of Intelligence, Washington D. C., April 2005, p. 5.

建了国家情报委员会（National Intelligence Authority）及其下属机构中央情报组。[①] 但是这一由总统行政命令组建的机构规模不大，职权有限——刚组建时人员仅 8 人，并且根据规定，中央情报组不是独立单位，甚至不是一个组，而是一个由几部门出人、出钱、出设备的“部际合作机构”。[②] 由于该机构上有国家情报委员会掣肘，下有各部门情报机构的反抗，其本身又只是依靠总统行政命令成立的协调机构，从法理上看不具备太高的法律地位。因此，其地位异常尴尬，难以真正掌握情报管理权。例如，首任中央情报组组长西德尼·索尔斯海军少将（Real Admiral Sidnney Souers）曾奉命与美国军方情报机构对苏联的军事力量进行首次评估，但是“军方以保密为由，断然拒绝向中央情报组这个非军方情报机构提供资料”。[③] 而国家情报委员会的成员们职务又都比索尔斯高，“对索尔斯呼来喝去”，并要求“事情均由他们负责，索尔斯毫无独立的权力”。为此，当一名记者询问索尔斯将如何开展工作时，他无奈地回答道：“我要回家。”[④] 尽管杜鲁门总统的尝试并未达成预期目的，但是美国对于现代国家情报体制的创建已经做好了必要的理论和实践准备，其现代国家情报体制的雏形接近形成，距离国家情报体制的真正创建，只差时机成熟后的临门一脚而已。

虽然 1946 年组建的中央情报组具有总统行政命令这一法理依据，但是其本身并不是一个依照国会立法成立的联邦机构。因此它没有独立的预算权，仅仅依靠国务院、陆军部和海军部提供的各类

---

① 行政命令的内容包括：组建国家情报委员会，其主要成员包括国务卿、陆军部长、海军部长及总统代表。其职责是制订和实施全面的情报计划，并监督和协调所有联邦对外情报活动，以确保最有效地完成有关国家安全的情报任务。为了协助其完成这一使命，国家情报委员会将建立一个应由总统任免的组长领导下的中央情报组。参见沈志华、杨奎松：“杜鲁门关于建立国家情报委员会的行政命令草案：建立协调情报活动的国家情报委员会”，《美国对华情报解密档案》，东方出版中心，2009 年版，第 407 页。

② 祁长松：《美国情报首脑全传》，中国社会科学出版社，2006 年版，第 43 页。

③ 同上，第 48 页。

④ 同上，第 48—49 页。

资源度日。而“各部门情报机构明显排斥中央情报组，依旧越过中央情报组直接向总统呈送情报，拒绝与中央情报组分享原始资料，只向中央情报组提供少量的资金和一小部分平庸的人员……（这使得该机构）无力撰写情报为国家决策层服务”。[①]《1945 年独立机构拨款法》的生效更使得中央情报组的财政危机雪上加霜。因为该法规定：如果某机构无法得到国会的特别拨款，那么一年后它将被切断一切资金来源。也就是说，国务院、陆军部和海军部都无法再继续向中央情报组提供任何资金。[②]

由于面临资金难题和生存困境，再加上需要法律给予中央情报组以管理权威，中央情报组历任组长都积极谋求本机构的合法地位，努力使它成为依法组建的独立部门。例如，首任组长索尔斯任命劳伦斯·休斯顿（Lawrence Houston）为中央情报组总顾问，专职中央情报组的立法问题。对此，休斯顿在事后回忆录中写道：“我们遍找书籍……着手工作，共同制定出和平时期相应组织的立法……这项工作在一定程度上建立在杜诺万 1944 年备忘录的基础上……我们研究了一切我们所能想象到的运营战略情报局时可能出现的法律问题，并把这些问题……写入一份长篇的行政文件草稿中去。”[③] 1946 年 7 月，索尔斯也在《每日情报摘要》上提出建议，称中央情报组应尽快取得独立的法律地位以保证真正能够履职尽责。[④] 第二任组长霍伊特·范登堡（Hoyt Vandenberg）对中央情报组的立法问题也十分关注。在他的授意下，中央情报组的法律顾问们将立法的草案呈递给了杜鲁门总统的特别顾问克拉克·克利福德（Clark Clifford）。克利福德在与休斯顿等人面谈后，接受了中央情报组的立法要求，并将

---

① Amy B. Zegart, *Flawed by Design: The Evolution of the CIA, JCS, and NSC*, Stanford: Stanford University Press, 1999, pp. 180 – 181.

② “Memorandum From the General Counsel of the Central Intelligence Group (Houston) to the Director of Central Intelligence (Vandenberg),” June 13, 1946, in FRUS, Special Volume, 1945 – 1950, Emergence of the Intelligence Establishment, pp. 523 – 524.

③ 祁长松：《美国情报首脑全传》，中国社会科学出版社，2006 年版，第 51 页。

④ 同上。

其草案呈递给了杜鲁门总统。经国家情报委员会开会讨论后，与会成员总体同意了这一立法请求。

为了避免国会对情报事务的过度关注和讨论，成立中央情报局的立法草案被纳入美国军事机构改组的一揽子法案中提交国会审议。即使如此，国会参众两院还是对法案中的情报条款给予了特别关注，并展开了激烈的辩论。特别是中央情报局局长究竟是应由军人还是文职人员担任一事争论最为激烈。经过多方商议和妥协，最终该法案于 1947 年 9 月正式生效，并被命名为《1947 年国家安全法》。依据该法，设立国家安全委员会（National Intelligence Council），并由总统担任委员会主席，负责统筹协调国家安全事务；设立中央情报主任一职，代表总统统管美国情报界，其下设立中央情报局，作为直属机构开展工作。自此，中央情报局正式挂牌成立，成为一个拥有合法地位的独立情报机构。而美国的现代国家情报体制也正式得以确立，并迈出了国家情报法治进程的重要一步。

而该法施行后，美国政府在新设情报机构时也逐渐以颁布法规的形式明确新机构的职责使命，划定新机构的职权范围。自 1947 年开始，这种依法治理的观念也逐渐成为美国情报界一种约定俗成的行为习惯。

二、法是国家情报体制嬗变的依据和保障

除了国家情报体制的构建以法为基础，从历史上看，美国国家情报体制的历次变革也都与国家情报法规的出台密切相关。例如，《1958 年国防部改组法》的第 5 条“情报活动的职责”中，就规定了美国国会对美军情报活动的监督权限等问题，规范了军方情报机构的监管程序。而《1974 年休斯－瑞安法》和《2004 年情报改革与防止恐怖主义法》更标志着美国国家情报体制发生了重大变革。以这两部法律为分水岭，美国国家情报体制分别进入了多元化分权体制时期和多元化领导下的中央集权体制时期。通过表 1－2 我们就能大体了解法在美国国家情报体制变革中的地位和作用。

表 1 – 2　美国国家情报体制主要变革情况及其法理依据汇总表①

年份	总统	事件名称	法理依据
1947	杜鲁门	建立国家安全委员会及中央情报局，设立中央情报主任	《1947 年国家安全法》
1947		设立情报顾问委员会	《国家安全委员会第 1 号情报指令》
1949		进一步规范中央情报局的职责权限和机构设置问题	《1949 年中央情报局法》
1950		设立国家评估办公室，任命中央情报副主任	《国家安全委员会第 50 号情报指令》
1952		改组美国通信情报委员会；建立国家安全局	《总统备忘录》及《国家安全委员会第 9 号情报指令》
1953	艾森豪威尔	中央情报副主任成为法定职位	《政府公法 P. L. 83 – 15》
1956		设立总统对外情报活动顾问委员会（PBCFIA）	《第 10656 号总统行政命令》
1958		成立美国情报委员会（USIB）	《国家安全委员会第 1 号情报指令》
1958		明确国会对军方情报机构的监督职能	《1958 年国防部改组法》
1959		明确国家安全局的组织结构、职能使命的相关事宜	《1959 年国家安全局法》
1961		成立国家图像情报中心	《国家安全委员会第 8 号情报指令》
1961	肯尼迪	将总统对外情报活动顾问委员会改组为总统对外情报顾问委员会（PFIAB）	《第 10938 号总统行政命令》
1961		成立国防情报局	《第 5105. 21 号国防部长指令》
1964	约翰逊	将反情报特别小组更名为“303 委员会”负责隐蔽行动的审批	《第 303 号国家安全行动备忘录》
1969		取消总统对外情报顾问委员会	《第 11460 号总统行政命令》

① 本表由综合汇总各类资料后拟制。参见申华：《美国国家情报管理制度研究》，军事科学出版社，2010 年版，第 247 页；沈志华、杨奎松：《美国对华情报解密档案（1948—1976）》（第八卷），东方出版中心，2009 年版，第 8—24 页；Office of General Counsel, *Intelligence Community Legal Reference Book*, Office of the Director of National Intelligence, Winter 2012, pp. vii – viii.

续表

年份	总统	事件名称	法理依据
1970	尼克松	成立“40 委员会”取代“303 委员会”，并增列司法部长为该委员会成员	《第 40 号国家安全决议备忘录》
1971		成立制定情报界预算的情报资源顾问委员会（IRAC）；重组国家情报委员会；建立国家安全委员会情报分委员会并设立净评估小组；创立国防地图局，建立情报界参谋。	《总统备忘录：美国对外情报界的组织与管理》
1974		标志着国会正式参与情报管理，成为重要情报管理方之一	《1974 年休斯－瑞安法》
1976	福特	成立对外情报委员会；成立“五人行动顾问小组”取代“40 委员会”；成立情报监督委员会	《第 11905 号总统行政命令》
1976		设立参议院情报特别委员会	《参议院第 400 号决议》
1977	卡特	设立众议院常设情报特别委员会	《众议院第 658 号决议》
1978		成立国家安全委员会政策审查分委员会；成立特别协调委员会取代“五人行动顾问小组”；组建国家对外情报中心	《第 11985、第 11994、第 12036 号总统行政命令》
1978		规范情报机构对外实施电子侦察的相关情况，并标志着司法部门第一次直接参与情报管理事务	《1978 年对外情报监控法》
1979		进一步规范对外情报电子侦察情况，并设置相应监管机构	《第 12139 号总统行政命令》
1981	里根	取消卡特的国家安全委员会结构，阐明情报界各成员的角色与责任；确定中央情报主任为总统和国家安全委员会的首席情报顾问；成立总统情报监督委员会	《第 12333、第 12334 号总统行政命令》
1985		重新组建总统对外情报顾问委员会	《第 12537 号总统行政命令》

续表

年份	总统	事件名称	法理依据
1990	布什	修正《第 12334 号总统行政命令》，改革总统情报监督委员会	《第 12701 号总统行政命令》
1992	布什	建立国家情报委员会，情报界参谋更名为情报界管理参谋	《1992 年情报组织法》
1993	克林顿	将情报监督委员会设置为总统对外情报顾问委员会的常设机构	《第 12863 号总统行政命令》
1996	克林顿	建立国家安全委员会对外情报分委员会；明确国家安全局、国家侦察办公室等机构的首脑任命需得到中央情报主任同意	《1996 年情报复兴与改革法》
1996	克林顿	改组成立国家图像与测绘局	《关于成立国家图像与测绘局的国防部长指令》和《1996 年国家图像与测绘局法》
2001	小布什	组建国土安全办公室及国土安全委员会	《第 13228 号总统行政命令》
2002	小布什	组建总统国土安全顾问委员会及国土安全高级顾问委员会	《第 13260 号总统行政命令》
2002	小布什	成立国土安全部并设置隶属于国土安全部的情报机构	《2002 年国土安全法》
2003	小布什	增加情报监督委员会的委员数量	《第 13301 号总统行政命令》
2004	小布什	建立大规模杀伤性武器情报能力委员会	《第 13328 号总统行政命令》
2004	小布什	组建国家反恐中心，任命国家情报总监，进行机构调整加强情报界管理工作	《第 13354 号、第 13355 号总统行政命令》
2004	小布什	明确国家情报总监相关职权，增设各类国家级情报中心	《2004 年情报改革与防止恐怖主义法》
2005	小布什	修正《第 12863 号总统行政命令》，改组总统对外情报顾问委员会	《第 13376 号总统行政命令》

续表

年份	总统	事件名称	法理依据
2005	小布什	组建国家情报总监办公室并修正《第12129号、第12949号总统行政命令》	《第13383号总统行政命令》、《情报界指令》
2006		增加毒品管制局国家安全情报办公室为情报界成员；任命古巴和委内瑞拉任务管理官	《情报界指令》
2007		任命负责情报的国防部副部长为国防情报主任	《情报界指令》
2008		将总统对外情报顾问委员会更名为总统情报顾问委员会	《第13462号总统行政命令》
2008		进一步修正《第12333号总统行政命令》，通过改组机构进一步规范美国情报活动	《第13470号总统行政命令》
2009	奥巴马	修正《第13462号总统行政命令》，改组总统情报顾问委员会及其常设机构	《第13516号总统行政命令》
2014		将国家安全参谋更名为国家安全委员会参谋	《第13657号总统行政命令》

※本表中参众两院成立情报特别委员会的决议本身并无法律效力，但是由于该举措影响深远故一并列入表中。

从表1－2中我们可以发现，美国国家情报体制的历次变革都有其法理依据，大到整个国家情报体制的整体嬗变，小到个别机构的组织变迁，其都有较为具体和规范的法理依据。当前美国情报界包括情报总监办公室在内，共17家单位。这些单位的组建和变迁全部都拥有各自的法理依据。而且有些机构还拥有多个层次的多重法理依据。例如，国防情报局的组建则源于1961年时任国防部长罗伯特·麦克纳马拉颁布的《第5105.21号国防部长指令》；国家安全局的组建则源于1952年杜鲁门总统的绝密备忘录及《国家安全委员会第9号情报指令》；国家情报总监办公室的创建则源自《2004年情报改革与防止恐怖主义法》及小布什总统发布的《第 13383 号总统行政命令》（EO13383）等等。总体上看，各机构的法理依据多种多样，既有法律效力较高的国会立法，也有法律效力略弱的总统行政命令和国家安全委员会指令，还有法律效力更弱的各政府部门首长发布的种种指令。但是无论各机构所依据的授权法规其法律效力是强是弱，它们都具有一个共同的特点——合法性。

当然，在历次情报改革中，法律的草拟，总统行政命令的颁布、国家安全委员会指令等各类指令的出台，其背后都蕴含着各方势力的角力和斗争。而各方之所以选择在各类法规中如此角力，其原因就在于法是实现国家情报体制嬗变的指导原则和重要保证。情报法规一经制订后，各项条款就具有法律效力，尤其是国会通过的法律，其法律效力最高，哪怕是总统发布的各类指令也不得与国会法律相抵触，更遑论各情报机构自身发布的内部章程、规定和政策。正是由于拥有了各类法规的授权，情报改革的相关举措才是合法行为，才能够继续施行下去。而美国国家情报体制的各类变革也才能够有条不紊地持续推进。在情报改革中遇到的各类阻力和阻挠，都将不得不屈服于法规的强制力。只要法规最终颁布施行，那么任何组织和个人的抵制与反对都将被视为违法行为，都将接受处罚与制裁。因此，法不仅是美国国家情报体制嬗变的重要依据，也是其得以顺利施行的有力保障。

第二章　法与美国国家情报体制的运行和监督

美国著名政治家詹姆斯·麦迪逊曾在《联邦党人文集》中指出："权力具有一种侵犯性质，应该通过给它规定的限度在实际上加以限制。"[①] 而情报作为国家安全决策的重要参考和知识基础，对国家安全决策具有举足轻重的影响。从这个意思上看，情报也自然而然地具备了左右国家安全决策的巨大权力。因此，人们有必要依照合理的规则规范这一权力，防止其侵犯其所守护的民主与自由。为了实现这一点，在美国国家情报体制的运行和监督过程中，国家情报法规始终被作为国家情报管理的重要规则和基本准绳。而各管理层也把国家情报法规作为自己获得管理权力的唯一授权来源。当然，在国家情报体制运行和监督中暴露的缺点和不足，美国人也会积极寻求对策，通过各种修正方案对其进行完善和补救，而这些修正方案最终都将化为硬性的法规条文。从这一角度上看，国家情报法规也是美国国家情报体制运行和监督的必然结果。因此，无论从哪个角度审视和解读，法与美国国家情报体制的运行和监督都存在着紧密联系，而依法管理情报也令美国情报活动呈现出鲜明的法治色彩。

---

① 汉密尔顿、杰伊、麦迪逊：《联邦党人文集》，程逢如、在汉、舒逊译，商务印书馆，1989年版，第252页。

第一节　国家情报体制运行和监督中的主要法治表现

2014年，美国情报总监办公室发布第三版《美国国家情报战略》。该战略中明确提出情报界应遵守七项职业道德准则，其中第三项职业道德准则就是“守法”。该准则规定“情报人员拥护并守护美国的宪法，依照美国的法律行事，确保在执行任务时尊重隐私、公民自由和人权”。[①] 这一规定虽然直到2014年才首次写入《美国国家情报战略》，但其早已经成为一项不成文的准则和规范，体现在美国国家情报体制运行和监督的方方面面。

从体制运行和监督的角度看，美国情报界各机构在开展工作之前，必须获取必要的情报资源，而各类资源的分配都有其相应的法定规则，并不屈从个别管理者的主观意志。当获得必要的资源后，各情报机构在开展相关活动之前还必须经过严格的层层审批。而这些审批程序也都有其各自的法理依据。在情报活动实施过程中，或实施完毕时，各监管机构都将积极开展各项调查评估，这些调查评估活动也都具有合法授权。当调查评估过程中发现违法乱纪行为时，对违法者实施惩戒的依据和方法也都源于法规规定。可以说，法在美国国家情报体制运行和监督中的方方面面都发挥着重要作用，而法治思想也贯穿美国情报活动的始终。

一、依法分配情报资源

早在《1947年国家安全法》刚刚颁布时，美国政府就将分配情报资源的规则和方式写入了该法，并据此组建专门的机构管理资源

① James R. Clapper, *The National Intelligence Strategy of the United States of America*, Washington D. C.: Office of the Director of National Intelligence, September 2014.

分配事务。[①] 随着时代的发展，美国政府内主管情报资源分配的机构几经变迁，并多次易名，而情报资源的分配方式也发生了深刻变化。例如，尼克松政府时期就成立了情报资源顾问委员会负责制定情报界预算；而自1978年开始，美国国会也开始利用其组建的两个情报特别委员会审查和核准情报界的各类预算，并通过颁布情报授权法的方式对年度情报拨款进行授权。时至今日，美国情报总监办公室下属的联合情报界委员会（Joint Intelligence Community Council）[②] 成为各部门首长和国家情报总监商讨和拟制情报资源分配草案的重要平台；参众两院的情报特别委员仍然是国会掌控情报界资源分配的重要工具；而每个财年的情报授权法也成了国家情报资源分配的最高指导原则。因此，笔者以年度情报授权法为例，阐述美国情报资源分配的主要流程及其法理依据。

（一）行政部门依法拟定申请

美国情报界全部情报资源实施项目管理制。非情报项目内的各种情报活动无法获取合法的经费、人力、设备和设施等资源。依照《1947年国家安全法》及其他法律的规定，当前美国几乎所有的情报活动都涵盖在“国家情报项目”（National Intelligence Program）和“军事情报项目”（Military Intelligence Program）这两大项目之中。前者指的是“美国情报界实施的所有项目、工程和活动，也包括总统或各政府部门首长与国家情报总监联合下达的各类项目，其中不

---

① 该法案第103条a款规定：“兹建立国家安全资源委员会（以下称之为委员会），其成员包括委员会主席以及随时可能指定成为委员会成员的各行政部门和独立的首脑或代表，委员会主席由总统根据参议院建议并经参议院同意后在平民中任命。”参见沈志华、杨奎松：《美国对华情报解密档案（1948—1976）》（第八卷），东方出版中心，2009年版，第497页。

② 依据《1947年国家安全法》及其相关修正案的规定，该委员会由国家情报总监任主席，人员包括国务卿、财政部长、国防部长、司法部长、能源部长及总统临时指派的其他人员。参见Office of General Counsel, *Intelligence Community Legal Reference Book*, Office of the Director of National Intelligence, Winter 2012, p. 33.

包括军方仅为满足战术行动需要而实施的各类项目、工程和活动”。[1]而军方仅为满足战术行动需要而实施的各类项目、工程和活动都划归军事情报项目之中。前者主要由国家情报总监负责草拟预算，而后者主要由国防部长负责草拟预算。[2]

依照《2004 年情报改革与防止恐怖主义法》及《1947 年国家安全法》相关修正案的规定，国家情报总监负责“监管和指导国家情报项目的施行”。[3] 而在制定国家情报项目的预算草案之前，通常由情报界各机构领导及其上级政府部门首脑负责提交本机构的年度情报预算需求。各机构的年度情报预算需求汇总后，国家情报总监一般需召集联合情报界委员会各委员商讨年度国家情报项目的预算草案。经委员会反复商讨和推敲后，国家情报总监结合总统下达的情报优先发展意见制定年度国家情报项目的预算草案，并将其提交总统办公厅下属的管理与预算局进行审查和批准。

至于军事情报项目，虽然其最终预算草案由国防部长负责拟制，但根据《1947 年国家安全法》第 102A 条 c 款规定：“国家情报总监应与国防部长一道参与制定军事情报项目及其下属各类子项目的预算草案。”[4] 与此同时，“任何不属于国家情报项目中的美国情报界成员单位在制定年度预算时，也必须遵循国家情报总监的指导”[5]。由此可见，国家情报总监在拟制军事情报项目的预算草案中也具有一定的发言权。当该项目的预算草案经国防部长批准后，也将一并上报管理与预算局进行审查和批准。

---

① Office of General Counsel, *Intelligence Community Legal Reference Book*, Office of the Director of National Intelligence, Winter 2012, pp. 28 – 29.

② 军事情报项目最初的预算草案由国家情报总监和负责情报的国防部副部长共同确定，然后提交给国防部长审核修改。

③ Office of General Counsel, *Intelligence Community Legal Reference Book*, Office of the Director of National Intelligence, Winter 2012, p. 34.

④ Ibid. , p. 36.

⑤ Ibid.

（二）立法部门依法审批完善

按照美国宪法第9条的规定："没有拨款法律，财政部不得提供任何资金。"[①] 因此，美国国会为了令政府能够正常运转，并符合宪法的相关规定，建立起了一套复杂的授权和拨款相结合的资金拨付程序。一般来说，国会内设有各类委员会负责政府相关重要事务的授权，经委员会审批后的授权法案将再提交给总统，由总统签署成为具有法律约束力的授权法。国会拨款委员会再以该授权法为依据制定拨款法指导财政部拨款，而这些规定同样适用于情报事务。

自20世纪70年代中期参众两院建立情报特别委员会后，情报资源的分配也成为这两个特别委员会关注的焦点。1985年，《1947年国家安全法》经修正后，第504条a款规定："只有经过国会授权和拨款的情报活动才可获取拨款经费"，而该条b款还规定："如果国会拒绝对某情报活动拨款后，情报机构不得继续为该情报活动筹集资金"。[②] 自此，参众两院的情报特别委员会成为掌握情报界"钱袋子"的重要机关，也成为国会实施国家情报管理的首要工具。

当管理与预算局审查通过了国家情报项目和军事情报项目的预算草案后，这些草案通常在每年2月至3月之间以国会预算申请书的形式呈递给国会参众两院。参众两院同时对行政部门提交的情报预算申请进行审查和审议。其中，众议院常设情报特别委员会负责国家情报项目的审查。同时，它还与众议院武装部队委员会一道负责军事情报项目的审查。而参议院情报特别委员会只负责审查国家情报项目，军事情报项目的审查权归参议院武装部队委员会单独所有。无论哪个委员会进行审查，在开始审查工作之前，行政部门提交的情报预算申请将分门别类地拆解成各种子项目，如"通用国防情报项目、国家侦察项目、密码整合项目、联邦调查局对外反情报

---

① Office of General Counsel, *Intelligence Community Legal Reference Book*, Office of the Director of National Intelligence, Winter 2012, p. 6.

② Ibid., p. 112.

项目等”,[①] 然后每一个子项目再进一步拆解成各种小项，并为各小项分配恰当的资金和人员编制。当然，这些拆解过后的子项目及各种小项都是高度机密的预算申请材料，外人难以窥探究竟。

国会各委员会收到申请材料后，将分别召开听证会，听取各类简报，开展各类调研或要求相关情报机构提供具体问题的研究报告。当然，有时各委员会也将对某些具体项目进行深入审计或调查。通常每年的2月至5月，这些调研活动都将结束，各委员会将召开会议，拟定情报授权法案。在拟制的情报授权法案中，除了包含年度情报预算分配方案外，国会还将把其在国家情报管理上的意见和建议写入法案，通过捆绑的方式令其成为有约束力的法规，迫使行政机构接受国会的管理。

一旦法案拟制完毕，将分别呈递给参众两院，供其他相关委员会审阅，并听取其意见和建议。当然，由于具体的预算分配方案属于机密内容，所以在公开的法案中并不会谈及。具体分配方案将以附件的形式附于授权法案后，供相关人员查阅。与各法案相伴的还有各委员会的审查报告。报告中将分别陈述委员会修改预算申请书中各条目的具体缘由，并会给出相应的意见和建议。这些报告也将转交给行政部门供其参考。虽然报告本身并没有法律约束力，但是一般各情报机构都会遵循，并做出相应修改，以防惹恼国会，导致预算申请无法通过审批。

一般每年的6月至9月，参众两院将把各自的情报授权法案提交委员会及大会表决。之后，两院将把各自的授权法案进行整合，消除分歧，谋求共识。为此，两院情报特别委员会还将联合举行协商会，将各自法案中有争议的条款逐条进行审议。当然，在这一阶段，国会两院的拨款委员会也将参与协商，共同拟制情报授权法案的最终版本。这么做一方面可以防止得到授权的项目没有拨款法给予支持，而导致“无效”授权；另一方面也可以防止拨款法中已经

① Loch K. Johnson, *Intelligence*: *Critical Concepts in Military*, Strategic & Security Studies, Routledge, London and New York, 2011, p. 82.

拨款的项目却没有授权，导致违法拨款。[①] 最终情报授权法案经过联合协商后，将再次提交两院进行最终表决，直到最后两院形成一致意见。自此，情报授权法案在国会的审批完善流程宣告结束，等待总统的最终签署。

（三）总统依法签署实施

按照《美国宪法》及其他法律的相关规定，当国会将最终法案呈递总统签署时，总统可就其反对的条款提出意见和建议，并驳回国会继续修改，如果国会修改后，总统同意签署，那么本年度的情报授权法案正式生效，成为有法律约束力的年度情报授权法。如果国会拒绝修改，总统可使用否决权否决整个法案。当然，如果总统否决后，国会参众两院可再次对该法案进行投票表决，如果法案在两院分别获得2/3以上的选票支持，那么该法案仍然可以成为年度情报授权法。

近些年来，总统和国会围绕情报授权法的争斗较为激烈。如2009财年，小布什总统就因为国会在情报授权法中增加了一些有争议的条款而运用否决权否决了该法案，导致该年度的情报授权法未能成功立法；而2010财年，国会呈递的情报授权法案还是遭到奥巴马总统的强烈反对，最终国会不得不重新起草和修订一个新的情报授权法案，才勉强获得总统的签署。[②] 从表2－1中情报授权法签署时间的变化就能看出行政与立法机构在美国情报授权法上的争斗情况。

---

① 原本情报授权法应先于拨款法出台，拨款法以授权法为基础进行拨款。但是现实情报管理中，由于授权法争议较大，需要较长时间协商和协调，而政府情报工作又不能因为缺乏资金而陷入停滞，所以一般情况下，国会先通过其他方式进行“变相授权”，并以此通过拨款法拨付资金，但这么做将导致情报需求的优先次序出现混乱并浪费大量资金。自美国实施年度情报授权法以来，只有1979年、1983年和1989财年情报授权法是在财年开始之前就得以成为法律，其他财年的情报授权法都需要推迟一段时间才可颁布施行，而2006—2009财年情报授权法甚至由于种种原因未能成为法律。

② 石高能、胡文翰：《美国情报授权立法研究》，《解放军外国语学院学报》（社科版），2011年第2期，第46—52页。

表 2-1 历年情报授权法立法情况汇总表

情报授权法名称	总统签署时间	是否成功立法
1979 财年情报授权法（公法 95-370）	1978 年 9 月 17 日	是
1980 财年情报授权法（公法 96-100）	1979 年 11 月 2 日	是
1981 财年情报授权法（公法 96-450）	1980 年 10 月 14 日	是
1982 财年情报授权法（公法 97-89）	1981 年 12 月 4 日	是
1983 财年情报授权法（公法 97-269）	1982 年 9 月 27 日	是
1984 财年情报授权法（公法 98-215）	1983 年 12 月 9 日	是
1985 财年情报授权法（公法 98-618）	1984 年 11 月 8 日	是
1986 财年情报授权法（公法 99-169）	1985 年 12 月 4 日	是
1986 财年情报授权法（公法 99-169）	1985 年 12 月 4 日	是
1987 财年情报授权法（公法 99-569）	1986 年 10 月 27 日	是
1988 财年情报授权法（公法 100-178）	1987 年 12 月 2 日	是
1989 财年情报授权法（公法 100-453）	1988 年 9 月 29 日	是
1990 财年情报授权法（公法 101-193）	1989 年 11 月 30 日	是
1991 财年情报授权法（公法 102-88）	1991 年 8 月 14 日	是
1992 财年情报授权法（公法 102-183）	1991 年 12 月 4 日	是
1993 财年情报授权法（公法 102-496）	1992 年 10 月 24 日	是
1994 财年情报授权法（公法 103-178）	1993 年 12 月 3 日	是
1995 财年情报授权法（公法 103-359）	1994 年 10 月 14 日	是
1996 财年情报授权法（公法 104-93）	1996 年 1 月 6 日	是
1997 财年情报授权法（公法 104-293）	1996 年 10 月 11 日	是
1998 财年情报授权法（公法 105-107）	1997 年 11 月 20 日	是
1999 财年情报授权法（公法 105-272）	1998 年 10 月 20 日	是
2000 财年情报授权法（公法 106-120）	1999 年 12 月 3 日	是
2001 财年情报授权法（公法 106-567）	2000 年 12 月 27 日	是
2002 财年情报授权法（公法 107-108）	2001 年 12 月 28 日	是
2003 财年情报授权法（公法 107-306）	2002 年 11 月 27 日	是
2004 财年情报授权法（公法 108-177）	2003 年 12 月 13 日	是
2005 财年情报授权法（公法 108-487）	2004 年 12 月 23 日	是
2006 财年法案未能成功立法	无	否
2007 财年法案未能成功立法	无	否

续表

情报授权法名称	总统签署时间	是否成功立法
2008 财年法案未能成功立法	无	否
2009 财年法案未能成功立法	无	否
2010 财年情报授权法（公法 111－259）	2010 年 10 月 7 日	是
2011 财年情报授权法（公法 112－18）	2011 年 6 月 8 日	是
2012 财年情报授权法（公法 112－87）	2012 年 1 月 3 日	是
2013 财年情报授权法（公法 112－277）	2013 年 1 月 14 日	是
2014 财年情报授权法（公法 113－126）	2014 年 7 月 7 日	是
2015 财年情报授权法（公法 113－126）	2014 年 12 月 19 日	是
2016 财年法案未能成功立法	无	否
2017 财年法案未能成功立法	无	否
2018 财年法案未能成功立法	无	否
2019 财年法案未能成功立法	无	否
2020 财年情报授权法（公法 116－92）	2019 年 12 月 20 日	是

按照法律规定，美国的财年从每年的 9 月开始，到次年 9 月结束。从表 2－1 中可以看出，一般情报授权法都在财年开始几个月之后才能获得签署，少数几个财年的情报授权法需要等到财年即将结束时才能勉强获批，甚至 2006—2009 财年和 2016—2019 财年的情报授权法因为争议过大而未能成功立法。从情报授权法立法时间的变化中我们发现，总统和国会对情报授权法的斗争较为激烈，情报授权法立法过程中一帆风顺的情况较少，更多的情况是双方之间的不断斗争和妥协。绝大部分情况下，在财年结束之前，情报授权法都能获得通过，少数情况下，由于行政和立法部门的争议过大而未能成功立法。

一旦总统签署后，该年度情报授权法就成为分配情报资源的重要指导原则，国会拨款委员会将以其为基础安排拨款。而国家情报总监获得拨款后也将依据情报授权法开展各项情报活动。依照《1947 年国家安全法》及其修正案的规定，国家情报总监“应确保年度预算充分执行"，并"负责管理国家情报项目的拨款"。[①] 而国防部长则负责管理军事情报项目的拨款。当然，各类拨款还需符合《1974 国会预算及扣留控制法》（Congressional Budget and Impoundment Control Act of 1974）等其他法规的规定，而且国家情报总监还需对预算执行情况每半年向国会提交一份书面报告。

如果在预算执行途中，需要对经费进行重新调整，那么就国家情报项目而言，所有的经费调整必须得到国家情报总监的事先批准；而军事情报项目的经费调整则需同时得到国家情报总监和国防部长二人的批准。[②] 此外，关于经费调整的细则问题，《1947 年国家安全法》中也有较为明确的规定。例如，依照该法第 102A 条 d 款第五点的规定："（1）调整后的经费需用于优先性更靠前的情报活动；（2）调整后的经费应用于更紧急的项目并提高经费使用效率，改善使用效果；（3）调整的经费不应涉及国家情报总监的应急储备资金和中央情报局的应急储备资金；（4）每个财年可以调整的经费额度不应超过 1.5 亿美元或某情报机构在国家情报项目中所获资金总额的 5%；（5）经费调整不应中止采购项目。"[③]

如果在国家情报体制运行过程中，需要对人事进行重新调整，那么国家情报总监在得到行政管理和预算局局长的批准后，也可依照相关手续对美国情报界进行人事调整。但是调整的人员规模不得超过 100 人，而且跨机构借调人员的时间也不得超过两年。[④] 此外，国家情报总监还需将人事调整情况立即上报国会情报特别委员会和拨款委员会，如果涉及国防部的人事变动，还得上报国会两院的武装部队委员会；如果涉及司法部的人事变动，还得上报国会两院的

---

① Office of General Counsel, *Intelligence Community Legal Reference Book*, Office of the Director of National Intelligence, Winter 2012, pp. 36 – 37.

② Ibid.

③ Ibid. , p. 38.

④ Ibid. , p. 39.

司法委员会。[①]

综上所述，无论是资金还是人员，美国在情报资源的分配上都具有一整套严谨细致的分配规则和方案。从预算拟制到给予拨款，从提出资源申请到汇报执行结果都有相关法规对其活动予以规范。情报资源的分配方包括哪些机构、情报资源分配采取哪些流程、情报资源分配遵循哪些原则都有严格的规定。甚至情报资源分配方案本身就是法规的一部分。因此，美国情报资源分配上体现出了典型的法治思想。

二、依法审批情报活动

当各类情报资源依照拨款法全部拨付给各情报机构后，各情报机构便可以使用这些资源依法开展各项情报活动，如安排搜集活动，开展情报分析，采购情报装备、发放人员薪金、实施人员培训、建设基础设施等。当然，依照《1947 年国家安全法》及其修正案的规定，这些日常的情报活动也需遵循国家情报总监颁布的各类指令，遵从其制定的情报优先顺序。以此为基础，美国情报界各层次的领导也有权依照各自的管理权限进行活动审批，但是对于一些特殊情报活动，或者最高决策层较为关心的重大问题则需要得到政府高层审批和授权，甚至需要得到国会情报特别委员会的审批或特别法院的许可。

（一）隐蔽行动的审批流程和相关规定

以最富争议的隐蔽行动为例，当总统希望通过情报界实施隐蔽行动以实现某项特殊的政治目的时，他必须“认定某隐蔽行动对支持美国外交政策的明确目标是必需的，且对美国的国家安全至关重

---

① Office of General Counsel, *Intelligence Community Legal Reference Book*, Office of the Director of National Intelligence, Winter 2012, pp. 39 – 40.

要时，才能授权美国政府部门、机构或实体组织开展隐蔽行动”。[①]此外，根据《1947年国家安全法》及其修正案规定，总统决定采取隐蔽行动后，需要向美国国会提交书面决定书。如果时间紧急来不及提交书面材料，那么总统应在做出决定后的48小时内提交一份正式的书面决定书。在决定书中，总统应指明该活动受到何种授权，资金如何获取，美国政府部门如何参与该活动等内容。另外该活动是否牵涉国防承包商或代理人等事项也需给予明确，防止他们出现各类违法犯罪行为。如果该隐蔽行动由中央情报局实施，那么行动还将遵守中央情报局的各项政策规定及美国政府的其他规定。[②] 在该法中还特别强调“决定书不得授权采取任何违反宪法或美国法令的行为”。[③]

当然，为了防止出现失泄密事件，一般与隐蔽行动相关的信息只会透露给国会两院的情报委员会。按照《1947年国家安全法》及其修正案的规定：“国会情报特别委员会可完全、实时地知晓美国政府哪些部门、机构或实体组织负责、参与了隐蔽行动，也可知晓是否有其他组织代表美国政府部门、机构或实体组织执行了隐蔽行动，并且根据国会任何一个情报特别委员会的要求，美国政府、机构或实体组织都需提供其所保管或掌握的相关信息与材料，以便国会情报特别委员会履行授权的职责。”[④] 当然，有些时候某些隐蔽行动过于敏感，总统也可以进一步缩小知情范围，仅限国会两院情报特别委员会主席、众议院议长、参议院多数党和少数党领袖等国会高层知悉。此时，总统则需向国会情报特别委员会主席提交书面报告解释原因。如果事态紧急，总统也可先斩后奏，不等国会的授权就先批准实施某项隐蔽行动。但是事后总统应及时、全面地上报国会，

---

① Office of General Counsel, *Intelligence Community Legal Reference Book*, Office of the Director of National Intelligence, Winter 2012, p. 108.

② Ibid.

③ Ibid., p. 109.

④ Ibid.

并提交书面报告解释原因。

当国会情报特别委员会了解了该隐蔽行动的相关情况后，可决定是否批准该隐蔽行动。如果国会情报特别委员会批准该行动并对其给予授权后，则总统还需确保已经获得授权的隐蔽行动不得超出其所获的授权范围，并指示国家情报总监向国会情报特别委员会定期汇报该隐蔽行动的进展。一旦该隐蔽行动发生了重大变化，情报界还需及时将情况反馈给国会。如果国会不批准该隐蔽行动，则该隐蔽行动将无法获取必要的经费。当然，哪怕国会不批准该隐蔽行动，总统仍然可以想办法从别处筹措资金实施该隐蔽行动。不过这样一来，手续更复杂，而且要冒很大的政治风险，如果该行动过程中触犯美国的任何法律，也都需要被问责。

综上所述，在隐蔽行动的审批过程中，几乎每个环节和每个流程都有相关法规对其进行规范。对于审批流程中出现的各类情况，法规中也都有较为详细的说明和处理方式。整体上看，无论是行政机关的审批程序还是立法部门的审批程序都以法规为基础，而其最后的授权结果也具有一定的法律效力。这样才能保证获得审批后的隐蔽行动能够符合美国的各项法规，不至于成为情报机构滥用职权的便利工具。

（二）对外情报监控的审批流程和相关规定

除隐蔽行动外，在美国另一个颇受争议的情报活动就是对外情报监控行动。由于20世纪70年代初，尼克松总统滥用《1968年综合犯罪控制与街道安全法》中赋予政府的特殊权力，导致美国国会于1978年通过了《1978年对外情报监控法》。该法限制了美国情报机构对美国公民及拥有在美居留权者的通信截收权力。当然，如果当事者是美国人时，情报机构可以向对外情报监控法院提出申请。如果获批后，则可合法对该美国人实施监控。如果没有获批，情报机构可以申请复核。复核事务则由对外情报监控上诉法院负责。如果情报机构对复核结果仍然不服，可以上诉至联邦最高法院。联邦最高法院拥有对上诉法院的裁决进行终审的司法管辖权。以上这些规定也体现了较为明显的法治特色。同时该法的施行也标志着美国司法系统作为国家情报管理者直接参与情报管理事务。

2001 年“9 · 11”事件发生后，美国情报界趁机推动国会在极短的时间内通过了《2001 年爱国者法》。该法对《1978 年对外情报监控法》进行了重要修正，极大地扩充了情报机构的权力。例如，《2001 年爱国者法》扩大了情报机构“任意监控”的权力；拓展了对非美籍外国特工的监控期限；扩大了选拔对外情报监控法院法官的遴选范围并增加了法官的数量等。之后不久，美国政府继续借着反恐之势，推动国会相继通过了《2005 年美国爱国者修改和再授权法》和《2006 年爱国者额外授权增补法》。这些对《2001 年爱国者法》中的临时性条款进行了适当的修正，并将其绝大部分条款转变成为永久性条款。这些法律放宽了对外情报监控的审批权限，也为情报机构提供了先斩后奏的机会，客观上为情报机构实施对外情报监控提供了便利。

2007 年，由于美国情报机构以《2001 年爱国者法》及其相关修正案为由，大肆扩张权力。打着反恐的旗号不断侵害公民的民主自由和合法权益。为了强化对情报机构的约束，美国国会通过了《2007 年保护美国法》。该法强化了对外情报监控法院的审查权力，进一步规范了情报机构提出搜查申请的程序和规则。

2008 年，经过行政和立法两部门的不断争斗和相互妥协，美国国会通过了《2008 年对外情报监控法增补法》。该法对相关审批程序进行了优化，并将美国情报界先斩后奏的监控时间由 2 天扩展到 7 天。同时，该法还规定对外情报监控法院应批准对位于海外的美国人实施监控。而为了强化情报机构内部的监管，该法还要求所有参与监控活动的情报机构及其监察长必须对本部门的监控活动实施全面审查并于 1 年内提交审查报告。

综上所述，实施对外情报监控也拥有较为严密的法定申请程序。司法系统掌握着对外情报监控的最终决定权。这使得美国情报机构的监控权力受到一定程度的制约。虽然有资料统计，以往情报机构提出的绝大部分监控申请都能获得对外情报监控法院的获批，但是这一法定程序仍然具有重要的法治意义。这也成为国家情报实施法治的重要表现。

三、依法开展调查评估

依据《1947 年国家安全法》《2004 年情报改革与防止恐怖主义法》《第 13462 号总统行政命令》《第 13470 号总统行政命令》等相关法规的规定，在美国国家情报体制的运行过程中，国会参众两院的情报特别委员会、总统情报顾问委员会和国家情报总监等机构和人员需要定期对美国情报界进行调查评估。这种例行调查成为“日常巡逻”的一部分，可以防止美国国家情报体制在运行过程中出现重大失误和滥权现象，有利于提高情报工作的效率。除了例行调查外，每当美国情报界不定期遭遇重大情报失误或情报丑闻时，行政和立法机构也都会迅速组建调查委员会或工作小组对情报界进行调查评估。无论是定期还是不定期的调查都有一个共同的特点——依法实施。

（一）组建机构源自合法授权

研究美国情报史我们发现，对美国情报活动进行调查和评估的各类工作小组或调查委员会都具有合法授权，其中有的授权源自总统和行政部门的各类命令和指令，有的源自国会参众两院的各项决议，还有的直接源自国会创设的法律。例如，依据《1947 年国家安全法》第 102A 条第 f 款规定：“当国家情报总监认为有必要，或国会情报特别委员会提出申请，那么国家情报总监可对情报界成员单位或成员单位中的个人实施审查和问责。”① 除了这些低层次的审查和问责外，美国国会和总统也可通过颁布法律和法令成立调查机构，开展调查评估。以人们熟知的“‘9·11’委员会”为例，该调查委

① Office of General Counsel, *Intelligence Community Legal Reference Book*, Office of the Director of National Intelligence, Winter 2012, p. 43.

员会就源自《2003 财年情报授权法》。①

表 2 –2　历年重要情报调查活动汇总表②

调查机构	研究报告	工作时间	授权来源
第一届胡佛委员会国家安全组织分委员会	埃伯施塔特报告③	1948—1949	国会
情报汇报小组	杜勒斯报告	1948—1949	国家安全委员会 中央情报主任希伦科特
第二届胡佛委员会克拉克特别工作组	克拉克报告	1954—1955	国会
科克帕特里克领导的联合研究小组	美国政府对外情报活动报告	1960	艾森豪威尔总统
施莱辛格领导的国家安全委员会工作组	施莱辛格报告	1970—1971	尼克松总统
政府机构执行对外政策委员会④	墨菲报告	1972—1975	国会
中央情报局研究小组	泰勒报告	1975	中央情报主任科尔比
情报机构小组	奥利弗报告	1975	福特总统
研究政府情报活动特别委员会⑤	丘奇委员会报告	1975—1976	参议院
派克委员会	因泄密原因派克委员会未发布最终报告	1975—1976	众议院
美国情报界角色和功能委员会⑥	为 21 世纪做准备：美国情报界评估	1995—1996	克林顿总统

---

① National Commission on TerroristAttacks Upon the United States, *The 9/11 Commission Report*, Washington, DC: Government Printing Office, 2004.

② 本表汇总了美国情报界历年最有影响的 14 次情报调查活动及其相关情况。

③ 该报告与第一章提到的关于建立中央情报机构的《埃伯施塔特报告》名字相同，也出自同一人之手，但并非同一份报告。

④ 也称“墨菲委员会”。

⑤ 也称“丘奇委员会”。

⑥ 也称“阿斯平 – 布朗委员会”。

续表

调查机构	研究报告	工作时间	授权来源
“IC21”工作组	IC21：21世纪的美国情报界	1995—1996	众议院常设情报特别委员会
斯考夫罗夫斯特委员会	斯考夫罗夫斯特报告（内部报告未公开）	2001	小布什总统
美国遭遇恐怖袭击国家委员会①	“9·11”委员会报告	2004	国会

以这些合法授权为依据，各工作小组或调查委员会才有权实施各类调查活动，而被调查的各级情报组织也需要积极配合。当然，因为行政部门和立法部门之间存在着天然矛盾，而双方对于国家情报管理权的争夺又较为激烈，所以有时候根据国会决议成立的调查委员会在对美国情报界进行调查时会遇到各类阻力。但是最终这些障碍都会经由合法途径予以协商解决。无论是国会还是行政机构，都只会在法律框架内解决争端，不会突破规则的限制，为所欲为。而这也是美国国家情报施行法治的重要表现。

（二）依据法规确定调查人员

获得合法授权后，各调查小组或调查委员会将依据各自的授权规定物色调查人员。以“‘9·11’委员会”为例，按照《2003财年情报授权法》第603条a款的规定：“调查委员会应由10人组成，委员会主席由总统制订；副主席由民主党参众两院的领袖协商指定；参议院民主党高层领导和共和党高层领导各可指定2名委员会成员；众议院民主党高层和共和党高层领导各可指定2名委员会成员。”② 通过这一条款，调查委员会委员的遴选可兼顾参议院、众议院和行政部门的利益。委员会主席的权力也将受到一定程度的制约。

① 也称“‘9·11’委员会”或“基恩委员会”。

② 107th Congress, *IntelligenceAuthorization Act for Fiscal Year* 2003, Public Law 107 - 306, Nov. 27, 2002.

该条 b 款还规定："来自同一政党的委员会委员数量不得超过 5 人。"这样一来可防止调查委员会最终结论受到政党政治的干扰而有失公允。而为了防止调查委员会受行政当局的影响而使得调查结论不够公正，该法还规定："调查委员会委员不得来自政府部门或是各级政府部门的雇员。"① 同时，为了保证调查人员具有必要的经验和学识，该法还特意对委员的能力素质提出了一定的要求，如要求具有国家认同感、是美国合法公民、有政府部门、执法部门、情报机构或军队的任职经历等。此外，该法还对如何召开委员会提出了相应的要求；对委员的补选等问题也做了说明；对调查委员会的秘书、顾问等辅助人员也进行了较为详细的规定和安排，如包括这些辅助人员的涉密范围、任职方式、薪酬待遇等。通过这些法规条文的详细规定，整个调查委员会的人事安排才得以确定，保障了调查工作的顺利开展。

表 2－3　"9·11"委员会主要成员情况汇总表

委员姓名	以往任职及所属党派	委员会任职
托马斯·基恩	前新泽西州州长（共和党）	主席
李·汉密尔顿	前国会议员（民主党）	副主席
理查德·本威尼斯特	律师、水门事件检察官（民主党）	委员
弗莱德·菲尔丁	律师、前白宫顾问（共和党）	委员
杰米·戈雷利克	前司法部副部长（民主党）	委员
斯雷德·高登	前参议员（共和党）	委员
鲍勃·凯瑞	前参议员（民主党）	委员
约翰·雷曼	前海军部长（共和党）	委员
提摩西·雷默	前众议员（民主党）	委员
詹姆斯·汤普森	前伊利诺斯州州长（民主党）	委员
菲利普·佐利克	律师、外交官	秘书长

① 107th Congress, *IntelligenceAuthorization Act for Fiscal Year* 2003, Public Law 107 – 306, Nov. 27, 2002.

（三）依据法规确定调查方向

各工作小组或调查委员会在开展调查时其职责使命和手中的权力大小也都预先在法规中有所规范。这样不仅可以防止调查工作误入歧途，也可防止调查小组或委员会在工作中遇到太多阻力而缺乏应对方法。以9·11委员会为例，在《2003财年情报授权法》第604条“委员会的职能”中对该委员会的职责使命进行了较为详细的规定：“委员会的职责是实施各类调查，包括调查导致‘9·11’事件的各类事实与环境，如相关法律、行政命令、规章制度、计划、政策、实践活动及规程等；也可调查以下机构或活动，如情报机构、执法机构、外事机构、移民机构和边防管制机构、恐怖组织财产流动情况、民航活动、国会监督和资源分配情况及委员会认为需要调查的其他机构或活动。”①

此外，该委员会还需调查、研究和评估各政府部门及民间组织在侦测、防止和应对恐怖袭击事件上的能力与作用。同时，将调查后获得的各类经验教训汇总后，撰写研究报告提交给总统和国会。该法规中对于所提交报告的内容也有较为详细的规定。依照该法第610条的规定，调查委员会需要提交多份调查报告。在调查过程中如果有所发现，形成初步意见和结论，可向总统和国会提交中期研究报告；而在18个月内，调查委员会需要提交最终报告。而依照第604条的规定，最终研究报告不仅需要揭示事件发生的原因，还要指出政府各部门出现的失误，最后还要给出解决方案和对策建议。而所有这些都必须配有详实的论证和令人信服的证据。②

（四）依据法规确定调查权力

如果各工作小组和调查委员会想要能够正常履行使命、完成相关调查任务，则必须获得相应的调查权力，并且需要法规给予其权

---

① 107th Congress, *IntelligenceAuthorization Act for Fiscal Year* 2003, Public Law 107－306, Nov. 27, 2002.

② Ibid.

威。还是以“9·11”委员会为例，该委员会的权力大小在《2003财年情报授权法》第605条“委员会权力”中有详细的规定。总的来看，该法赋予“9·11”委员会以听证权、传唤权和知情权等重要权力。

具体来说，按照该法第605条a款的规定：“委员会及其授权机构、其下属分委员会和成员有权召开听证会。”① 在听证会上，委员会有权记录证词、搜集证据并要求证人宣誓保证证词的真实性。听证会的相关内容也需记录在案，并且听证会的证词也将作为证据留档备查。

而如果需要传唤证人或知情者，该委员会也可依据第605条的相关规定对指定人员进行传唤。不过实施传唤时也需要遵守法规的规定：第一，只有得到委员会主席和副主席的批准，或者获得委员会半数以上委员支持才可实施传唤；第二，传票需要委员会主席或其指定代理人签字方可生效。如果是由半数以上委员支持而发起的传唤则只需安排代表签署即可。② 如果被传唤者拒不出席，那么委员会可上诉至被传唤者所处之处具有管辖权的地区法院，该法院可依据相关规定颁布判令，强制要求被传唤者在指定的时间和地点出席作证。如果被传唤者仍然拒绝出席作证，那么法院可依据藐视法庭罪对其进行判罚。

表2-4　“9·11”委员会公开听证记录情况表

听证会场次	时间	地点	主题
第1次公开听证	2003年3月31日—4月1日	纽约	不详
第2次公开听证	2003年5月22—23日	华盛顿	不详
第3次公开听证	2003年7月9日	华盛顿	恐怖主义、“基地”组织及伊斯兰世界

① 107th Congress, *IntelligenceAuthorization Act for Fiscal Year* 2003, Public Law 107 - 306, Nov. 27, 2002.

② Ibid.

续表

听证会场次	时间	地点	主题
第4次公开听证	2003年10月14日	华盛顿	情报与反恐战争
第5次公开听证	2003年11月19日	新泽西州德鲁大学	应急准备
第6次公开听证	2003年12月8日	华盛顿	安全与自由
第7次公开听证	2004年1月26—27日	华盛顿	边境、运输和风险管理
第8次公开听证	2004年3月23—24日	华盛顿	反恐政策
第9次公开听证	2004年4月8日	华盛顿	康多莉扎·赖斯公开作证
第10次公开听证	2004年4月13—14日	华盛顿	执法及情报界
第11次公开听证	2004年5月18—19日	纽约市	紧急应对
第12次公开听证	2004年6月16—17日	华盛顿	国家危机管理

除了召开听证会和传唤证人出席作证外，委员会还具有一项十分重要的权力——知情权。按照该法规定，委员会如果需要任何信息，政府、国会或其他组织都必须如实提供。按照这一规定要求，委员会可自由获取各类官方报告、政府文件、档案记录、统计资料等数据信息。当然，各级政府组织也有义务帮助委员会解答各类疑问和接受各类质询。

在该法的帮助下，委员会共举行公开听证会12场，此外还举行为数不详的秘密听证会，前后共咨询了十几个国家的1200余人，听取了160名证人的公开作证，约谈了现任和前任政府的各级官员，其中不乏政府要员和核心涉密人员。例如，委员会听证和约谈的对象包括时任美国总统的小布什、前总统克林顿、副总统切尼、国务卿鲍威尔、国防部长拉姆斯菲尔德、总统国家安全顾问赖斯、国土安全部部长里奇等人。委员会前后共查阅了250万页的各类文献资料，最终提出了41条改革建议。①

当然，当委员会履行完其职责使命后，其解散和卸任问题也写

① 美国“9·11”独立调查委员会著：《“9·11”委员会报告》，史禺等译，世界知识出版社，2005年版，前言第14页。

入了《2003 财年情报授权法》。按照该法第 610 条的规定："当委员会提交最终报告的 60 天后，其所有权力都将终结。"① 而这最后的 60 天也将被用于处理行政性的后续事宜。

综上所述，各工作小组或调查委员会的成立具有合法授权，人员组成、调查方向、权力大小都有法规进行规范，甚至其最终解散的方式方法也有相关规定。可以说从其创建到终结的每一刻，都有法规对其进行规范和管理。而这种依法开展调查评估的做法也是国家情报施行法治的重要体现。

四、依法惩处违法行为

在定期和不定期的情报调查和评估中，如果发现有单位或个人违反国会颁布的法律、总统发布的行政命令或各机构内部的规章制度等规定时，各层次的管辖机构或人员有权依照相关规定对其实施惩戒。如果违法行为触犯美国宪法和法律，美国政府或受侵害方有权向各级法院提起诉讼。而具有管辖权的法院也将依据相关法律规定对违法人员或机构实施判罚。从提起诉讼到最终判决的过程中，每一个环节也都有相关法规进行规范。而依法惩处违法行为也是美国国家情报施行法治的重要表现。

当美国情报机构及其雇员在开展情报活动中触犯法规，发生违法行为时，该管理层级的监察长或类似职能的管理人员有义务对其违法行为进行审查，并如实上报上级领导，并视情节轻重上报国会相关委员会。② 按照《1947 年国家安全法》第 103H 条 e 款"职能与

---

① 107th Congress, *IntelligenceAuthorization Act for Fiscal Year* 2003, Public Law 107 - 306, Nov. 27, 2002.

② 按照《1978 年监察长法》及《1947 年国家安全法》及其修正案的相关规定，美国政府机构各部门都应设置监察长或其相似职能的职位。目前为止，美国情报界各成员机构都设有监察长负责本单位的监察事务，而国家情报总监办公室也设置了统管美国情报界所有监察事务的情报界监察长一职。仅以 2010 年上半年为例，情报界监察长办公室共实施了 21 项调查，涉及滥用职权、政府资源不当使用、违规签署合同、亏空公款等事务。参加 Office of the Inspector General, Semiannual Report, Jan 1st - Jun 30th 2010, Office of the Director of National Intelligence, Aug 2010.

职责”的规定：“（情报界监察长）有权保证国家情报总监知晓其管辖下各类情报项目和情报活动中的违反法规、渎职、滥权等行为，并需提供各类纠正建议，汇报纠正实施情况。”① 除此之外，其也有权开展各类调查活动。如果美国情报界有组织或个人不配合调查，或反抗情报界监察长的权威，那么按照《1947 年国家安全法》第 103H 条 g 款“职权”的规定，国家情报总监有权解除该人职务或中止相关合作合同。②

在调查过程中，如果发现违法行为且需追究相关单位或个人的责任，那么监察长可将审查材料上报司法部，并由司法部向有管辖权的联邦法院或州法院提起诉讼。法院接到诉讼请求后，可对其进行审理，并将审理结果返回该机构。该机构需依据法院的审理结果纠正其违法行为，并决定是否对违法者个人提出纪律诉讼。如果需要对违法者个人提起纪律诉讼、刑事诉讼或民事诉讼，那么该机构的监察长可将相关起诉材料上交司法部，由司法部长指派检察官提起诉讼。

以美国公众较为关注的通信截听为例，《美国法典》第 18 卷第 119 章第 2520 条 f 款规定：“如果法院或者其他类似职能部门认定美国政府任何机构违反了本章之中的任何规定，并且法院或者其他类似职能部门认定该违法行为的情况表明，美国官员或雇员蓄意或故意参与实施了该违法行为，该机构应当依据收到的法院或者其他类似职能部门做出的真实且正确的决定和裁决的副本，立即启动程序以决定是否需要对违法行为所涉及的官员或雇员采取纪律诉讼。如果决定中涉及的机构负责人认为没有必要进行纪律诉讼，他或她应当通知相应机构的监察长并且应当向监察长说明做出该决定的理

① Office of General Counsel, *Intelligence Community Legal Reference Book*, Office of the Director of National Intelligence, Winter 2012, pp. 64 – 65.

② Ibid. ,

由。”[①] 从这条规定中可以看出，法院不仅可以利用司法审查权纠正情报机构的违法行为，还可以应司法部的要求接受对违法者个人实施的纪律诉讼、刑事诉讼或民事诉讼。

无独有偶，在《1959 年国家安全局法》第 15 条 b 款中也有类似规定：“如果司法部长发现有人正在实施或即将实施某项触犯法律的行为，那么司法部长有权在美国地区法院提起民事诉讼。”[②]

无论是对违法单位提起诉讼，还是对违法个人提起诉讼，司法部接到相关诉讼材料后，都需依据相关法规进行前期准备，而无论是联邦法院系统，还是其州法院系统，都可依据其管辖权接收司法部的诉讼请求，并依照《对外情报监控法院诉讼规则》《联邦刑事诉讼规则》《联邦民事诉讼规则》等相关规定实施审判。这也是国家情报施行法治的重要表现之一。

如果审判结果判定相关机构或个人确实违反了美国法律规定，并且达到相应的处罚标准，那么法院有权依据相关法规规定实施判罚。以《1978 年对外情报监控法》为例，如果情报机构的工作人员违反了该法对于电子监控的规定，实施了法律明文禁止的以下规定，则其行为构成犯罪：“（1）假借法律规定之名实施电子监控，除依据本法或《美国法典》第 18 卷第 119、121 章或第 206 章，或者任何明确的法律规定授权实施的活动除外……（2）披露或者使用假借法律规定之名实施电子监控获得的信息，并且是明知或者能够合理地推定他明知该信息是非法所获……”[③] 触犯该法这一规定者，“单处 10000 美元以下的罚金或者 5 年以下的监禁，或者二者并处。”如果罪犯实施犯罪时，“其身份属于美国联邦的官员或雇员，联邦拥有

---

① 刘涛：《美国涉外情报监控与通信截取法律制度》，中国政法大学出版社，2014 年版，第 43 页。

② Office of General Counsel, *Intelligence Community Legal Reference Book*, Office of the Director of National Intelligence, Winter 2012, p. 305.

③ 刘涛：《美国涉外情报监控与通信截取法律制度》，中国政法大学出版社，2014 年版，第 153 页。

司法管辖权。”[①] 该法中除了规定刑事处罚措施外，还另外规定民事责任的判罚标准。该法明文规定：“…受害人有权要求：（a）获得所遭受的实际损失的赔偿，但不得少于规定的损失赔偿金1000美元或者按照违法天数以每天100美元计算，二者不一致时，应当适用较高的计算方式；（b）获得惩罚性损害赔偿；（c）获得合理的律师费用，以及由此发生的其他合理调查费用和诉讼费用。”[②]

综上所述，当定期或不定期的调查过程中发现违法行为时，对该行为的惩处也必须遵循法规规定。不仅调查过程需要符合法律规定，提起诉讼也需要遵循法定程序，到最后判罚的结果也需要依据法规规定进行量刑和确定罚金数额。整个惩处过程都展现了法律的威严和规则的力量。这也是美国国家情报施行法治的重要表现之一。

第二节　法在国家情报体制运行和监督中的地位与作用

在古希腊传说中，当众神之王宙斯把法律作为最伟大的礼物赐予人类时，法律周围就绕上了神圣的光环。“在古希腊人的心目中，法律就成了神圣的、应绝对效忠的至上秩序。”[③] 即使后来人们渐渐不再把它看成是不可更改的神授律令，而只把它当作一种“完全由人类或世俗组织创造、设定并且可以更改的规则”[④]，古希腊人也仍然认为法律具有统治地位，并把它与自由并称为实现他们政治理想的两个基本政治准则，而且他们认为“自由就是人只受法律约束，

① 刘涛：《美国涉外情报监控与通信截取法律制度》，中国政法大学出版社，2014年版，第153页。

② 同上。

③ 王人博、程燎原：《法治论》，广西师范大学出版社，2014年版，第4页。

④ 同上。

法律比人还要有权力”[①]。古希腊的法治观念对西方文明具有深刻的影响。美国作为西方世界的一员，从诞生之时就被打上了法治的烙印。因此，美国在国家情报事务上也体现着深刻的法治思想，法在其国家情报体制的运行和监督中发挥着重要作用，具有崇高的地位。

一、法是国家情报体制运行和监督的权力源泉

自 1947 年美国现代国家情报体制建立以来，行政、立法和司法部门对美国情报界的管理权都源自以美国宪法为基础的国家情报法规体系。正是这套国家情报法规体系赋予了各级行政领导、国会参众两院及司法系统以管理权威。而行政、立法和司法部门拥有了法律赋予的权威后，才能保证美国国家情报体制顺利运行并得到有力监督。由此可见，法是美国国家情报体制运行和监督的权力源泉。

（一）法是行政首脑实施领导的赋权工具

如果一个组织要实现有效管理，那么管理者必须具有足够的权威。只有这样，管理者发布的各类命令和指示才会得到遵照和执行。如果管理者不具备足够的权威，没有掌握足够的管理权力，那么必然带来组织的混乱和效率的低下。在国家情报管理领域也是如此。为了获取管理权力，美国政府的各级行政首脑都需要援引法规的相关条款。这不仅赋予其管理权力，也保证了其管理行为的合法性。

例如，美国总统之所以是美国情报机构的最高领导，是因为宪法赋予了其最高领导权。《美国宪法》第二条第 1 款规定，“行政权归属美利坚合众国总统”[②]。而情报作为国家的一项基本职能，情报机构作为国家行政部门的天然组成部分，自然而然归属总统领导。而由于宪法属于国家的根本大法，因此其拥有最高法律效力。宪法

---

① 博雪在《万国史论》中曾提道：“自由这个名字，在罗马人和希腊人的想象里，就是这样一个国家：那里的人只受法律的约束，那里的法律比人还要有权力。”参见孟德斯鸠：《论法的精神》，张雁深译，商务印书馆，1961 年版，第 331 页。

② Office of General Counsel, *Intelligence Community Legal Reference Book*, Office of the Director of National Intelligence, Winter 2012, p. 7.

第二条第1款的规定也赋予了总统作为情报机构最高领导人的法定权力。

而国家情报总监之所以代表总统领导美国情报界，作为美国情报首脑，拥有对美国情报界的管理权，是因为《1947年国家安全法》和《第12333号总统行政命令》等法规赋予了其实施管理的法定权力。《1947年国家安全法》第102条b款规定："国家情报总监应（1）作为情报界首脑；（2）作为总统、国家安全委员会和国土安全委员会首席情报顾问；（3）依据《2004年国家安全情报改革法》第1018条的规定，管理和指导国家情报项目的实施。"[①] 而《第12333号总统行政命令》中也有类似规定，例如，该行政命令的第1.3条也规定："在总统的授权、指导和控制下，国家情报总监应作为情报界首脑；作为总统、国家安全委员会、国土安全委员会首席情报顾问；并管理和指导国家情报项目的实施及预算执行情况。"[②] 当然，该条款中还特意指出，国家情报总监在行使自身职权时，需要考虑情报界成员所在政府部门首长的意见和建议，以及中央情报局局长的意见和建议。通过这些法规条文的赋权，国家情报总监拥有了管理美国情报界的合法权力，为其顺利履行使命打下了坚实的基础。

情报界成员单位领导及其下属管理官员等各层次情报管理者的管理权力也都源自各类法规条文的规定。虽然其赋权的法规条文法律效力不一，地位和层次也有高低之分，但是这种依法获取管理权力的做法却一脉相承。例如，美国国防部内负责情报事务的副国防部长其管理权力也源自国会颁布的情报法律。《美国法典》第10卷"国防部授权"第137条b款规定："在国防部长的授权、指导和控制下，负责情报的副国防部长应履行管理情报的职责，并拥有相关

---

① Office of General Counsel, *Intelligence Community Legal Reference Book*, Office of the Director of National Intelligence, Winter 2012, p. 34.

② Ibid., p. 728.

权力。”[1] 美国地理空间情报局局长的管理权力则源自《1996年国家图像与测绘局法》及其修正案，该法第441条规定，“局长为国家地理空间情报局首脑”，“除总统和国家情报总监另有指示外，局长负责审批对国家图像搜集资产提出的搜集需求，并排定搜集优先次序”[2]。以该条款为基础，国家地理空间情报局局长拥有了领导该局并管理国家图像情报搜集活动的权力。除此之外，情报界各成员单位首脑及其下属管理官员的权力在各类法律、法令及部门自身内部章程中都有详细的规定，由于篇幅所限，不再一一赘述。

综上所述，各级行政首脑的管理权力都源自情报法规，上至总统，下至基层情报管理者莫不如是。这种依法获取管理权的做法也是国家情报施行法治的突出特点之一。

（二）法是立法部门实施监督的重要武器

除了各级行政领导需要依靠情报法规赋予其管理权力外，美国国会也需要依靠相关法规获取监督权力。依照《美国宪法》第一条第1款的规定：“本宪法授予的全部立法权，属于由参议院和众议院组成的合众国国会。”[3] 而宪法第8条特意强调：“国会应为美国政府及政府所属各部门制定恰当的法律，令其得以施行宪法赋予的各项权力。”[4] 因此，美国情报事务中的各项法律都必须交由国会制定，而美国国会拥有的立法权自然成为其实施国家情报管理的重要武器。由于国会的立法权源自《美国宪法》，因此该条款具有最高法律效力。由于总统的行政权与国会的立法权都是宪法中的明文规定，因此二者之间具有相等的法律效力。这也使得总统和国会在对国家情报管理权的争夺上都有各自的法理依据，难分伯仲。尽管存在总统的制衡，宪法赋予国会的立法权仍然是国会能够履行监督职能的基

---

① Office of General Counsel, *Intelligence Community Legal Reference Book*, Office of the Director of National Intelligence, Winter 2012, p. 309.

② Ibid., p. 319.

③ Ibid., p. 1.

④ Ibid., p. 6.

本保证。

依据宪法赋予的立法权，美国国会不断新设和修正国家情报法律，并在这些法律规定中增加和修正情报监督的条款，通过步步为营的方法，国会将其情报监督权力不断扩大，并逐步落实。随着国家情报法律的不断发展和完善，国会对美国情报界的监督权力也能够不断发展和壮大。例如，《1981 财年情报授权法》中关于国会监督事务就有明文规定，该法第 501 条 a 款规定："遵照各类授权和职责规定，包括宪法关于行政和立法权的相关要求，在保护情报来源和方法及相关涉密信息不被违法披露的情况下，中央情报主任、各部门首长以及参与情报活动的各机构领导必须确保国会情报委员会完全、实时了解一切情报活动……"① 根据这一规定，国会拥有了对美国国家情报活动的知情权。而这一条款经过不断修正，国会对美国国家情报活动的知情权也有了进一步的扩大。按照《1947 年国家安全法》最新修正案的规定，该条款已被修正为："总统应确保国会情报委员会完全、实时知晓美国的情报活动，包括未来即将开展的任何重要情报活动。"② 由此看出，国会通过不断修正法律中的各项条款，逐渐扩大了其情报监督的权力。这也令其在管理国家情报事务上拥有了更大的发言权。

而宪法除了赋予国会立法权外，还赋予了国会掌握"钱袋子"的权力。《美国宪法》第 9 条规定："没有拨款法律，财政部不得提供任何资金。"③ 这就令国会在实施情报监督时又多了一件有力武器。通过制定授权法和拨款法，国会牢牢控制着美国情报界各机构的预算。这也令美国情报界各机构在实施情报活动时，注意倾听国会的声音，更加严格地遵守国会制定的各项法律。

---

① 96th Congress, *Intelligence Authorization Act for Fiscal Year* 1981, Public Law 96 – 450, Oct. 14, 1980.

② Office of General Counsel, *Intelligence Community Legal Reference Book*, Office of the Director of National Intelligence, Winter 2012, p. 106.

③ Ibid., p. 6.

当然，依照《1947 年国家安全法》《2004 年情报改革与防止恐怖主义法》《第 12333 号总统行政命令》等法规及其修正案的规定，情报界高层领导的人事安排上，国会也拥有同意权。此外，通过法规规定，国会还具有审计、质询、调查评估等权力。总体上看，通过使用法律武器，国会可以较为有效地行使情报监督权。这也保证了美国情报界实施情报活动时会时刻牢记各类法规规定，尽力避免滥用权力和侵害公民的合法权益。

（三）法是司法系统实施管理的权威所在

司法系统作为美国国家情报管理方之一，其作用和地位不断得到彰显。在行政和立法部门激烈争夺国家情报管理权时，司法系统可发挥居中调节的作用，实现权力的平衡。而司法系统管理情报的主要方式包括：第一，通过司法审查权纠正行政部门的违法行为；第二，通过各类判例也可对美国情报界形成震慑，确保其遵守相关法规规定；第三，通过组建对外情报监控法院，其甚至可以直接参与审批情报搜集行动。

以上三种管理方式，无论哪种都与法律紧密相关。首先，在行使司法审查权时，联邦法院需依照法规规定对相关诉讼进行审理，并援引各法条的规定做出判决。而无论判决结果如何，其实施审判的权力都来源于各类法律。也正是这些法律赋予了其实施情报管理的权威。其次，由于美国属于英美法系国家，其司法制度上的典型特征在于判例本身就是法。因此，联邦法院通过以往审判形成的各类判例，也可以间接约束美国情报机构，令其不至于重蹈覆辙。而各类判例本身也成为联邦法院实施情报管理的重要工具。最后，对外情报监控法院的所有权力都源自《1978 年对外情报监控法》。该法不仅规定了对外情报监控法院的职责使命和组织原则，而且赋予了对外情报监控法院实施审判的权力。与此同时，该法还给出了较为具体的判罚标准，和豁免判罚的相关规定。由此可见，法也是司法系统直接参与国家情报管理的重要依据和标尺。

综上所述，各类法规给予了司法系统实施国家情报管理的权力，同时也对该权力进行了必要的限制和规范，防止司法系统权力过大，影响情报工作的正常开展。相对而言，由于美国情报界本身就是政府的组成部分，因此总统在国家情报管理上拥有最大的发言权，对美国情报界的影响也最大；而国会由于掌握了立法权、预算权和高层的人事同意权等权力，使得其在国家情报管理上也具有重要的作用，对美国情报界也拥有较大的影响；而虽然司法系统不断积极参与国家情报管理事务，并取得了一定的成效，但其对情报界的影响力还是始终不如总统和国会。即使如此，此三方都是美国国家情报体制运行和监督中不可或缺的重要成员。而这三方的国家情报管理权全部源于各类国家情报法规。因此，我们可以断言，法是国家情报体制运行和监督的权力源泉。

二、法是国家情报体制运行和监督的根本规则

在美国国家情报体制运行和监督的过程中，无论是获取资源和审批行动，还是开展调查评估和惩处违法行为，美国情报界不仅需要遵守国会制定的各类法律、总统颁布的行政命令，还需要遵守各管理层发布的种种指令、政策、战略及机构内部的章程、条令等制度规范。这些纷繁复杂的制度规范是美国国家情报体制得以正常运转的基本保证。但是在所有制度和规范中，国会制定的法律和总统颁布的行政命令具有较高的法律效力，而各部门自己发布的指令和制定的政策、战略等规章制度的法律效力相对较低。不过追根溯源，这些指令、政策、战略等规范也源自国会立法和总统行政命令。它们不过是对国会立法和总统行政命令的细化和落实。因此，国会制定的法律和总统颁布行政命令不仅本身是美国国家情报体制运行和监督的基本规则，同时也是其他各类法规制度得以存在的基础和前提。

（一）法律和行政命令本身的规范作用

不同的法律和行政命令，其针对的管理目标也各不相同。例如，《1947 年国家安全法》和《2004 年情报改革与防止恐怖主义法》规

范的是整个美国国家情报体制，管理的是更宏观的问题；《第13354号总统行政命令》针对的管理目标则相对小一些，仅组建了国家反恐中心；而《2004财年国防授权法》则是国家地理空间情报局成立的标志。虽然各法律和行政命令针对的管理层次不同，但是正是有了这些法律和行政命令，美国各家情报机构才得以明确其机构名称、隶属关系及其内部组织结构等重要问题。而各类法律和行政命令除了规定情报机构的组织结构、隶属关系外，还会规定该机构的职责使命、运作模式、职位设置、人事安排、财政政策、薪资待遇、教育训练等方面的各种问题。可以说，法律和行政命令涵盖的内容包罗万象。例如，《1949年中央情报局法》第3条就规定了“采购权力”、第5条规定了“中央情报局的一般权限”、第7条规范了“接纳外侨入籍的数量限制”、第8条明确了“拨款权”、第13条明确了“禁止滥用中央情报局名称、缩写和印章的规定”、第15条则是关于“中央情报局内部场所安保人员的规定”①。这些规则也是美国情报界开展工作必不可少的指导原则。以这些法律和行政命令的条文为基础，整个美国国家情报体制才能够顺理成章地运转起来。

（二）法律和行政命令对其他法规和政策的授权作用

无论是国家安全委员会发布的情报指令，还是国家情报总监制定的国家情报战略或其他各类指令，或者是政府各部门自身内部的章程和军方的条令，这些政策性和规范性的文件都是对法律与法令的细化与解读，以增加各法律和法令的操作性。并且这些政策和指令都不得与国会通过的法律与总统发布的行政命令相抵触，否则其本身就由于违法而失去法律效力。因此，在发布各类情报政策和指导方针时，各类文件的题头几乎都写有其发布该政策指令的法律依据。如《第104号情报界指令》（ICD104）就标明其法律依据源于

① Office of General Counsel, *Intelligence Community Legal Reference Book*, Office of the Director of National Intelligence, Winter 2012, pp. 257 - 274.

《1947 年国家安全法》《第 12333 号总统行政命令》及其他法律①；《第 704.1 号情报界政策指南》（ICPG704.1）也标明其法律依据源于《1947 年国家安全法》《2002 年反情报促进法》《第 12333 号总统行政命令》《第 12958 号总统行政命令》《第 12968 号总统行政命令》《第 13355 号总统行政命令》及其他法律②；《第 2006－200－2 号情报界政策备忘录》（ICPM2006－200－2）也标明其法律依据源于《2004 年情报改革与防止恐怖主义法》及其他法律③。

综上所述，国会制定的法律和总统颁布的行政命令是美国国家情报体制运行和监督的根本规则，但是这些法律和行政命令自身也并非自我赋权。仔细研读各项法律条文后我们发现，国会通过的各类情报法律其赋权的依据源于《美国宪法》；而总统发布的行政命令其法律依据也源自《美国宪法》及国会制定的相关法律。因此，总体上看，无论是国会通过的情报法律，还是总统发布的行政命令，其都拥有合法的授权来源。而这种层层依法授权，依靠合法授权管理情报的做法正是美国情报管理的重要特征之一。

（三）其他法规和政策的规范作用

经国会立法和总统颁布的行政命令授权后，美国国家情报法规体系中各种各样的其他法令、指令、政策、战略、条令、指导方针和内部规章等法规制度也都具备了一定的法律效力。这些法规和政策虽然只是国会立法和总统行政命令的细化和落实，其法律效力远远比不上前者，但是他们也是美国情报界开展情报活动所必须遵循

---

① Office of the Director of National Intelligence, *Intelligence Community Directive* 104: *National Intelligence Program Budget Formulation and Justification, Execution, and Performance Evaluation*, April 30, 2013, http: //www. odni. gov.

② Office of the Director of National Intelligence, *Intelligence Community Policy Guidance No.* 704.1: *Personal Security Investigative Standards and Processes Governing Eligibility for Access to Sensitive Compartmented Information and Other Controlled Access Program Information*, Oct 2nd, 2008, http: //www. odni. gov.

③ Office of the Director of National Intelligence, *Intelligence Community Policy Memorandum No.* 2006－200－2, *Sep.* 8th, 2006, http: //www. odni. gov.

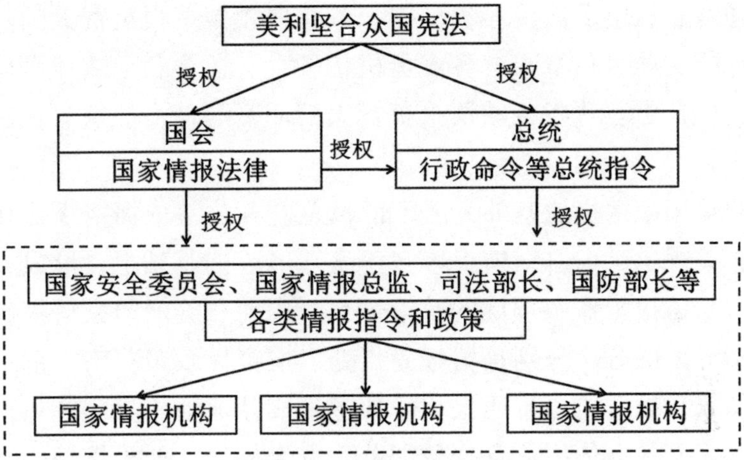

图 2－1　美国情报法规政策的法律授权示意图

的规则和制度。以美国情报总监办公室发布的国家情报战略和各类情报政策为例，其也规范了整个美国情报界的工作重心、任务目标和情报优先需求等要素，对情报界各单位也具有重要的规范和指导意义。

自 2005 年 10 月首任国家情报总监约翰·内格罗蓬特第一次公开发布《美国国家情报战略》以来，至今《美国国家情报战略》已有四版[①]。该战略的主要目的之一就是统一情报界人员思想，给情报界成员单位指明美国情报界的整体发展方向，并提出情报需求优先次序。以 2014 年《美国国家情报战略》为例，该战略报告首先梳理了美国所处的安全环境，随之提出了七大任务目标和六大机构目标。其中七大任务目标分别是：战略情报、预测性情报、当前行动、网络情报、反恐、防扩散、反情报。其六大机构目标分别是：任务管理一体化、机构管理一体化、信息共享与保护、创新、人才队伍建

① 分别是 2005 年、2009 年、2014 年和 2019 年。

设、合作伙伴。[1] 该战略报告除了指出情报界未来需要实现的目标外，还特意规定了情报界各机构和各业务领域情报负责人的具体职责，包括各项目负责人、各成员机构领导、监察长、法律顾问、隐私和公民自由官等各领域情报负责人的职责与使命。这为美国情报界的未来发展指明了道路。

除了国家情报战略外，国家情报总监办公室依据情报法律和法令的相关规定，在总结情报界多年实践经验的基础上，形成了一套全面覆盖情报工作各领域的政策体系。当前，美国国家情报政策体系包括五大部分，分别是情报界指令、情报界政策指南、情报界标准、国家情报总监执行通报、任务主管或其他情报界实施指南。而这五部分又各自依据业务领域划分为九大领域：业界管理、情报分析、情报搜集、用户反馈、信息管理、人力资本、反情报、科学技术、任务管理。[2] 这些政策体系对情报界各成员单位的日常工作也具有重要的规范和指导作用。

从法律效力上看，国家情报总监办公室发布的情报战略和情报政策不如国会立法和总统行政命令具有那么高的权威，但由于它们是对法律和行政命令的细化和解释，与情报工作的日常实践联系更为紧密，因此它们也被情报界各成员单位广为引用。在情报界成员单位制定本单位情报政策时，常常将其作为重要的参考和依据。

综上所述，无论是国会制定的法律和总统颁布的行政命令，还是由其授权而制定的各类法规和政策，这些都是美国国家情报体制运行和监督过程中必须遵守的规则和规范。从广义上看，这些都属于法规的范畴，而以这些法规为规则的美国情报活动也显现出较为鲜明的法治色彩。

---

① James R. Clapper, *The National Intelligence Strategy of the United States of America*. Washington D. C. : Office of the Director of National Intelligence, September 2014.

② Office of the Director of National Intelligence, *Report on the Progress of the Director of National Intelligence in Implementing the Intelligence Reform and Terrorism Prevention Act of* 2004. Washington D. C. : Government Printing Office, 2006, pp. 11 – 12.

三、法是国家情报体制运行和监督的必然结果

托克维尔曾经在《论美国的民主》中提出："美国人爱改革，但怕革命。尽管美国人不断修改或废除他们的某些法律，但很少表现出革命的激情。生活在民主制度下的人，从心里害怕革命，视之为最大的灾难，因为任何革命都要或多或少地威胁既得的所有权。"① 这种爱好修正和渐进式改革的性格特征在美国国家情报体制中也得到了很好的体现。在其国家情报体制运行和监督的过程中，如果发现体制上的缺点和不足，美国人不是另起炉灶，推到重来。相反，其通过渐进式改良，通过一点一滴地不断修正，令其国家情报体制日臻完善。从1947年美国现代国家情报体制建立时开始，美国国家情报体制就经历了大大小小的各类修正。可以说，美国国家情报体制之所以能有今天如此的成熟和完善，各类修正功不可没。

从效果的角度上看，由于法的强制性和权威性无可比拟，所以历次对国家情报体制的修正活动都将主要精力聚焦于法规的修订。而只要法规得到颁布和实施，那么依法修正管理制度也成为了自然而然的事情。这样一来，本次修正活动就算完成了既定目的。因此，对于历次修正来说，通过新的法案成为其重要目标。依靠法的强制力可以更改国家情报体制运行和监督的各类规则，令其克服缺点和不足，避免出现更多的情报失误，并最终提高情报工作的效率。

一般情况下，在运行和监督中发现的问题都可以在较短的时间内得到解决。国会在年度情报授权法中会将各方协商一致的各类修正建议制定成法律，并通过创设新的法律更改管理规则，而总统有时也会颁布新的行政命令弥补管理漏洞。但是有时候在一些重大问题上，由于受到既得利益集团的反对和其他各种因素的阻挠，一些修改建议需要较长时间才能落实。甚至有时候需要有内外部的重大刺激才能推动美国情报界更改其情报法规。

① 托克维尔：《论美国的民主》，商务印书馆，1988年版，第800页。

以国家情报总监一职的设立为例，其实早在20世纪70年代，中央情报主任权责不符的情况已经广为人所知。在1971年的“施莱辛格报告”中，时任管理与预算办公室主任助理的施莱辛格在对美国情报界进行深入调查评估后提出，需要设立国家情报总监一职，负责统管全美情报单位的预算和人事。可惜由于当时尼克松总统忙于应付越战和“水门事件”，导致施莱辛格的建议未能及时采纳。当然，除了这些外部因素，情报界内部对设立这一职位也并没有取得一致意见。在各种阻力的影响下，设立国家情报总监的设想被迫搁置。然而这一设想并没有就此终结，1987年里根总统执政时期，参议院提交了《国家情报重组法案》（S. 1820），建议设立国家情报总监一职，但由于美国国家安全形势整体趋缓，加之缺乏有效内外部刺激，美国情报界仍然未能克服各类阻力，该法案最终也未能通过。1989年，老布什总统执政时期，参议院再次提交《国家情报重组法案》（S. 175），建议设立国家情报总监一职，但是由于类似的原因，这次提案仍然无疾而终。1992年，在制定《1993财年情报授权法》时，国会曾提出建议在该法案中增加设立国家情报总监的条款，但是由于类似的原因，这一建议仍然未能落实，不过中央情报主任的职权却在《1993财年情报授权法》中有所扩大，不仅具备了制定情报界预算草案的权力，而且具备了制定搜集需求和优先次序的权力，还掌握了评估情报界各单位表现的权力。[①] 随着时间的推移，直到发生“9·11”事件，美国情报界才受到足够的刺激，具备了克服层层障碍的动力，实施长久以来一直酝酿的修正设想。《2004年情报改革与防止恐怖主义法》最终设立了国家情报总监一职。

虽然设立国家情报总监的修正建议经历了数十年的时间才得以实现，但毕竟修正法规需要按部就班，稳扎稳打。尤其在事关国家情报管理的核心问题上，更是需要如此。不过另一方面我们也发现，

---

① 102nd Congress, *IntelligenceAuthorization Act for Fiscal Year* 1993, Public Law 102 - 496, Oct. 24, 1992.

各类既得利益者出于本位主义的思考不愿意过多整合和放权，尤其是以国防部长为代表的部门首长，不愿意看到一个“外人”能够真正掌握本部门所属情报机构的预算权和人事权。这种官僚主义的惯性会对体制的完善形成较大的阻力。如果再加上行政首脑缺乏强烈的主观意愿，而立法部门的意见又难以统一，那么修正活动难以获得成功。必须等到爆发战争、遭遇重大危机或者发生重大情报失误时，各方才会迫于压力尽快妥协，将修正建议写入法规。

综上所述，美国国家情报体制运行和监督过程中暴露出来的各类缺点和弊病都将成为美国国家情报管理方关注的焦点。经过各方不断斗争和妥协，最终都会以国会立法或颁布总统行政命令的方式更改美国国家情报管理的规则。这一过程如果阻力较小，则可在短期内完成；如果阻力较大，则可能旷日持久。无论是哪种情况，最终修正结果表明，国家情报体制运行和监督过程中必然伴随各类法规的出台，而法也成了国家情报体制运行和监督的必然结果。

第三章　美国国家情报实现法治的方法和路径

古希腊哲学家亚里士多德曾在其《政治学》中指出："法治应包含两重意义：已成立的法律获得普遍的服从，而大家所服从的法律又应该本身是制订的良好的法律。"① 这一定义一直被西方奉为圭臬，并深刻影响着西方的法治观。从亚里士多德的观点中我们发现，实现法治必须具备两个基本条件：拥有良法和普遍守法。拥有良法是实现法治的基础，如果没有良法，那么也谈不上法治；而普遍守法是实现法治的保障，如果法律无法得到普遍遵守，那么制定得再好的良法也只是一纸空文。这两个条件缺一不可，只有同时具备这两个条件才能称得上是法治。在情报管理上也是如此。若想实现法治，则必须同时满足这两个基本条件，即情报法规本身是良法，而且情报法规得到普遍服从。为了实现这两个目标，美国情报界采取了一系列的方法和举措，不仅在立法阶段确保可以制订科学合理的法规，同时在执法和司法阶段也做到依法管理和公正司法，并且形成了高度自觉的法治文化，将守法意识灌输进了每名情报从业者的心中，这也是美国国家情报能够实现法治的奥秘之所在。

第一节　科学立法确保法为良法

虽然亚里士多德是最早提出良法的哲学家，但是他的老师柏拉图在《理想国》和《法律篇》中更早地提到了法律的优劣问题。柏

① ［古希腊］亚里士多德：《政治学》，吴寿彭译，商务印书馆，2010 年版，第 202 页。

拉图指出，理想的法律就是体现正义的法律，是符合道德正义的法律。[①] 而为了制订这样的良法，则需要采取科学的方法，确保制订的法律不是维护个人或某一团体的利益，而是服务于广大人民的福祉，服务于整个国家。同时，制订的法律必须是维护自由的法律，法律归根结底与自由是一致的，其根本目的是维护公民的自由。亚里士多德在《政治学》中也强调，“法律不应该被看做［和自由相对的］奴役，法律毋宁是拯救”。[②] 为了实现制订良法的目的，则在制订法规的过程中需要多方参与以确保法规反映了广大人民的意愿，确保法规内容上符合良法的标准；还需要依照合法程序制订法规，确保法规在形式上也符合良法的标准；此外，还需要依靠实践对法规不断检验并依照实践的反馈对法规进行不断修正。由于国会颁布的情报法律其法律效力最高，也是其他法令和规章的基础，制订程序也最复杂和繁琐，因此下文将以情报法律为例，阐述美国是如何科学立法的。

一、多方参与

多方参与立法，才能确保制订的法律在内容上兼顾多方利益，最大限度地减少漏洞，并令其成为集体智慧的结晶。这也是保证法律在内容上符合良法标准的重要方法。依照美国宪法第一条的规定，立法权归国会所有，所以制订法律时，美国国会发挥着重要的作用。同样依据宪法第七条的规定，国会制定的法案一般需要经过总统签署才能成为法律，所以总统在立法过程中也具有重要的发言权。[③] 此外，总统和内阁成员有时也常常直接向众议院议长或参议院提出立

---

① 王哲：《西方政治法律思想史》，北京大学出版社，1988 年版，第 24 页。

② ［古希腊］亚里士多德：《政治学》，吴寿彭译，商务印书馆，2010 年版，第 281—282 页。

③ 按照美国宪法的规定，总统拥有对法案的否决权。如果总统否决某法案后，国会需要以绝对多数的赞成票（即 2/3 的赞成票）才能强行将该法案制订成法律。由于国会人数较多，党派利益牵涉其中，因此 2/3 的绝对多数很难形成。这就使得总统的否决权具有很高的威慑力。

法建议，并通过代理议员提出相关法案的草案。因此，总的来说，国会和总统是制订情报法律的直接参与者。二者对情报法律的影响也最大。而由于总统和国会都由民选产生，所以由二者制订的情报法律也自然而然地代表了广大人民的意愿。

当然，除国会和总统外，在制订情报法律时还存在着另外一些有重要影响力的间接参与者。他们主要包括：利益集团、专家学者、大众传媒等群体。这些间接参与者虽然不能直接参与情报法律的制订，但是他们的意见和建议也可以通过国会和总统间接影响情报法律的成形。有时候这些间接参与者的意见甚至能够左右国会和总统，对立法进程产生重大影响。

（一）国会

在制订情报法律中，国会是立法的首要部门。它不仅负责起草法案和修改法律条款，而且负责研究立法事务和撰写分析报告。在立法问题上，国会拥有最大的发言权。制定什么样的法案，用于规范什么问题，甚至法案的条款如何拟定都由国会决定。当然，国会两院情报特别委员会的议员在制订情报法律上拥有较强的影响力，他们有权对议员提交的各类情报法案的草案进行审议和修改。他们自己也常常提交各类草案。当然，为了完成这些专业性较强的工作，参众两院的议员们还需要依靠各类国会工作人员。例如，议员的私人助理以及国会两院情报特别委员会的幕僚。而随着情报的日益专业化，这两类人员也日益成为国会在立法工作中的重要影响力量。

议员的私人助理由各议员自己指派，并没有什么严格的资质标准。不过依照 1979 年众议院通过的第 359 号决议，每名众议员最多可以雇佣 18 名全职助理和 4 名兼职工作人员。① 参议员则可以雇佣得略多一些，平均每位参议员有 44 名助理和工作人员。② 这些

① “How Congress Works”, 2nd ed., Washington D. C.: *Congressional Quarterly*, 1991, p. 109.

② 孙哲：《美国国会研究（I）》，复旦大学出版社，2002 年版，第 46 页。

私人助理中不乏一些熟悉情报和立法事务的专业人士。他们一般担任议员们的立法主任、立法助理等职务，辅助议员提交立法议案，因此，他们对于法案条款的拟制具有一定的发言权。

除了私人助理外，国会两院的情报特别委员会也拥有自己的幕僚。这些幕僚与私人助理相比更加专业，也更加富有影响力，绝大部分是资深人士。这些幕僚中的助手总管和法律顾问不仅负责协调领导其他幕僚的工作，而且“负责保证立法渠道的畅通，使议案能够顺利成为法律”。[①] 他们与委员会主席、利益集团和行政部门之间拥有紧密的联系，能够更加方便和迅速地掌握各方面的反馈信息，发挥协调作用。除了这些负责行政协调事务的幕僚外，情报特别委员会中还有不少专家型幕僚。他们一般拥有情报专业学位和丰富的工作经验，甚至有些就是前任情报官员。他们在立法工作中从事情报研究、提供提案设想、撰写备忘录等工作。总结起来，就是“负责修订法案，修改草案，解释技术性条款，草拟政策问题大纲，分析各界修改意见，然后再撰写委员会法案报告”。[②] 因此，情报特别委员会提交的法案大部分都出自这些专家型幕僚之手。他们也成为情报特别委员会委员们的内部智库。

随着助理和幕僚队伍的不断扩大，这就导致这些议员私人助理和委员会幕僚们在制订情报法律中发挥着越来越重要的作用。而有些助理本身在政策咨询和立法咨询中实际上变成了政策的推动者。[③] 这最终导致议员对助手的监督能力越来越弱，而助手在立法事务上有了越来越大的影响力。[④] 有些时候，这些议员的助理和幕僚甚至可以代替议员做出一些决定，因此也有学者将其称为“隐形政府”或

---

① 孙哲：《美国国会研究（I）》，复旦大学出版社，2002 年版，第 48 页。

② 同上。

③ 同上，第 57 页。

④ Irwin R. Arieff, “The New Bureaucracy”, *Congressional Quarterly Weekly Report*, Nov. 24, 1979, p. 2639.

"影子立法人"。[1] 无论是议员、议员的私人助理或者是委员会幕僚，他们代表国会直接参与制订情报法律，这也从一个侧面体现了多方参与情报立法的特点。

（二）总统

由于总统自己可以通过国情咨文的方式行使立法倡议权，并通过物色代理议员的方式转交情报法案的草案，而且国会提交的法案一般也只有通过总统签署才能生效成为法律，因此总统在情报法律的制订上也具有重要的发言权。通常在法案的酝酿过程中，总统可通过各种渠道将自己的观点和想法传达给国会，让国会在制订情报法案时能够照顾到总统的观点。如果国会与总统在情报法案具体问题上的立场相差太远，双方也可安排代表进行多轮磋商，尽量弥合争议，争取妥协，避免双方的矛盾不可调和或激化。一旦国会强行将总统反对的条款写入法案并将其呈递给总统签署时，总统可运用否决权将整个法案否决。如果法案被否决，则整个立法过程就将被迫终止。在否决权的威胁下，一般总统的意见和建议都将被国会慎重对待。而总统迫于各种压力有时也不得不接受国会提出的各类条款和修改建议。因此，情报法律的制订过程就是总统和国会讨价还价，相互斗争而又相互妥协的过程。

当然，除了总统本人对情报法律的制订具有重要影响外，其身边的顾问和幕僚对立法过程也有一定的影响。一般情况下，总统情报顾问委员会及其常设机构总统情报监督委员会是总统在情报事务上的重要智库。在立法过程中，总统可以向其情报顾问委员会咨询各类技术问题。由于情报顾问委员会的成员本身在政府内部并不担任公职，因此其意见和建议更为客观和公正。而委员会的委员中也不乏美国情报界的前任要员，具有较丰富的工作经验，对情报工作具有一定的研究，甚至还有一些前任国会情报委员会的议员，对如

---

① 如在国防预算的协商会上，几乎1亿美元以下的有争议的项目，都已授权给助理来处理了。参见孙哲：《美国国会研究》（I），复旦大学出版社，2002年版，第58页。

何制订情报法律更是轻车熟路。因此，他们可以帮总统出谋划策，为总统在立法过程中赢得优势地位。有的时候，总统也会从委员会中指派代表前往国会与相关人员进行协商，传达总统的意愿，甚至直接依靠这些顾问和幕僚起草情报法案的草案，并物色代理议员送交参众两院。

除了总统身边的顾问和幕僚外，国家情报总监（包括原中央情报主任）作为总统的首席情报顾问自然也拥有较大的发言权。他可以站在情报界的立场向总统提供各类咨询建议。虽然由于他是情报法律的当事方，他提供的意见和建议不免带有主观色彩，但是由于其代表整个美国情报界，所以他的意见和建议也带有较强的权威性，并可以为总统提供各种研究报告和改革设想，帮助总统在立法过程中争取更大的主动权。

因此，总统作为制订情报法律的直接参与方之一，他也不是孤军奋战。他身边的顾问和幕僚，甚至其所管辖的整个政府都可以成为他的智库，为他提供各类意见和建议，帮助其在立法过程中取得优势地位和主动权。这也是多方参与立法事务的重要体现。

（三）利益集团

法国著名思想家托克维尔早在 1853 年就提出了美国利益集团参政的问题："在法国，你所看到的新的事业中居于首位的是政府，在英国看到的是人的等级，而在美国，你一定会发现集团。"① 到了今天，美国仍然还是一个利益集团统治的国家，利益集团在美国社会中随处可见。毫不夸张地说，美国任何一条政策的出台，必定是利益集团相互竞争和妥协的结果。② 当然，在制订情报法律上，各类利益集团也产生了重要的影响。

在情报领域的利益集团主要包括由政府各情报机构、情报业务承包公司、国会、学术科研团体自由组合而成的各类情报利益集团。

① Alexis de Tocqueville, *Democracy in America*, Alfred A. Knopf. 1856, pp. 1835 – 1836.

② 孙哲：《美国国会研究》(II)，复旦大学出版社，2002 年版，第 352—353 页。

它们彼此之间紧密联系，来往密切，形成了一条较为稳定的利益输送链条。以情报业务承包公司为例，2010 年美国已有近 2000 家公司从事情报业务承包工作。[①] 美国情报界的大部分情报预算都最终流向了这些情报业务承包公司，据美国媒体调查显示，中央情报局 50%—60% 的核心业务由业务承包公司负责。国家情报总监办公室在 2007 年的官方文件中也曾指出情报界当年总预算的 70% 用于采购业务承包公司的产品和服务，而政府情报人员总数的 28% 为业务承包公司的核心雇员。[②] 而这些情报业务承包公司还组建了许多业务联盟，类似商会一样的民间组织，负责与政府情报机构开展业务接洽。例如，情报与国家安全联盟（Intelligence and National Security Alliance，INSA）、武装部队通讯与电子协会（Armed Forces Communications and Electronics Association，AFCEA）和美国地理空间情报基金会（United States Geospatial Intelligence Foundation，USGIF）。这些业务联盟也成为利益集团各方开展交流合作与商量大事要事的重要平台。

---

① Dana Priest and William M. Arkin, "A Hidden World, Growing Beyond Control," *The Washington Post* (July 19, 2010), available athttp: //projects. washingtonpost. com/top – secret – america/articles/a – hidden – world – growing – beyond – control/ (accessed May 11, 2014); Julie Tate, "CIA Brain Drain: Since 9/11 Top Officials Have Moved to the Private Sector," *The Washington Post* (April 12, 2011), available athttp: //www. washingtonpost. com/world/cias – brain – drain – since – 911 – some – top – officials – have – left – for – private – sector/2011/03/25/AF3Nw1RD_story. html (accessed May 11, 2014).

② "Fiscal Year 2007 U. S. Intelligence Community Inventory of Core Contractor Personnel," August 27, 2008, available at http: //fas. org/irp/news/2008/08/odni082708. html (accessed May 10, 2014); Office of the Director of National Intelligence, "Key Facts about Intelligence Contractors," available at http: //fas. org/irp/news/2010/07/ic – contract. pdf (accessed May 10, 2014); Tim Shorrock, "The corporate takeover of U. S. intelligence," June 1, 2007, available at http: //www. salon. com/2007/06/01/intel_contractors/ (accessed May 10, 2014).

表3－1　美国主要情报业务承包公司汇总表①

公司名称	成立时间	情况简介
博思艾伦公司	1914 年	该公司的业务涉及美国国家安全方方面面，为情报界、执法部门和国土安全部门提供全源分析、威胁评估、危机评估、反恐怖主义、系统工程、技术分析、信息技术、行动支援等承包服务
雷神公司	1922 年	该公司为美国情报界提供雷达、传感器、电子战装备、通讯设备、半导体和高科技模拟器等产品
兰德公司	1948 年	该公司是美国最重要的综合性战略研究机构，可为美国情报界提供长期预测性分析报告
计算机科学公司	1959 年	该公司为美国情报界提供信息技术咨询、系统集成、应用开发与管理、金融管理、流程控制等产品与服务
加利福尼亚分析中心	1962 年	该公司主要业务涵盖了网络空间、地理空间、信息技术、身份管理、情报侦察监视、知识管理等领域
曼塔克国际公司	1968 年	该公司主要为情报界提供 C^4ISR 系统、综合性网络安全、后勤支援、情报与反情报服务以及重要系统的开发、采购、制造、测试等
科学应用国际公司	1969 年	该公司为情报界提供技术和工程服务，公司雇员中约七分之一拥有安全许可证。特色业务为信息技术支援、系统工程、模拟与培训以及后勤支援
西特尔公司	1979 年	主要为美国情报界提供系统工程、项目管理、采购、网络、金融管理和分析、信息系统和安全等服务
泰坦公司	1981 年	该公司负责向美国情报界提供信息和通信产品、解决方案和服务
凯雷集团	1987 年	该公司为美国情报界提供航天、汽车与运输、消费与零售、能源与电力、金融、科技与商务、电信与传媒服务
诺斯洛普·格鲁曼公司	1994 年	该公司为情报界提供电子系统、集成系统、任务系统、信息技术、空间技术等领域的产品和服务

① 本表制作数据源自解放军外国语学院王静雅的硕士论文《“9·11”事件后美国情报业务承包研究》。参见王静雅：《“9·11”事件后美国情报业务承包研究》，解放军外国语学院硕士论文，2014 年。

续表

公司名称	成立时间	情况简介
洛克希德·马丁公司	1995 年	该公司在航空航天、信息技术、导弹技术、任务系统与训练等业务领域为美国情报界提供相关产品和服务
黑水国际公司	1997 年	参与了美国反恐战争，负责情报审讯任务，并深陷“虐囚门”丑闻
奎奈蒂克公司	2001 年	该公司主要负责向美国情报界提供安全、通信、航空等领域的产品和服务
数字地球公司	2012 年	为美国情报界提供卫星遥感影像、地理信息数据和分析产品
阿布拉克萨斯公司	不详	该公司经常参与中央情报局的绝密承包业务，其业务范围主要包括情报服务、情报训练、技术服务、信息技术支援、欺骗和侦察等

在制订情报法律的过程中，这些情报利益集团常常游说国会议员、政府要员、甚至总统本人达到影响法律成形的目的。由于美国政府中各类政要和国会领袖与这些利益集团私交甚密，再加上这些情报利益集团往往通过提供竞选资金、贿赂选民或者许诺各类利益等方式取悦总统和国会议员，所以他们一般都可以实现自己的目的。

而除了游说的方法外，情报利益集团还可以通过人事运作、培养领导人、煽动舆论等方式，插手情报法律的制订。众所周知，美国情报界高层不少领导也与情报业务承包公司之间有着千丝万缕的联系。以博思艾伦公司为例，美国情报界高层领导有不少人在上任前或卸任后都前往该公司任职。例如，第二任国家情报总监迈克尔·麦康奈尔就曾在该公司工作了十年，并位居公司副总裁，他卸任后又回到该公司继续担任副总裁；第四任国家情报总监詹姆斯·克拉珀上任前也是该公司的高级管理人员；曾担任过中央情报局局长和国家安全局局长的迈克尔·海登卸任后也进入了该公司工作，并最终也成为了该公司的副总裁。这种任职上的“旋转门”现象也从侧面证明了情报利益集团干政的情况。

除了人事运作和培养领导人外，情报利益集团还时常通过宣传和组织抗议活动的方式煽动舆论，对国会和总统形成压力，影响情报法律的制订。如果国会通过的法律或者政府发布的裁定和规章有损情报利益集团的利益，那么它们将想尽办法向法院提起诉讼或申请行政复议，并通过法院的违宪审查将新制订的法律和规章推翻。对这一现象，学者谭融指出，“在美国的现实政治中，利益集团的政治参与几乎渗入到所有的政治领域，利益集团不仅寻求影响立法部门，还寻求影响行政部门与司法部门”。[①] 因此，利益集团也已发展成为可以间接影响美国情报法律成形的重要因素。这也令美国情报法律的制订工作更加复杂和艰巨。

（四）专家学者

在治国理政上美国的专家学者们也具有一定的发言权。在这一大背景下，专家学者对情报法律的成形也能够发挥重要的影响。由于专家学者的观点和意见一般更加客观公正，也带有权威性和科学性，所以国会和总统也都愿意倾听专家和学者的声音，并积极采纳他们的意见与建议以令新制订的法律更加科学与合理。这个惯例也同时给专家学者们提供了影响情报法律成形的绝佳机会。

著书立说是专家学者们影响总统和国会议员们的一个常用方式。美国情报界内外各类专家都喜欢将自己的观点和立场通过出版著作、发表论文等方式进行推送。由于这种方式可以大大增大他们的影响范围，因此也深受专家学者们的喜爱。而总统、政府政要以及国会情报委员会的议员们当然也是他们重点推送的对象。以中央情报局情报研究中心出版的《情报研究》杂志为例，该杂志每期末尾都有书评和新书推荐，这不仅帮助专家学者们打开了宣传的大门，也令他们的观点和意见有机会影响总统和国会要员，这种潜移默化的影响虽然没有立竿见影的效果，但经过常年累月的熏陶，专家学者们的观点也有机会影响情报法律的制订和成形。

---

① 谭融：《美国利益集团政治研究》，中国社会科学出版社，2002年版，第18页。

当然，由于总统和国会议员们政务繁忙，难得有时间和精力仔细阅览专家学者们发表的各类著述，所以通过著书立说影响立法进程的方法一般起效较慢。与之相比，最便捷的方式是直接为他们提供各类研究报告，甚至面对面提供简报。不过这样的机会非常有限，但是效果却十分明显。从历史上看，共有 14 份专家报告对美国情报界进行了深入的调查和研究，并提出了各类对策建议。而其中最重要的四份报告分别是 1949 年的“杜勒斯报告”、1971 年的“施莱辛格报告”、1976 年的“丘奇委员会报告”和 2004 年的“‘9·11’委员会报告”。① 其中，“杜勒斯报告”的大部分对策建议得到了国会的采纳，并写入了《1949 年中央情报局法》；“施莱辛格报告”的大部分对策建议也得到总统的首肯，并纳入了多份总统行政命令及日后的情报法律中；“丘奇委员会报告”更是同时得到总统和国会的接受，其主要内容被纳入《第 11905 号总统行政命令》和《参议院第 400 号决议》及后续的情报法律；“‘9·11’委员会报告”提出的对策建议也得到了大部分采纳，并据此形成了《2004 年情报改革与防止恐怖主义法》。由此可见，专家学者们在情报法律的立法过程中发挥了重要的作用，日益成为一支不可轻视的间接参与力量。

（五）大众传媒

在美国，大众传媒往往被认为是公众表达民意的重要窗口，也被誉为与行政、立法和司法平起平坐的“第四权力”。众所周知，美国总统和国会议员都由选举产生，因此，选民的意愿对总统和国会议员们具有重要影响。而大众传媒的受众主要是这些选民，它们对选民的意愿具有重要的引导作用。因此，总统和议员们为了追求连任或是保持较高的支持率都有求于这些传媒巨头。在这样的背景下，总统和国会在制订情报法律时也会考虑大众传媒所反映的观点和态

① Michael Warner & J. Kenneth McDonald, *US Intelligence Community Reform Studies Since* 1947, Strategic Management Issues Office, Center for the Study of Intelligence, Washington, D. C., April 2005, p. iii.

度，避免激怒这些传媒巨头而丢失选票。对于受大众传媒引导的公共舆论，黑格尔评价道："公共舆论是人民表达他们意志和意见的无机方式，在国家中现实地肯定自己的东西当然须用有机的方式表现出来，国家制度中的各个部分就是这样的，但是，无论哪个时代，公共舆论总是一支巨大的力量，尤其在我们的时代是如此，因为主观自由这一原则已经获得了这种重要性和意义，现时应该有效的东西，不再是通过权力，也很少是通过习惯和风尚，而确实通过判断和理由，才成为有效的。"① 在这样的背景下，大众传媒具有了较大的影响力，它们通过操控公共舆论以影响总统和国会，并最终影响情报法律的制订和成形。

当然，如果总统或国会不顾大众传媒的反对而强行推动某项情报法案时，这些传媒巨头也有其他的应对方法，比如积极披露各种内幕消息、故意夸大反对声浪、甚至与其他政治异议分子进行联盟，以此形成阻力和压力，迫使总统和国会改变初衷。由于美国宪法第一修正案明确规定公民的言论自由不受侵犯。因此，大众传媒可以任意披露其所获的各类新闻和内幕消息。在披露的过程中，这些传媒巨头也可通过断章取义的方法，片面夸大该法案的危害，煽动公众的反对情绪，迫使该法案胎死腹中。而与其他政治异议分子携手结盟的方法更是司空见惯。二战刚结束，前联邦调查局局长埃德加·胡佛就曾与媒体携手披露罗斯福总统成立中央情报机构的预案，并片面夸大其危害，将其称为另一个"盖世太保"组织。这最终导致罗斯福总统迫于舆论压力而放弃了该打算。由此可见，大众传媒的影响也不可低估，其对情报法律的制订和成形也具有重要影响力。

综上所述，为了确保所制订的法律在内容上符合良法的标准，即制订的法律是公正的法律并且代表的是民众的利益，美国人通过选举的方式确保立法的直接制订者——总统和国会议员们由民选产

① 黑格尔：《法哲学原理》，范扬等译，商务印书馆，1981年版，第334页。

生，并代表广大民众的利益。这样就能保证制订的情报法律源于民意。此外，由于美国特殊的政治文化和民主传统，在立法过程中，利益集团、专家学者和大众传媒等群体都能够通过影响总统和国会的方式间接参与立法过程。而这种多方参与立法的现象不仅最大限度地保证了法律条款本身的科学和完备，并兼顾各方利益，同时也是部分民众参与立法的另一种途径和方式。

二、程序合法

按照亚里士多德的观点，良法的第二个标准是形式合法，即制订良法的程序需要遵从法定程序，否则哪怕内容正义的法律也不能被称之为良法。美国依据其宪法和相关法律的规定，对于立法过程有严格的限定。每一部法律的出台都毫无例外地必须经历相同的立法流程。对于情报法律来说，其也需要经历大体如下的立法流程：

（一）议员提交议案

依照宪法第一条的规定，立法权归国会所有，因此只有参众两院的议员具有提交议案的权力。但是美国法律并没有规定议案的草案必须由议员本人制订。因此，各议员的助理和幕僚也可为议员草拟议案。同时，总统及行政部门首长虽有权提出立法建议，但是无权独自提交议案。因此，一般情况下，总统领导的行政部门可将其立法建议以草案的形式送交国会相关委员会，由委员会主席提交国会，或者物色代理议员向国会提交议案。这种制度上的硬性规定也保证了立法的严肃性，间接提高了国会议员的地位和作用。

参众两院的议员提交的议案一共可分为四类，分别是法案、联合决议、共同决议和决议。[①] 由于情报法律基本都来源于法案，因此

① 四类议案中最常见的是法案，一般由一名或多名议员联名提出，并可划分为“公法”和“私法”两大类。而联合决议的立法流程和法案差不多，但是一般都涉及修改宪法等重大事项，需要参众两院绝对多数赞成票通过，还需要送交各州进行审议。共同决议和决议都只规范国会相关工作流程和内部机构设置，对政府机构并无法律效力。

本书只专门探讨法案的制订流程。在众议院，众议员只需将其提交的法案交给书记官或者投入议案箱就算完成了提交流程，工作人员接收法案后将对其进行编号，一般提交的法案将被标记为“HR + 法案编号”，并被送至政府印刷办公室印制成多份副本，以供后续评审使用。在参议院，参议员提交法案前必须获得参议院主持人的同意，然后才能送交工作人员进行记录和编号，或者该参议员也可在开会时直接起立宣布提交法案，但是该法案如果有人反对，则必须推迟一天才能正式提交。参议院的法案编号规则为“S + 法案编号”。由此可见，美国法律对提交议案的方式和方法规定的非常详细，不仅有较为规范的步骤和流程，也有较为繁琐的手续和规程。这也从侧面体现了立法程序的庄严和权威。

（二）委员会听证与审议

议员提交法案后，参众两院将根据法案涉及的具体内容分配给各职能委员会进行审议。如果法案的内容涉及两个以上职能委员会，那么该法案也可交给多个委员会进行审议。一般情报法案主要提交给参众两院的情报特别委员会、武装力量委员会或对外关系委员会等职能委员会进行审议。

按照相关规定，各职能委员会接收法案后，委员会主席一般需在两周内将该法案下派给该委员会的小组委员会进行初审。而各小组委员会接收法案后将采取如下步骤：首先，将把该法案送交政府相关职能部门和审计署，要求它们提供评估报告，评估该法案的可行性和必要性。一般政府部门提交的这类评估报告只具有参考价值，对各小组委员会的最终决定并无决定性影响。其次，举行公开或秘密听证会，听取各方意见和建议。一般情况下，听证会邀请的成员包括涉及该法案的政府要员、利益集团代表、专家学者、民众代表、相关议员和其他工作人员。听证会对小组委员会各委员做出最终决定具有较重要的影响，听证会中各类证人的证词也成为小组委员会做出最终审议决定的重要证据。再次，小组委员会提出初审意见，并将其审议结果和研究报告上报上级委员会。上级委员会将根据初审意见召开全体会议，如有需要还将补充召开听证会，进一步丰富立法证据，并最终由委员会全体委员投票表决是否支持将该法案提交参议院或众议院进行立法。最后，各职能委员会根据投票结果上报推荐立法的法案供参议院或众议院全体会议讨论和表决。与此同时，该法案的修改意见、委员会报告都将一并呈递。在委员会报告中，委员会需要仔细陈述推荐该法案立法的缘由，并提供各类立法证据。在该报告中还应保留各类反对意见，以供参议院和众议院全体会议参考。通常情况下，各职能委员会上报推荐立法的法案数量有限，大多数法案都未能通过委员会审议这一关。这也从侧面反映了情报法律立法程序的周密与严苛。

（三）全院审议与表决

经职能委员会听证和审议后，上报推荐的法案及委员会修正意见将纳入参众两院各自的会议议程。而提交议案的议员也可提交对自己法案的修改意见以及对委员会修改意见的不同意见。[①] 一般情况下，参众两院全体议员可依照议程安排审议各法案，提出各类修改意见，并依照规则举行辩论。辩论程序参众两院略有不同，一般情况下，参议院由于人数较少，因此参议员的辩论时间一般没有限制，只要得到参议院主持人同意，参议员可以无限制地进行发言。这种被称为“冗长发言”的方法也常被参议员用来拖延时间以阻止法案的通过。例如，2006 财年和 2007 财年的情报授权法都由于反对者利用参议院的各类规则拖延时间最终导致法案未能如期进入下一阶段的表决而被中途废止。众议院由于人数众多，一般辩论时会各议员的发言时间有限，因此无法使用该方法阻止法案的通过。但是众议员也会利用各类其他合法规则阻碍法案的顺利通过，例如，众议员可以采取各种手段令参会的议员数量低于法定人数，导致由于参会

① 委员会的修改意见为第一级修改意见，提交议案议员对委员会修改意见的不同意见为二级修改意见。一般参众两院将首先对二级修改意见进行投票表决，然后再对一级修改意见进行表决。

人员数量过少而不得不延期审议该法案，并最终令该法案在本次会期内无法获得通过而被迫废止。

如果法案顺利通过了辩论阶段，那么依照相关规则，参众两院都将进入到表决环节。在表决方式上，参众两院大同小异，有口头表决、起立表决、唱名表决等。在表决时，各议院都必须首先对法案的各类修正案进行表决。只有修正案通过表决后，才能对法案本身进行表决。一般情况下，只要修正案通过了表决，那么法案本身也可以顺利过关。如果法案在参议院或众议院的最终表决中获得通过，那么该法案将被提交至另一议院进行再次审议和表决。如果另一议院同样表决通过了该法案，或者对其进行修改后也获得原议院的支持，那么该法案就可以作为国会两院的最终版本送交总统签署。如果另一议院对法案的改动较大，并且无法获得原议院的支持，这时立法程序就将进入两院协商阶段。

（四）参众两院协商一致

在两院协商阶段，众议院议长和参议院主持人将分别指派几名议员代表组成临时的联合委员会。该委员会专职沟通和协调，负责弥合两院在该法案上的分歧。联合委员会一般无权重新起草新的法案，他们只能在原有法案的基础上进行修改。其最终修改结果还将反馈回各自议院进行表决，如果表决不通过则需要再次开会磋商，直到解决分歧，令修改后的法案同时获得两院的支持。一般在几轮协商后，如果法案无法同时得到两院的支持，则该法案将被废弃，本次立法行动也不得不终止。如果最后两院协商一致后，最终法案将作为国会最终版本送交总统签署。

（五）总统签署生效

按照相关法律规定，总统接收国会提交的最终法案后，如果其签署，则该法案顺利成为法律，标志着该法案立法成功；如果其否决，则参众两院必须以绝对多数赞成票才能将其强行通过成为法律，否则该法案作废；如果总统搁置该法案，那么只要搁置法案的10天内，国会仍然没有休会，那么该法案自动生效，而如果国会在这10

天内休会，那么该法案作废。从历史上看，不同的总统对不同的情报法律的态度各有千秋，如《2004 年情报改革与防止恐怖主义法》顺利得到小布什总统签署成为了法律，而《2008 财年情报授权法》则被小布什总统否决而未能成功立法。由此可见，除国会两院外，总统对情报法律立法成功与否也具有重要的影响力。

综上所述，为了保证情报法律的严谨和权威并且符合成为良法的第二个条件，美国制订了步骤较为繁琐，过程较为复杂的立法程序。而且每一部法律都必须严格按照该程序进行立法，从未有过例外。这种严格遵守规则的做法也保证了所制订的情报法律在程序上具有合法性。除此之外，从根本上看，一部法案若想真正成为法律，不仅需要取得国会参众两院最大限度的理解和支持，而且还需要取得以总统为代表的行政机关的赞成和配合。通过反复审议和层层表决，美国人从制度上确保了所通过的法案能够最大限度地获得广泛支持，能够最大限度地代表民众的利益。这也令所制订的情报法律在内容上能够更加客观和公正，更加符合良法的标准。

三、实践完善

情报法律制订完成后，立法工作并非到此为止。对该法律的修正与完善仍然属于立法的范畴。而为了进一步修正与完善情报法律，令其成为名副其实的良法，美国人也积极运用实践对该法律进行检验，并根据反馈的结果对该法律进行修正。以美国情报法律中最重要的《1947 年国家安全法》为例，该法自创设以来已运行了半个多世纪，其情报条款也进行了大大小小至少 26 次修正。[①] 从这些修正案中可以管窥美国情报法律的完善过程。

（一）实践检验

实践是检验真理的唯一标准。美国人也深谙此道。《1947 年国

① 邓娥荣：《从美国（国家安全法）的修正看中央情报局地位和职能的演变》，《军事情报研究》第 7 期，2009 年 3 月，第 66 页。

家安全法》初创时，由于各情报机构本位主义的影响，多方利益难以短时间内达成一致，所以该法案只是一个妥协后的产物。其中不少关键问题并没有解决，而仅仅是寻求临时应对之法，或者干脆用含混不清的法律条文将其搁置。这就使得该法律存在先天不足和制度缺陷。例如，该法第 102 条第 4 款的规定就将对外情报与对内情报进行了人为分离，阻碍了情报共享；既强调中央情报主任有权指导全美情报工作，又强调各部门情报机构应继续履行自己在本部门内的职责，而对于中央情报主任具体拥有哪些权力又没有清楚的界定。因此，中央情报主任成了有名无实的虚职。正是由于这种先天性缺陷，导致历任中央情报主任大都致力于发展其直属的中央情报局，而对协调整个国家的情报活动缺乏耐心和兴趣。

这种内外情报职能的人为分离和职权不匹配的现象导致美国情报工作出现了不少体制弊病，也间接产生了各类情报失误。例如，中央情报主任和国防部长之间对于军事情报机构控制权的争夺几乎从未停止；美国情报界各单位之间恶性竞争、缺乏协调的局面也难以从根本上得到改善；对内与对外情报的长期分裂更是直接导致未能对“9·11”恐怖袭击及时预警。而中央情报局也由最初设计的“裁判员”最终变成了与其他情报机构同台竞争的“运动员”。经过长年累月的实践检验后，美国人发现这些关键问题无法逃避，也必须厘清。因此，美国各界有识之士不断建言献策，并积极推动对该法实施修正。

（二）修正完善

面对各类体制积弊和专家学者的意见建议，美国总统和国会也积极采取立法行动对《1947 年国家安全法》进行修正和完善，力图解决争议，弥合分歧，进一步规范美国的情报活动。

例如，《1993 财年情报授权法》中第 701 条至 706 条就对

《1947年国家安全法》进行了较大幅度的修正。[①] 首先，该法对核心概念进行了界定。第702条“概念界定”中清楚明白地写明在《1947年国家安全法》中加入本条款。在该条款中明确提出“情报”包含“对外情报”和“反情报”两部分，并清楚给出了二者的定义。与此同时，该条款还提出“国家情报”的概念。可以说这也反映了美国官方对情报的本质有了更加深刻的认识。此外，该条款还对“美国情报界”的成员进行了明确，并对“国家对外情报项目”也进行了规范和限定。这些核心概念的界定为日后美国情报界正确解读法案条款提供了便利，也防止美国情报界由于概念模糊而曲解和误读法律。[②]

其次，该法明确界定了中央情报主任的地位和职责权限。该法第703条规定，中央情报主任有权列席国家安全委员会会议；第704条还规定，中央情报主任为美国情报界首脑，并担任总统首席情报顾问。[③] 由此，中央情报主任的法定地位得到了进一步强化和提升。对于中央情报主任的职责和权限，该法第705条进行了较为详细的阐述，不仅明确提出中央情报主任有权接触各类涉密信息，同时也有权指导拟制国家对外情报项目的年度预算，还可有限度地调动情报界的人员和资金。[④] 这些细化的规则令中央情报主任的权力得到了进一步的落实，便于其开展协调和管理活动。

最后，该法对国防部长在国家对外情报项目中扮演的角色进行了较为清晰的界定。依据该法，国家对外情报项目中涉及的军事情报机构由国防部长负责管理，确保一线部队、参联会主席等军方高层领导的情报需求能够得到有效满足。但是在国家安全局、国家侦察办公室、国防情报局首脑的人事安排上，国防部长需要咨询中央

① 这些条款由于对《1947年国家安全法》修正幅度较大，地位和作用也比较突出，因此也被单独命名为《1992年情报组织法》。

② 102nd Congress, *IntelligenceAuthorization Act for Fiscal Year* 1993, Public Law 102 – 496, Oct. 24, 1992.

③ Ibid.

④ Ibid.

情报主任的意见和建议。①

这些修正条款部分解决了中央情报主任职权不匹配的体制漏洞，同时也通过较为具体的规定划分了国防部长和中央情报主任对于军事情报机构的管理权，有利于缓和二者之间的对立与冲突，是对原《1947 年国家安全法》的有益补充和完善。

无独有偶，“9・11”事件后，美国再次对《1947 年国家安全法》进行大幅度修正，不仅统一整合了对内与对外情报，加强了反恐情报的融合和共享，并且通过设立国家情报总监对美国国家情报体制进行了深远变革。而除了《1947 年国家安全法》经过反复修正外，其他情报法律也不断得到修正。例如《1974 年休斯 - 瑞安法》本身就是《1961 对外援助法》的修正案②，其在美国国家情报体制的变革中也具有标志性的作用。以上这些修正都源于对实践的反复检验，也是专家学者对各类漏洞和不足经过反复研究和论证后的经验总结，体现了美国在情报法律立法上的科学性和严谨性。而这种实践与立法之间的循环和互动也是其国家情报施行法治的一个鲜明特色。

综上所述，美国在制订情报法律上通过多方参与确保法律内容符合良法标准，同时通过严谨有序的立法程序确保法律形式符合良法标准。在此基础上，经过实践的不断检验，美国人不断修正和完善情报法律，令其能够与时俱进，保持生机和活力。当然，除了制订情报法律上美国人奉行良法原则，其在制订与之匹配的法令、章程、指导方针等规范性制度上也奉行类似的原则。这也使得整个美国国家情报法规体系基本符合民意与道德规范。

---

① 102nd Congress, *IntelligenceAuthorization Act for Fiscal Year* 1993, Public Law 102 - 496, Oct. 24, 1992.

② 黄爱武：《战后美国国家安全法律制度研究》，法律出版社，2011 年版，第 34 页。

第二节　秉公执法实现依法行政

如果说科学立法是立法部门对制订良法的不懈追求，那么依法行政就是情报机构对普遍守法这一原则的践行与落实。当然，情报机构依法行政的基础是立法部门为其设计好了一套科学完善的法规体系，否则依法行政只能是无本之木和无源之水。但是，如果立法部门制订了良法，而情报机构却不能依法行政，那么所制订的良法也只是一纸空文，毫无意义。可以说，制订良法只是迈出了国家情报法治的第一步，而依法行政是实现国家情报法治的关键第二步。

为了实现依法行政的目的，美国人采取了各种措施和方法。而其所有的措施和方法都以“秉公执法”这个原则为基本立足点。只有各情报机构严格依法办事，且各级情报管理者做到大公无私，才能够真正从根本上实现国家情报的法治。而为了确保各级情报管理者能够克服私心做到秉公执法，情报机构能够依法行政，美国人采取自律和他律相结合、主动和被动相搭配的方式，收到了较好的成效。

一、严格依法开展工作

严格依法开展工作是美国情报界积极采取自律措施的重要表现之一。建立什么样的机构？其使命职责是什么？如何履行这些职能？这些问题都必须依法确定。一旦这些问题有了法理依据，那么组建后的情报机构就必须严格依法将其贯彻落实，不得改弦易辙，从事与自身法定职能无关的活动。

（一）严格依法组建情报机构

依照前文所述，美国国家情报体制的构建与嬗变并非凭空而来，也不以领导人的主观意志为准则。它们的创建和重组都以法为基础和前提，是集体智慧的结晶，也是人民意志的科学反映。仔细研究后不难发现，美国情报界各个机构的建立都有其法理依据，且其法理上的依据多种多样，甚至有的机构拥有多重法理依据。但无论是谁授权，其法律效力如何，其共通之处在于，它们都是具有法律效力的规章制度。而美国政府正是严格按照这些规章制度组建其情报界。例如，美国中央情报局构建的主要依据是《1947 年国家安全法》；而国家情报总监及其办公室的设立则源于《2004 年情报改革与防止恐怖主义法》。国家安全局的建立源于 1952 年杜鲁门总统的绝密备忘录及《国家安全委员会第 9 号情报指令》；国防情报局的创建则源于 1961 年《第 5105. 21 号国防部长指令》；国家反恐中心的成立则源于《第 13354 号总统行政命令》等。

当然，有些时候由于时间仓促，准备不足，很多情报机构的法理依据并非国会立法，甚至并非总统发布的各类行政命令，而仅仅是国防部长等行政部门首脑下达的部门指令。其法律效力较低，权威性不足。但是即使如此，这些指令也仍然是情报机构得以组建的重要原则和依据。虽然有些情报机构在组建时其法理依据源于较低层次的规章和制度，但是在情报实践过程中，为了重新规范该情报机构的情报活动，提升其授权法规的法律效力，扩大其管辖范围，美国总统和国会也会重新制订法规对其进行再度授权。例如，《1959 年国家安全局法》就是在 1952 年杜鲁门总统的绝密备忘录及《国家安全委员会第 9 号情报指令》的基础上，重新对国家安全局的职责权限和机构设置进行调整和规范。而 1996 年 6 月美国国会颁布的《1996 年国家图像与测绘局法》也是以同年 6 月国防部颁布《关于成立国家图像与测绘局的指令》为基础，对新成立的国家图像与测绘局职责使命、人事安排等事务进行了重新规范。这些新的法规虽然其时间晚于情报机构，给人事后“补票”的错觉，但追根溯源，每一次组建情报机构之前，必然有相应的法规制度出台。即使该法规层次较低、法律效力较弱，但其依然是机构组建的重要指导原则。

总体上看，美国情报界呈现出较为典型的“法规先行，机构后建”的特征。如果没有法规授权，没有相应的法理依据，那么美国政府则无权组建任何情报机构。而这种法规出台与机构组建之间的先后关系是美国国家情报法治的显著特征之一。它也是美国情报机构得以依法确定和履行职能的一个重要前提。

（二）严格依法确定职能使命

在组建情报界各单位的法理依据中，一般都有相应条款规定该机构的职能使命。虽然这些条款出于各种原因，有的较为清晰，有的较为含糊，但是从法理上看，这些条款划定了该情报机构的职责范围，明确了该情报机构的工作方向。这样，通过法规的强制力可以最大限度地避免整个情报界由于职责不清、分工不明，而出现职能过度重叠的现象。例如，几经修订的《第 12333 号总统行政命令》关于情报界各机构的职能就有较为清晰的界定。该法令第 1.7 条对美国情报界各机构的职能使命分别进行了陈述。下面就以美国情报界中最重要的六家国家级情报机构的职能使命为例进行论述。

1. 中央情报局的职能使命

《第 12333 号总统行政命令》规定：该局在局长的领导下负责搜集、分析、生产和分发对外情报与反情报；开展反情报活动，但不得在美国国内实施治安活动；为各类行动在美国内外提供行政或技术支援；执行总统同意的各类隐蔽行动；在该法令其他条款的规定下与外国情报或安全机构以及国际机构建立情报联系；在局长和本法令第 1.3 条的指导下，协调情报界内外的情报与反情报事务；履行局长下达的其他职责与使命。①

2. 国防情报局的职能使命

《第 12333 号总统行政命令》规定：该局在局长的领导下负责搜集、分析、生产和分发对外情报与反情报；为国防部长、参联会主席、联合司令部司令及其他政府部门提供国防情报；实施反情报活动；为各类行动在美国内外提供行政或技术支援；在本法令其他条

① Office of General Counsel, *Intelligence Community Legal Reference Book*, Office of the Director of National Intelligence, Winter 2012, p. 738.

款的规定下与外国国防部门、情报和安全机构以及国际机构建立情报联系、开展情报交换项目；管理和协调武官系统；在国防部长的指导下提供对外情报和反情报支援。①

3. 国家安全局的职能使命

《第12333号总统行政命令》规定：该局在局长的领导下负责搜集、处理、分析、生产和分发信号情报以满足国家和政府部门对外情报与反情报需求；有效组织和统一实施信号情报活动，但不得实际控制情报界其他机构实施的其他活动②；掌管信号情报搜集和处理活动；为各类行动在美国内外提供行政或技术支援；为国家、政府各部门和军方提供信号情报支援；担任国家安全系统的国家主管部门；在各类授权行动中确保国家安全局掌管的各下属机构能够遵守法律和条令的相关规定，传输、处理和分发信号情报；在本法令其他条款的规定下与外国建立密码类联络关系。③

4. 国家侦察办公室的职能使命

《第12333号总统行政命令》规定：该办公室在主任的领导下负责研发、采购、发射、部署和运作太空系统及其数据处理设施以搜集情报，满足国家和部门情报需求；在本法令其他条款的规定下与外国建立联络关系。④

5. 国家地理空间情报局的职能使命

《第12333号总统行政命令》规定：该局在局长的领导下负责搜集、处理、分析、生产和分发地理空间情报用于国家和部门的对外情报与反情报事务；为国家各部门和军方提供地理空间情报支援；为各类行动在美国内外提供行政或技术支援；在本法令其他条款的

---

① Office of General Counsel, *Intelligence Community Legal Reference Book*, Office of the Director of National Intelligence, Winter 2012, p. 739.

② 经国防部长委派，并征求国家安全局局长同意后，其他机构也可开展信号情报活动，除此之外，任何机构不得实施此情报活动。

③ Office of General Counsel, *Intelligence Community Legal Reference Book*, Office of the Director of National Intelligence, Winter 2012, pp. 739 – 740.

④ Ibid., p. 740.

规定下与外国建立地理空间情报联络关系。①

6. 联邦调查局的职能使命

《第12333号总统行政命令》规定：该局在司法部长的领导下负责搜集、分析、生产和分发对外情报和反情报，而且开展工作时还需遵守司法部长的各类指导方针，并征求局长的意见；实施反情报工作；在本法令其他条款的规定下与外国情报、安全或执法部门建立情报与反情报联络关系。②

从《第12333号总统行政命令》对这六家情报机构职能使命的规定上看，中央情报局主要负责政府文职部门的对外情报、反情报和隐蔽行动；国防情报局主要负责军方的对外情报与反情报；国家安全局主要负责信号情报；国家侦察办公室主要负责研发和运作太空系统；国家地理空间情报局主要负责地理空间情报；联邦调查局主要负责美国国内反情报。虽然这六家机构的工作领域各有侧重，但是也存在一定程度的职能重叠。对于这些重叠的职能，美国人还有其他情报法规进行严格限定和区分，确保美国情报界的运行效率。③

除了这六家机构外，该行政命令对美国情报界剩下的其他机构的职能都进行了较为详细的规定。不仅如此，该行政命令还从宏观上规定了美国情报界整体的职能使命，各级情报首长的职能，甚至还明文规定了各情报机构所属上级政府部门的职能使命。所有这些条款的最终目的都是为了令美国情报界各机构能够清楚明白地确定

---

① Office of General Counsel, *Intelligence Community Legal Reference Book*, Office of the Director of National Intelligence, Winter 2012, p. 740.

② Ibid., p. 741.

③ 例如美国中央情报局和联邦调查局都有权开展人力情报活动和反情报活动，二者工作有一些重叠的领域。为了解决争议，《第12333号总统行政命令》的第1.3条规定：联邦调查局局长负责协调美国国内的人力情报和反情报工作，而中央情报局局长负责协调美国国外的人力情报和反情报工作。当然，协调美国国内各类秘密搜集活动和反情报活动的政策与规程都需要得到司法部长的批准。参加 Office of General Counsel, *Intelligence Community Legal Reference Book*, Office of the Director of National Intelligence, Winter 2012, pp. 732 – 733.

其使命职责，便于其严格依法确定其使命职能。

当然也有的法规对情报机构的职能使命规定得较为含糊，为机构领导留下了较大的施展空间。例如，修订后的《1947 年国家安全法》第 103 条就对国家情报总监办公室的职能规定如下："国家情报总监办公室的职能是协助国家情报总监履行国家安全法及其他法律规定的法定职能，并执行总统和法律规定的其他职能。"[①] 该条款对于国家情报总监办公室的职能并没有清晰的界定。这客观上增加了国家情报总监的自由裁量权，但该法中对于国家情报总监自身的职能却有长篇累牍的详细规定。因此，总体上看，该法通过确定国家情报总监的职能进而限定了国家情报总监办公室的职能范围。

在履行职能过程中，如果遇到职能规定仍然不够清晰或者遇到各种阻力难以克服时，美国人也会出台新的法规进而统一思想、消弭争论。当然，这也从客观上加速了其法规体系的成熟与完善。例如，中央情报局成立后，经过两年时间的运转，发现其运转过程中存在诸多法律模糊地带，使得该机构的职能使命和组织机构问题缺乏详细指导和规范，造成其上令难以下达或权威得不到承认的窘况。这严重影响其履行法定职能。有鉴于此，美国国会于 1949 年通过了《1949 年中央情报局法》，对中央情报局的职能使命等问题进行了更加详细的阐述，避免了分歧，也令该机构得以更加清楚地了解自身的使命职能。由此可见，严格依法确定职能使命也是美国情报界各机构依法开展情报工作的重要内容。

（三）严格依法履行法定职能

正如前文所述，法是美国国家情报体制运行的根本规则。美国情报机构不仅需依法确定其职能使命，而且履行职能时也必须遵守各类情报法规的规定，确保自身能够合法合规地开展情报活动。当然，在法规中并不会事无巨细地囊括情报工作的全部流程或具体的

① Office of General Counsel, *Intelligence Community Legal Reference Book*, Office of the Director of National Intelligence, Winter 2012, p. 55.

工作方式。法规条文中仅仅是提供各类指导原则或颁布各类禁令。即使如此，这对于情报机构严格履行法定职能也具有重要意义。

例如，《2014 财年情报授权法》第 302 条就对情报界的拨款进行了严格的限定："本法授权的拨款不能被用于执行违反美国宪法和其他法律的任何活动。"[①] 这一条虽然规定的较为笼统，但是禁止的范围却较宽，禁止的内容也非常清楚和明确，将一切违反宪法和法律的活动全部排除在当年的情报授权范围之外。这也几乎成了每个财年的情报授权法中都必不可少的一条，以防情报机构滥用职权。这条规定也可以被看成是对美国情报界各机构严格依法履行职能的有力警示。除此之外，该法还对建设高性能电脑中心的资金拨付问题进行了具体规定；对如何评估情报界各职能领域的年度表现进行了规范；对非法披露隐蔽行动的应对方法进行了规范等等。整体上看，2014 财年美国情报界的各类大事要事该如何处理，在该法中都有相应的指导原则和方针。无独有偶，《2013 财年情报授权法》也对本财年美国情报界的各类大事要事进行了规范和指导，例如，该法第 304 条就规范了"内部威胁自动侦测项目"的施行情况；该法第 501 条则规范了"国土安全情报项目"的施行情况；该法第 503 条则对如何保护美国信息技术供应链的情况进行了规范等等。[②] 总体上看，几乎每个财年的情报授权法都会对本财政年度的情报活动进行规范和约束，这也令该财年美国情报界各机构在履行法定职能时有了重要的法理依据和参考标准。

当然，美国情报界各机构在履行职能时除了需要遵守国会制订的各类情报法律之外，还需要遵守总统发布的各类行政命令、国家安全委员会和国家情报总监发布的各类指令、司法部长颁布的指导方针以及各机构所属部门的内部章程和条令等各类法规。这些法规

---

① 113th Congress, *IntelligenceAuthorization Act for Fiscal Year* 2014, Public Law 113 – 126, Jul. 7, 2014.

② 112th Congress, *IntelligenceAuthorization Act for Fiscal Year* 2013, Public Law 112 – 277, Jan. 14, 2013.

对于美国情报界各机构履职尽责都具有重要的规范作用，也是美国情报界各单位开展情报工作时的重要行为准则。由此可见，从组建机构，到确定职能，再到履行职能，美国各情报机构在组建和运行的过程中都基本遵循各项法规制度。而这种依法办理的做法也令美国情报活动呈现出鲜明的法治色彩。

二、规范行使法定权力

为了实现依法行政，不仅各情报机构需严格依法开展工作，而且各级管理人员也需规范行使手中的法定权力。无论是含金量较高的人事权和财政权，还是最常用的业务指导权和检查评估权，这些管理权力全部受到各类法规的限制和约束。这也避免了各级情报管理者依照自己的主观判断而肆意妄为，滥用权力。

（一）人事权

因为人事权是管理权中最重要的权力之一，所以各个层次的情报管理者都把人事权看成实现自己管理权威的重要工具。然而人事权也最容易滋生腐败。为了确保各级情报管理者能够秉公执法，不把手中的人事权变为谋取私利的工具，美国情报法规中特意加入了规范行使人事权力的条款，对各级情报管理者手中的人事权进行了约束和限制。哪怕是全美情报机构的最高首脑——国家情报总监也不得随意滥用其手中的人事权力。尤其是他所掌握的人事任免权和调配权更是受到了法规的严格规范和限制。

例如，《1947 年国家安全法》就对国家情报总监的人事任免权进行了规范。该法第 106 条 a 款规定，国家情报总监可向总统推荐中央情报局局长的人选。① 虽然这一规定令国家情报总监可以更好地控制中央情报局，但是局长人选的最终确定还需要总统提名以及参议院的同意。由此可见，国家情报总监的人事权受到了一定的限制。

① Office of General Counsel, *Intelligence Community Legal Reference Book*, Office of the Director of National Intelligence, Winter 2012, p. 85.

此外，该条b款更是规定国家情报总监对于国家安全局局长、国家侦察办公室主任、国家地理空间情报局局长等其他重要职位的人事任命只有同意权。① 这一规定更是对国家情报总监手中的人事权进行了严格的限制，令其只能部分掌控情报界的军事情报机构。这些规定都能够有效地防止国家情报总监权力过大，为所欲为。除了对非直属机构的人事权受到较大限制外，在国家情报总监直属的国家情报总监办公室内，其人事任免权也受到了一定的限制。且不说国家情报常务副总监、情报界监察长、法律总顾问等重要职位的人事安排其无权干涉，甚至连其直接领导的“职能主管”也没有完全的人事任免权。《2014财年情报授权法》第305条规定：“美国国家情报总监可设置一个或多个主管负责各类情报职能”，“每位职能主管的职责包括：（1）作为国家情报总监在该职责领域的首席顾问；（2）负责执行情报总监在该领域下达的其他职责。”② 虽然在该法中，究竟设置多少个职能主管，分别负责什么职能领域并没有详述，这看似给了国家情报总监足够的人事任免权。但是在《第12333号总统行政命令》的第1.3条中却对该权力进行了规范和限制。该行政命令明文规定：“国家安全局局长应担任信号情报领域的职能主管；中央情报局局长应担任人力情报领域的职能主管；国家地理空间情报局局长应担任地理空间情报领域的职能主管。”③ 而国家安全局局长、国家地理空间情报局局长的人事任命并不归国家情报总监掌控，他只有有限的人事同意权。因此，国家情报总监其实并不具备对这两个职能主管职位的控制权。由此可见，无论是国家情报总监的直属部门，还是非直属部门，他的人事任免权都受到了法规的严格限制和约束，这也令其在行使人事任免权时能够更加规范，不至于脱离

---

① Office of General Counsel, *Intelligence Community Legal Reference Book*, Office of the Director of National Intelligence, Winter 2012, p. 85.

② 113th Congress, *IntelligenceAuthorization Act for Fiscal Year* 2014, Public Law 113 – 126, Jul. 7, 2014.

③ Office of General Counsel, *Intelligence Community Legal Reference Book*, Office of the Director of National Intelligence, Winter 2012, p. 731.

约束，为所欲为。

除了人事任免权外，国家情报总监的人事调配权也受到了《1947 年国家安全法》的规范和限制。该法第 102A 条 e 款规定，国家情报总监除法律规定的其他权限外，经行政管理和预算局局长批准并与相关国会委员会协商后，可新成立国家情报中心，并将情报界各单位人员调入该中心。但是调入的人员不得超过 100 人，时间不得超过 1 年。[①] 此外，如果国家情报总监与相关部门和机构负责人协商一致后，也可将某一情报机构的人员直接调入别的部门，但是时间不得超过 2 年，而且还需满足其他条件，如人员应调入高优先等级的情报活动、应负责应对紧急情况或提高工作效率等。[②] 而在《2004 年情报改革与防止恐怖主义法》中也对国家情报总监的人事调配权进行了一定的规范和约束。例如，该法第 1096 条规定："在 2005 和 2006 财年，国家情报总监有权在国家情报总监办公室设置 500 个新职位；经行政管理和预算局局长批准，国家情报总监可从国家情报项目中拨付资金，在国家情报总监办公室雇佣 150 名临时雇员，时间不得超过 2 年。"[③] 诸如此类的法规条款还有很多，由于篇幅所限就不一一赘述。总体上看，国家情报总监的人事调配权受到各类法规的规范和约束，不仅调配的员额受到限制，调配的时间也不能太长，而且调配时还需遵守其他各类规章制度。这种层层设卡的做法也确保国家情报总监不能随意抽调人员谋取私利，也不能无所顾忌，肆意妄为。

当然，除了国家情报总监外，其他情报管理者在行使手中的人事权时也都需要遵守各类法规的限制和约束。而这些限制和约束也全部源于各类情报法规。这些规章制度能够有效督促各级情报管理者主动约束自己的行为，自愿或不自愿地成为秉公执法的表率。

---

① Office of General Counsel, *Intelligence Community Legal Reference Book*, Office of the Director of National Intelligence, Winter 2012, p. 39.

② Ibid., pp. 39 – 40.

③ Ibid., p. 246.

（二）财政权

除人事权外，财政权也是管理权中最重要的权力之一。只有掌握了资金的分配权，才能有效指挥下属机构按照管理者的意图开展工作。而为了确保各级情报管理者秉公执法，不滥用手中的权力，同时保证情报管理的效率，美国也制订了各类法规条款用于规范情报管理者手中的财政权，尤其是规范编制预算和分配拨款的权力。

例如，《1947 年国家安全法》就对国家情报总监编制预算的权力进行了较为详细的限制。该法第 102A 条 c 款规定，国家情报总监在制订国家情报项目年度预算时需考虑总统设定的情报优先顺序，还需咨询情报界各机构直属上级部门以及国会联合情报委员会的意见和建议。而在编制军事情报项目的年度预算时，国家情报总监需会同国防部长共同拟制年度预算草案。[①] 在《第 12333 号总统行政命令》中对这一条款也进行了补充和印证。该行政命令的第 1.5 条规定，各政府部门首脑需提供必要的信息供国家情报总监编制国家情报项目的年度预算。[②] 由此可见，作为全美情报首脑的国家情报总监在编制年度情报预算时也并非一人说了算，不仅需要积极咨询其他人员和机构，甚至有时还需要努力与国防部长达成一致。这也令其在编制预算时有所掣肘，不能为所欲为。

当然，对于拨款分配权，美国情报法规中也有不少规范性的条款。例如，《1947 年国家安全法》第 102A 条 c 款中就明确指出，国家情报总监应负责管理国家情报项目年度预算的分配和施行。其应监督情报界各部门实施和完成国家情报项目，包括审计和评估，但该项目中的具体活动由各部门负责人管理。[③] 如果国家情报总监打算重新分配拨款，那么他需要获得行政管理和预算局局长的批准并且与相关情报机构的首脑进行协商。如果仅获得行政管理和预算局局

---

① Office of General Counsel, *Intelligence Community Legal Reference Book*, Office of the Director of National Intelligence, Winter 2012, pp. 35 – 36.

② Ibid. , p. 736.

③ Ibid. , p. 36.

长的批准而没有得到部门负责人的同意，他所能调配的资金累计不得超过1.5亿美元，或部门预算的5%；如果他既获得行政管理和预算局局长的批准而且得到部门负责人的同意，那么他可以超过上述规定的金额和比例。当然，这些资金调配活动应按照相关规定并及时上报国会各相关委员会。此外，在重新分配拨款时，国家情报总监还需遵循其他法规的规定，如《美国法典》第31篇第13章和第15章以及《1974预算与拨款控制法》的相关规定。[①] 当然，为了进一步规范和监督国家情报总监的拨款分配权，他还应每半年向总统和国会提交预算实施报告。[②]

在拨款分配权上，不仅国家情报总监受到了各类法规的层层掣肘，负责管理军事情报项目的国防部长也不能例外。按照《1947年国家安全法》的相关规定，如果国防部长打算转移或重新规划军事情报项目的拨款资金时，他也需要与国家情报总监协商，并达成一致。[③] 而且在调配资金时也受到《1974预算与拨款控制法》等其他法规的层层限制。

总的来说，各级情报管理者在行使财政权时都受到类似法规条款的约束和限制。虽然他们可以凭借手中掌握的财政权树立管理权威，并按照自己的意图管理其所管辖的情报机构，但是在各类法规条款的约束下，他们自身拥有的自由裁量权较为有限。

（三）业务指导权

人事权和财政权虽然都是非常重要的管理权力，但是在日常工作中，各级情报管理者最常使用的权力却是业务指导权。无论是排定情报工作的优先顺序，还是实施各类情报活动，各级情报管理者都需要依靠手中的业务指导权对其所管辖的情报单位下派任务和做出指示。但是在行使业务指导权时，各级情报管理者也必须以法规

① Office of General Counsel, *Intelligence Community Legal Reference Book*, Office of the Director of National Intelligence, Winter 2012, pp. 36 – 37.

② Ibid., pp. 36 – 37.

③ Ibid., p. 37.

规定为依据，规范行使权力。不得按照自己的主观认识随意发挥，甚至改弦易辙。

例如，依照《1947 年国家安全法》第 102A 条 f 款的规定，国家情报总监有权为美国情报界确定工作目标和排定优先顺序，并确保情报界可以及时有效地搜集、处理、分析和分发国家情报。① 但是国家情报总监在行使该权力时并不是毫无顾忌，没有约束，他的业务指导权仍然受到其他条件的制约。

首先，按照《1947 年国家安全法》的规定，国家情报总监在行使业务指导权时不得违背总统的指示。② 总统作为行政机构的最高首脑，其下达的各类指令本身绝大部分就是具有法律效力的法令。其对情报工作优先顺序的安排和对情报任务的指示都会影响国家情报总监的业务指导，令其业务指导权受到一定的限制。其次，国家情报总监行使业务指导权时不得影响国防部长履行职权。③ 尤其是对于国家安全局、国家地理空间情报局、国家侦察办公室、国防情报局等即属于情报界成员又归国防部领导的军事情报机构，国家情报总监只有有限的业务指导权。在《1947 年国家安全法》第 105 条中规定，经与国家情报总监协商一致后，国防部长负责国家安全局、国家地理空间情报局、国家侦察办公室和国防情报局等军事情报机构能够有效完成其各自的职责使命，满足国家情报总监、国防部长或参联会主席、联合作战司令部以及一线部队指挥官的情报需求。④ 这一法律条款更是严重制约了国家情报总监对军事情报机构的业务指导权。在实践中，如果国家情报总监下达的指令与国防部长下达的指令相抵触时，大部分情况下，各军事情报机构会优先执行国防部长的指令。这一事实也从侧面反映了国家情报总监业务指导权的有

① Office of General Counsel, *Intelligence Community Legal Reference Book*, Office of the Director of National Intelligence, Winter 2012, p. 41.

② Ibid. , p. 42.

③ Ibid.

④ Ibid. , pp. 80 – 82.

限性。最后，国家情报总监的业务指导权还受到其他法规条款的制约，如《第12333号总统行政命令》第1.3条就明文规定，国家情报总监在履行职责时需要认真考虑情报界各机构所属上级部门首脑的意见和建议。[①] 而《2002年国土安全法》第201条和第892条等条款也对国家情报总监的业务指导权进行了规范和限制。[②]

除了国家情报总监外，情报界各机构首脑在行使业务指导权时也受到各类法规的规范和限制。他们除了需要遵守国会颁布的法律和总统发布的行政命令等法律和法令外，还需要遵守所属政府部门的各类章程制度和本部门领导的各类指令。例如，军方各情报机构还需遵守各类条令条例和国防部长的各类指令，联邦调查局还需遵循司法部长下达的各类指导方针，情报研究局也需遵循国务院的内部章程制度等。至于各机构内部的中低级管理人员更是在这些法规的基础上，还需遵守机构本身的章程和规定。这种层层约束的做法，令各级情报管理者手中的业务指导权都受到了较为严格的限制和规范，也可较为有效地防止其权力失去约束而肆意妄为。

（四）检查评估权

除了上文提到的三类管理权外，检查评估权也是各级情报管理者手中的重要管理权之一。只有掌握了对所属机构的检查评估权，才能令下属听从管理者的号召和领导，并将管理者的各类管理意图落到实处。但是各级管理者在行使检查评估权时也需要遵守相关法规的规定，不得随意逾越规则界限。

首先，检查评估的时间依法确定。在美国情报法规中，存在不少条款规范检查评估的时间。例如，《1947年国家安全法》第102A条g款就明文规定，每年不晚于2月1日，国家情报总监应向总统

① Office of General Counsel, *Intelligence Community Legal Reference Book*, Office of the Director of National Intelligence, Winter 2012, p. 728.

② Ibid.

和国会提交一份有关信息共享情况的年度报告。[①] 而该法第103H条k款也明文规定，美国情报界监察长应不晚于每年的1月31日和7月31日，向国家情报总监提交一份监察长办公室工作情况的报告。[②] 这些条款规定的时间较为具体，而另有一些条款则对时间的规定较为模糊。如《1947年国家安全法》第102A条c款就规定，国家情报总监应每半年向总统和国会就情报界财政实施情况提交一份报告。[③] 至于具体什么时候提交则没有具体的规定。但无论是直接明文规定，还是间接规范，检查评估的时间都必须依法确定。

其次，检查评估的内容依法决定。各级情报管理者在检查评估下辖机构的表现时，其检查评估的具体内容也需要依法确定。例如，《2014财年情报授权法》就明确指明了国家情报总监检查评估下辖情报机构的具体内容。该法第306条规定，国家情报总监咨询职能主管后应向国会情报委员会提交年度报告。该报告应包含情报界每个职能领域的工作情况，具体包括：梳理每个情报职能领域的能力、项目和活动；阐述在该职能领域的投入和资源分配情况；阐述和评估该情报职能的表现情况；指明在各职能领域应用的技术标准；指明各职能领域中的职能重叠和冲突情况；指明已采取什么手段实施职能和情报品类的整合等等。[④]

最后，检查评估的结果依法上报。各级情报管理者完成对下属机构的考核和评估后，需依法上报其评估报告。在美国情报法规中，对于评估报告的上报对象进行了严格限定。一般情况下都是由下级情报管理者上报给上级情报管理者，不得越级上报或随意扩大知悉范围。通常情报界各单位内部的评估报告经层层汇总，最后提交至机构首长，再由机构首长撰写本机构整体的评估报告，并上报国家

---

① Office of General Counsel, *Intelligence Community Legal Reference Book*, Office of the Director of National Intelligence, Winter 2012, p. 45.

② Ibid. , p. 70.

③ Ibid. , p. 37.

④ 113th Congress, *IntelligenceAuthorization Act for Fiscal Year* 2014, Public Law 113 – 126, Jul. 7, 2014.

情报总监。而国家情报总监提交的情报界整体评估报告则需同时提交给总统和国会。但是这种上报机制也存在一些例外情况。例如，为了强化国会对情报界的监督职能，各情报机构监察长的评估报告在提交给同级情报机构首长的同时，还需要提交给情报界监察长。而情报界监察长则需在汇总情报界各机构监察长报告的基础上，撰写总报告，并将其报告上报给国家情报总监和国会情报委员会。当然，所有这些上报机制都有其各自的法理依据。

综上所述，美国人通过各类情报法规限制和规范了各级情报管理者的自由裁量权，最大限度地对各类管理权进行了预先限制，防止情报管理者手中掌握的权力过大而导致滥权现象。而这种削弱管理者个人权力，却扩大法规制度管理权力的做法也成了国家情报法治的另一个重要表现。

三、广泛接受各类监督

如果说严格依法开展工作和规范行使法定权力都是美国情报界采取的“自律”手段，那么广泛接受各类监督就是美国情报界积极接受“他律”的重要表现。由于美国人信奉“绝对的权力导致绝对的腐败”[①] 和“人性本恶”的思想，所以为了防止情报机构的违法和滥权行为，他们积极采取分权制衡的方式，引入多重监督机制，确保美国情报机构能够遵纪守法和依法行政。总的来看，美国人在行政、立法和司法部门都设立了正式情报监督机构，而各类民间团体也积极发挥非正式监督作用。这种正式与非正式监督机制的有机结合，令美国情报界可以最大限度地做到秉公执法。

（一）行政部门内的各类监督机制

以总统和国家情报总监为首的各级情报管理者本身在担负领导职责的同时，也直接负责监督下属情报机构遵纪守法和依法行政。但是由于各级情报管理者忙于日常的管理事务，无暇关注具体的情

① 阿克顿：《自由与权力》，商务印书馆，2002 年版，第 342 页。

报监督工作。因此，美国人也在行政部门内设立了专职情报监督机构，辅助情报管理者落实监督职责。具体来说，行政部门内较为重要的情报监督机构包括总统情报顾问委员会和各级情报监察部门。

总统情报顾问委员会是直属总统办公厅的情报咨询机构，其最主要的职责之一就是监督情报界的运行情况。该委员会的常委会名为总统情报监督委员会，更是专司情报监督之责。由于该委员会直接对总统负责，并可就情报监督事务直接上报总统，因此在情报监督事务上具有一定的影响力。该委员会的人员构成也奉行非党派因素，两党人数大致相当，而且委员会成员都由非政府公职人员担任。这令该机构能够较为客观公正地评判情报界的运行情况。此外，该委员会中不乏情报界前任高官和情报事务的行家里手。这也令其具备一定的专业判断能力。

除了总统情报顾问委员会外，情报界内的各级情报监察部门也发挥了重要的监督作用。依照《1978 年监察长法》的相关规定，美国政府各部门都需设置监察长及其下属机构，负责本部门的监察工作。美国情报界作为行政部门的有机组成部分，自然也不能例外。不仅情报总监办公室下设情报界监察长一职及其下属监察机构，各情报业务局也都设有类似的监察机构。例如，中央情报局设有监察长办公室，专司中央情报局的情报监察事务；而其他情报机构的上级部门也都设有专司本单位监察工作的监察长办公室。一般情况下，各级监察长都不由同级情报管理者直接任命，其人事任命具有较强的独立性，这也确保了其能够客观公正地履行监督职责。因此，情报界的各级监察部门成为了行政部门内履行情报监督工作的重要骨干力量。以情报界监察长为例，该职位的人事安排并不由国家情报总监直接任命，而是由总统提名，并需经参议院审核同意。这从人事管理上确保了该职位的独立性。此外，依照《1947 年国家安全法》第 103H 条的规定，情报界监察长接到举报线索后，需在 14 天内核实举报真伪，并先上报国家情报总监，再由国家情报总监于 7 天内酌情决定是否上报总统和国会情报委员会。从表面上看，情报界监察长的监督权力仍然受制于国家情报总监，但是该条款同时规定，如果涉及情报界高层违法和滥权时，情报界监察长有权绕过国家情报总监而直接上报国会。此外，如果情报界监察长发现情报界内存在违反司法部长颁布的指导方针，或者违法违纪行为触犯刑法时，其有权直接向司法部长检举汇报，并由司法部提起相关诉讼。[①] 而且依据该条规定，情报界监察长每半年需要向总统和国会提交一份情报界运行情况的监督报告，全面总结情报界监督工作。由此可见，监察长一职具有较大的独立监督权，是行政部门内负责情报界日常情报监督的重要力量。

当然，除了总统情报顾问委员会和各级情报监察部门外，行政部门内还有不少其他机构也肩负一定的情报监督职责，如各类法律顾问办公室、民主自由保护官办公室等机构。这些机构共同构成了行政部门内的多重情报监督体系，对避免情报机构滥权，确保其秉公执法具有较大的约束作用。

（二）立法部门内的各类监督机制

行政部门的情报监督机构虽然能够发挥一定的监督作用，但是由于其“既当运动员，又当裁判员”的尴尬身份，导致其监督功效容易受到上级领导的干扰和影响。而以美国国会为代表的立法部门则显得更加独立和客观。根据《1981 财年情报授权法》第 5 章“情报活动的监督”第 501 条和《第 12333 号总统行政命令》第 3. 1 条的规定，国会有权对情报界实施监督。再加上国会原本就是制衡和监督行政部门的重要力量，因此，在情报监督领域，国会更是理所当然地发挥了不可替代的重要作用。

正如前文所述，美国国会具备审批情报预算的权力，具备审批情报界高层人事任命的权力，具备审批重大情报活动的权力，具备评估情报界工作表现的权力以及质询情报界相关机构和人员的权力

① Office of General Counsel, *Intelligence Community Legal Reference Book*, Office of the Director of National Intelligence, Winter 2012, pp. 63 – 75.

等。这些权力都是国会行使情报监督职能的重要保证。出于保密原因，除了重大事务由参众两院全体会议商讨外，日常情报监督工作都由参众两院各职能委员会负责。因此，一般情况下，各职能委员会代表国会履行这些监督权力。其中最为重要的情报监督机构包括参议院情报特别委员会和众议院常设情报特别委员会。

对于各情报机构来说，国会参众两院的情报特别委员会都是非常重要的监督机构。各情报机构的资金和高层人事任命都需要得到它们的首肯。因此，委员会提出各类要求时，各情报机构都会积极响应，避免触怒情报特别委员会而影响本机构的生存与发展。例如，依照法律规定，国会情报特别委员会有权接触各类涉密材料，一般情况下只要委员们提出要求，各情报机构都将上呈手中的各类材料。除非得到上级行政领导的直接授意，否则各情报机构都不愿意开罪情报特别委员会的委员们。当然，有些时候为了遮掩自身的过失和失误，情报机构也会对委员会的各项要求推三阻四，不过即使如此，也没有哪个情报机构胆敢与国会两大情报特别委员会直接对抗。此外，在各种听证会上，无论委员们的咨询和批评多么尖锐和刺耳，各情报机构的负责人也不敢翻脸动怒，而只能小心谨慎，字斟句酌，尽力与其周旋，避免授人话柄，陷入被动，甚至有时候还不得不委曲求全，积极争取委员们的好感和支持。这也从侧面反映了国会情报特别委员会在情报监督上的权力和影响力。

当然，除了参众两院的情报特别委员会外，其他委员会，如武装部队委员会、对外关系委员会和司法委员会等机构，有时也依照管辖权限，分别参与军方情报机构、国务院情报机构和司法部情报机构的监督工作。它们主要负责一些更加具体和专业的情报监督事务，这也是对国会情报特别委员会的有益补充。总体上看，国会参众两院的诸多委员会共同肩负情报监督职能，确保了美国情报界能够切实做到秉公执法和依法行政。

（三）司法部门内的各类监督机制

司法部门在情报监督领域内并不如立法部门和行政部门那样引

人注目。但是，这并不表示司法部门并没有在情报监督事务中发挥任何重要作用。按照前文所述，司法部门可通过判决各类针对情报机构的诉讼案件所形成的判例间接约束情报机构，防止其违法乱纪；也可以通过司法审查权审查和纠正情报机构的各项违法行为；还可以通过司法解密权帮助立法部门和民间团体扩大监督范围等。此外，依照《1978 年对外情报监控法》的相关规定，司法部门还有权组建特殊法院审批情报机构提交的监视申请。这些权力也令司法系统拥有了直接或间接参与情报监督的机会。总的来看，司法部门已经越来越深入地参与情报监督工作，而其中负责履行情报监督职责的主要机构包括联邦最高法院及其下属各级联邦法院。

联邦最高法院是司法部门的最高审判机关，一般并不直接受理涉及情报事务的司法诉讼。只有在获得上诉权和调卷令的情况下，联邦最高法院才会受理相关诉讼案件。而想获得上诉权和调卷令非常困难①，一般只有对宪法或其他重要法律条款存在争议时，联邦最高法院才会出面受理诉讼案件。例如，1972 年，“美国诉联邦地区法院”案件中，联邦最高法院的大法官们以 9：0 的投票结果支持了以往判例中的裁决意见，认为未经授权的窃听行为违反了美国宪法第四修正案的相关规定。如果情报机构对美国境内的目标实施监控时，必须遵循美国宪法第四修正案的相关规定。② 这一违宪判罚也成为典型判例，不仅通过司法审查权纠正了美国情报机构的错误行为，而且日后也成为规范美国情报机构实施电子监控行为的重要参考和依据。除此之外，联邦最高法院还通过其他判例约束了美国情报机构的各类监控行为，比较著名的判例包括“奥姆斯特德诉美国案”“纳登诉美国案”“戈德曼诉美国案”“希尔弗曼诉美国案”“伯杰诉

① 以调卷令为例，2009 年联邦最高法院收到的调卷令申请在 8000 件左右，但是其受理的案件仅为 80—150 件，受理率仅约 1%。参见何家弘：《当代美国法律》，社会科学文献出版社，2011 年版，第 35 页。

② 刘涛：《美国涉外情报监控法及涉外情报监控法院诉讼规则》，中国人民公安大学出版社，2011 年版，第 4 页。

美国案”和“卡茨诉美国案”等。[①]

除了联邦最高法院外，各级具有管辖权的联邦法院也可通过各种方式发挥情报监督作用。它们不仅接受美国司法部提交的针对情报机构或所属人员的民事和刑事诉讼，也接受美国公民针对各情报机构或所属人员的各类诉讼。它们还可针对情报机构的各种行政行为实施司法审查，对于其中的违法行为可予以纠正或撤销。当情报机构以保密为由拒绝接受调查时，具有管辖权的联邦法院还有权通过判决责令情报机构解密相关材料以配合调查。

综上所述，无论是联邦最高法院还是其他各级联邦法院，它们在履行法定职责的同时，也客观地发挥了情报监督作用。由于司法部门的地位较国会更加超脱，在行政和立法部门之间居中调节，因此其实施情报监督时也更加客观和公正。因此，司法部门加入情报监督工作不仅强化了美国情报监督的效力，也有利于消弭行政与立法之间的争议和对立，确保美国情报机构能够更加恪守法规约束，实现秉公执法。

（四）其他各类非正式监督方式

除了上文提到的三类正式监督机制外，美国民间也存在不少关注情报监督事务的非政府机构和团体。虽然它们对美国情报机构没有直接或间接的领导权和控制权，但是它们可以通过影响行政、立法和司法部门的决定而间接发挥监督作用。其中大众传媒、利益集团和专家学者这三个群体是最主要的非正式监督力量。它们监督情报工作的最主要手段包括形成舆论压力、发起法律诉讼和提供对策建议等。而这些手段不仅是其用于监督情报机构的主要措施，也是其参与情报立法的主要方式。鉴于前文已经有过较为详细的介绍，就不再次重复赘述。

综上所述，美国人通过限制情报机构的管辖权和情报管理者的

---

① 刘涛：《美国涉外情报监控与通信截取法律制度》，中国政法大学出版社，2014 年版，第 2—7 页。

自由裁量权，降低了人治的风险；同时，通过引入各类情报监督机制，提高了情报的法治程度。而这种“自律”和“他律”两相结合的方式，基本保证了各类法规规定能够落到实处，也确保了美国情报界相对做到秉公执法和依法行政。

第三节 公正司法树立法治权威

英国哲学家弗朗西斯·培根在《论法律》一文中曾经说过：“在制订政策时，执法者要考虑到法律。在执法时，司法者要考虑到政治利益。司法的重大错误，有时是可以引起政治变乱甚至国家颠覆之危的。所以，法律与政策绝对不是对立的，而是密切相关的。”[①]从培根的论断中我们发现，各级法院组成的司法部门在治国理政上同样具有重要的作用。因此，实现情报管理的法治，不仅需要立法和行政两部门的共同努力，同时还离不开司法部门的广泛参与。如果说科学立法是立法部门对制订良法的不懈追求，而依法行政是行政部门对普遍守法的示范和践行，那么公正司法则是司法部门对普遍守法的维护和坚守。失去了公正司法这个保障，制订得再好的良法也无法获得足够的尊重，遵守得再久的规则也难逃被践踏的命运。“一次不公正的裁判，其恶果甚至超过十次犯罪。因为犯罪虽是冒犯法律——好比污染了水流，而不公正的审判则是毁坏法律——好比污染了水源。”[②] 若司法不公，则法规也必将成为一纸空文，法治也难以得到彰显。为了保证情报管理能够真正实现法治，美国人在司法领域努力做到了以下几点。

① 弗朗西斯·培根：《人性的探索——培根随笔全集》，黑龙江人民出版社，1989 年版，第 190 页。

② 同上，第 187 页。

一、确保司法独立

在涉及情报事务的司法活动中，为了确保审判过程平等和正当，同时审判结果公平和正义，美国人想方设法给予司法部门客观和超脱的地位。而之所以如此，是因为美国人深信，司法独立是确保公正司法的基本前提。只有实现了司法独立，才可以最大可能地减少各类因素的干扰和影响，确保审判结果的公正。为了确保司法独立，美国人不仅将司法权完全赋予司法部门，同时将司法权在审判机构之间进行拆分，通过设立各自独立的审判机构，防止权力过度集中而导致司法权的滥用。此外，在审判过程中，美国人还通过设置法官、陪审团、合议庭等方式确保审判人员能够客观公正地做出判决。

（一）司法权力专属司法部门

《美利坚合众国宪法》第三条第一款规定："合众国的司法权归最高法院及由国会随时下令设立的低级法院所有。"① 根据宪法该条款的规定，各级法院独立掌握了美国的司法权。这也确保了立法和行政部门无法直接干涉司法事务和影响审判进程。在情报管理领域也是如此，当情报机构作为被告方时，该情报机构只能指派机构内的法律顾问们作为辩护律师参与庭审。至于法院的最终判决如何，只能依靠法官和陪审团做出裁决，情报机构本身并没有干涉的权力。当情报机构作为原告，对其所属人员进行民事或刑事诉讼时，它们也需要将诉状呈递具有管辖权的法院，而由法官和陪审团最后做出判决。相关情报机构本身并没有处罚和判决的权力。而国会参众两院也只有制订法律的权力，至于如何解读条款和进行判罚都属于法官的工作领域，国会也不得干涉。由此可见，司法部门不仅牢牢掌握着手中的司法权，而且该权力不受行政和立法部门的影响与干涉，可以真正对情报机构的违法行为进行客观公正的判罚，确保法治权威。

---

① Office of General Counsel, *Intelligence Community Legal Reference Book*, Office of the Director of National Intelligence, Winter 2012, p. 9.

（二）审判机构之间相互独立

由于美国国内法院系统大致施行“双轨制”，即联邦法院系统和州法院系统互不统属，相互之间并没有直接的隶属关系。因此，二者各自独立行使自身的司法权。按照宪法和相关法律规定，联邦法院一般管辖违反联邦法律的刑事案件和以联邦政府机构为当事人的民事案件。而其余案件则交由各州法院审理。因此，按照此规定，绝大部分涉及情报机构的案件都由联邦法院审理。

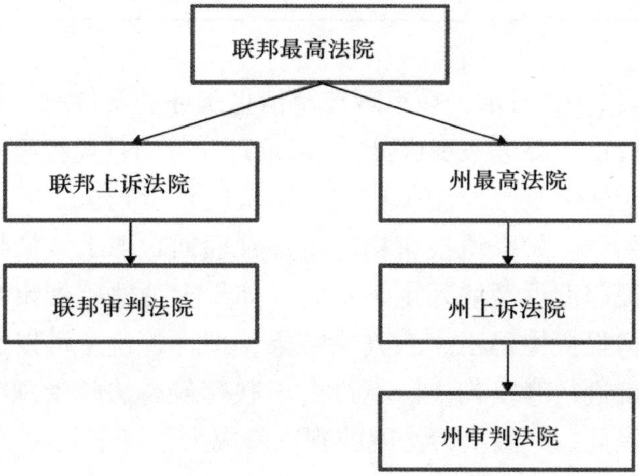

图 3-1　美国法院系统“双轨制”示意图

※图中上级法院对下级法院并无直接行政领导关系，但上级法院有权推翻下级法院的判决结果。

表 3-2　联邦法院系统各级法院主要职能表①

联邦法院等级	主要职能
联邦最高法院	美国唯一由联邦宪法直接设立的法院，其职能包括审理联邦上诉法院的上诉案件，审理各州最高法院的上诉案件，以及审理宪法规定其可以直接审理的一审案件

① 经各类文献资料整体后制作。参见何家弘：《当代美国法律》，社会科学文献出版社，2011 年版，第 29—35 页。

续表

联邦法院等级	主要职能
联邦上诉法院	负责审理联邦审判法院的上诉案件，还可以直接受理针对某些联邦行政机关行政决定的上诉案件。其中，针对情报机构不当行为的上诉案件主要交由联邦上诉法院审理。因此，联邦上诉法院是行使司法审查权的重要机构
联邦审判法院	联邦审判法院可分为两类：地区法院和特殊法院。其中地区法院负责审理联邦司法管辖区内各案件的一审；而特殊法院则负责专业领域内各案件的一审。其中，对外情报监控法院就属于特殊法院的一员，负责审批情报机构提出的对外情报监控的申请

按照表3－2所示，在审理涉及情报事务的案件时，联邦法院系统的司法权也需要进一步拆分。[①] 以审理对外情报监控事务为例，按照规定，对外情报监控法院作为一审法院负责判决是否对情报机构颁发监控判令。如果情报机构的申请被驳回，那么该情报机构仍然可以继续提起上诉至联邦上诉法院。如果上诉法院做出维持原判的裁决后，情报机构仍不满意判决结果，理论上说，可以继续提请联邦最高法院进行终审判决。不过由于联邦最高法院受理案件的几率非常低，因此，一般上诉法院的判决就成为了终审判决。由此可见，上级法院只有在当事方继续上诉的情况下，才有权通过重新判决更改下级法院的判决结果。而虽然上级法院有权推翻下级法院的审判结果，但是联邦审判法院、联邦上诉法院以及联邦最高法院之间相互独立，并没有直接的行政隶属关系。这种组织结构也确保了在每次审判过程中，审判机构不会由于上级的行政压力而影响判决的公正性。

（三）审判人员保持客观中立

为了确保审判的公正和客观，美国人在审判方式上采取法官独

① 一般在联邦法院系统中，负责审理情报事务的大都是联邦法院系统中的特殊法院。例如，依照《1978年对外情报监控法》设立的对外情报监控法院就属于联邦法院系统中的特殊法院，其专司审批情报机构提交的各类对外情报监控申请，其地位等同于联邦法院系统中的地区法院。

审制、陪审团审判制以及合议庭合议制三种形式。一般出于保密考虑，在涉及情报事务的一审审判中常常采用法官独审制。对于较为复杂且不涉密的案件才采取陪审团审判制。至于合议制，则一般仅用于上诉法院和联邦最高法院。但是，无论采取哪种审判方式，美国人都想方设法确保审判人员的中立性和客观性。

首先，通过各种手段保障法官的超然地位。法官的职责只是“解释和实施法律，而绝不是制订或更改法律”。[①] 对于法官来说，“学识比机敏重要，谨慎比自信重要”。[②] 因此，法官在审判过程中应依法判案，恪尽职守，保持超然地位。而为了保证法官的超然地位，美国人也采取了各种措施。例如，按照宪法第三条第一款的规定，法官只要恪尽职守就可以继续任职，并按期接受俸给作为其服务之报酬，在其继续任职期间，该项俸给不得削减。[③] 这从经济上保证了法官不会由于待遇过低而贪赃枉法。因为“就人类天性之一般情况而言，对某人的生活有控制权，等于对其意志有控制权”[④]。因此，法官的收入不能放任立法或行政部门把持。此外，美国联邦最高法院的大法官更是采取终身制，只要不遭受弹劾，联邦最高法院的大法官们可以终身任职。而且其年薪也超过了 20 万美元。这令其不会困于俗事而失去客观性和中立性。况且大法官的任命也由总统提名，并需得到参议院的同意。这也确保了该职位在行政和立法之间的中立性。但是一般情况下，某人担任法官职务后，就不得参与政党的政治活动。以上这些规定都力图通过经济、政治和社会等方面保证法官的超然地位，同时也间接保证了其司法判决上的公正性和连续性。

其次，依法选择陪审团成员保证了审判的中立性。陪审团也是

---

① 弗朗西斯·培根：《人性的探索——培根随笔全集》，黑龙江人民出版社，1989 年版，第 187 页。

② 同上。

③ Office of General Counsel, *Intelligence Community Legal Reference Book*, Office of the Director of National Intelligence, Winter 2012, p. 9.

④ 汉密尔顿等：《联邦党人文集》，程逢如等译，商务印书馆，1980 年版，第 396 页。

美国司法活动中的重要审判力量。为了确保该机构成员能够保持客观中立，美国人也设计了一套较为复杂的选拔制度。首先，法院需从其辖区登记的选民中随机抽取候选人。然后根据相关诉讼规则的规定，由法官和双方律师进行询问，核实陪审团候选人是否能够胜任该职位。一般经常询问的问题包括：是否涉及本案；是否认识本案有关人员；是否对本案存有偏见以及是否具有一定的法律常识，等等。最后，如果当事方觉得陪审团候选人具有偏见或不适合时，可以向法官申请回避。所有这些措施都可以用于防止陪审团成员做出不公正的判决。

最后，法官独立研究案情确保合议结果客观公正。一般上诉法院和最高法院在受理上诉案件时，合议庭法官们在最终判决前相互不得见面讨论案情。各法官只能自己独立研究案情，并根据自己对法律的理解做出判断。这样可以避免受到其他法官的干扰而影响判断的独立性和客观性。最终，合议庭综合各法官的判断结果给出审判结论。通常情况下，各法官由于事先没有通气，所以给出的判决结果很难形成一致。这就要求合议庭采取少数服从多数的原则，以多数法官的意见作为判决结果。此外，为了防止出现平局的局面，合议庭法官的数量都必须为奇数。这也从人数上保证了判决结果必然为多数法官的一致结论。这种多数一致的做法也客观上保证了审判的中立性和公正性。

二、坚持违法究责

如果说实现公正司法的第一步是保证司法独立，那么实现公正司法的第二步就是坚持违法究责。法律面前人人平等，没有任何机构或个人拥有特权，哪怕是维护国家安全的情报机构也不例外。无论违法者是谁，无论其违法的目的是什么，只要违反了法规规定，都必须接受法的制裁。但是美国人在情报管理上坚持这一原则却经历了一番波折。

由于情报机构是政府机构中特殊的一员，而情报工作也具有隐秘性的特征。因此，自美国情报界初创至20世纪70年代的较长时间里，司法部门也和立法部门一样，信奉“情报例外论”，默认情报机构在维护国家安全上具有便宜行事的法外特权。在这一时期，各级法院并没有关注情报机构的各类违法行为，少数判罚也只是不痛不痒，并没有对美国情报界形成真正的约束。而这种法外特权最终导致各情报法规得不到应有的尊重和重视，也令法治权威得不到认同。这种法治权威的缺失也令美国情报界偏离了其既定轨道，走上了违法滥权的道路。20世纪70年代各类情报丑闻曝光后，美国情报界的形象跌入谷底，司法部门也开始重新转变态度，积极介入情报管理事务，并且在情报管理上开始真正全面落实违法究责的原则。以“水门事件”对前总统尼克松的弹劾调查以及对前中央情报主任理查德·赫尔姆斯的审判为标志，司法部门令美国情报界各机构清楚地意识到，无论职务和地位多高，也无论从事多么秘密的工作，任何违法行为都必将接受法律的严惩。20世纪80年代的“伊朗门”事件也反映出司法部门在坚持违法究责上的强硬立场，美国联邦地区法院不仅判奥利佛·诺斯3年有期徒刑，而且处以罚金15万美元，而且里根总统的国家安全事务助理约翰·彭德克斯特也被判有罪，并最终牵连罗伯特·盖茨未能如愿担任中央情报主任。

而坚持违法究责的原则和传统也一直保持到了今天。近年来的重大情报泄密案的判罚和处理上仍然可以管窥美国司法部门对违法究责原则的坚守程度。

“特工门事件”的判罚和处理。2003年，中央情报局特工维拉里·普莱姆身份被媒体曝光。按照《1982年情报人员保护法》的规定，泄露特工姓名属于重罪，最高可判处10年监禁。最后经过法院审判，副总统办公室主任，白宫高级顾问刘易斯·利比因做伪证和妨碍司法公正而在2006年6月被判30个月监禁，并被判处罚金25万美元，被取消律师从业资格，剥夺了投票权。他也成为20年来被裁定刑事犯罪最高级别的白宫官员。此外，在这次调查质询中，包括副总统切尼、国务卿鲍威尔、白宫法律顾问冈萨雷斯和白宫发言人麦克莱伦等人都经过反复质询和听证，而小布什总统也被迫接受了长达70分钟的质询。

“维基解密事件”的判罚和处理。2010年，维基解密网站陆陆续续披露了数十万份美国秘密文件，其中不仅包括美军在阿富汗和伊拉克战争中的秘密文件，还包括中央情报局分析备忘录和外交密电。提供泄密材料的陆军下士布拉德利·曼宁于2013年在国家安全局所在地米德堡被判间谍罪名成立，最终曼宁被开除军籍，并被判入狱35年。而维基解密网站创始人乔治·阿桑奇也被美国全球通缉。

“棱镜门事件”的判罚和处理。2013年6月，美国前中央情报局雇员和国家安全局技术承包人爱德华·斯诺登披露美国国家安全局通过“棱镜”项目监控全球。随后，美国国家安全局向美国司法部申请对斯诺登进行犯罪调查。美国众议院常设情报特别委员会主席迈克·罗杰斯也当众表态应对斯诺登进行检控。目前，斯诺登在俄罗斯申请政治避难，但仍然被美国全球通缉。

从这些重大情报泄密案的判罚和处理上我们可以发现，美国司法部门在违反情报法律的判罚上毫不含糊。只要具有足够的证据，任何违法者都要被追究责任。而从历次重要情报丑闻的判罚上看，无论是白宫高官，还是普通士兵；无论身处美国国内，还是置身海外最终都难逃法律的制裁。自20世纪70年代开始，司法部门一直坚决贯彻违法究责原则，而这种坚持原则的做法也一直延续到了今天。这也令司法部门能够基本做到公正司法，并且树立了情报管理的法治权威。

三、落实司法监督

按照美国宪法的规定，司法部门具有解释宪法和法律的权力。在情报管理事务中，联邦最高法院有权判定国会制订的情报法律违宪，并宣判该法律无效；同时联邦最高法院和下属的各级联邦上诉法院还有权通过司法审查纠正情报机构的违宪行为。因此，从某种意义上说，司法部门才拥有最终立法权和最终决策权。而为了限制司法部门的权力，同时保证各级法院能够公正司法，美国人不仅仅依赖法官、陪审团的操守、品德和职业素养等主观因素，同时也积极采取了各类措施落实司法监督，意图通过内外部力量和官方与非官方监督机制防止司法部门所拥有的权力过大而失去控制。

（一）行政部门的司法监督

按照美国宪法和法律的相关规定，美国各级联邦法院的法官都由总统提名任命。而这也给予了行政部门对法官的监督权力。一般情况下，当联邦地区法院法官职位出现空缺时，有意者可向司法部提出申请。司法部副部长将对申请人进行逐一审查。该审查十分严格，不仅要求申请者拥有足够的专业素质，同时需要具有丰富的任职经历和高尚的道德品质，并且不得有不良嗜好。这也确保该候选人担任法官后可以公正司法。此外，一般情况下，如果申请人得到与总统同一政党的参议员的推荐则可优先获得总统的提名。这也体现了行政部门在司法监督上的重要权力。至于拥有最高司法权的联邦最高法院的大法官，其提名权更是行政部门拥有的一项重要司法监督权力。由于联邦最高法院大法官拥有违宪审查权，因此总统在提名该职位时会慎之又慎，精挑细选。

（二）立法部门的司法监督

按照美国宪法和法律的相关规定，美国各级联邦法院的法官虽然由总统提名，但是还需得到参议院的同意。这也体现了立法部门的司法监督权。按照惯例，如果联邦地区法院法官候选人无法得到所在州参议院的认可，那么即使总统认可，该人也无法成为该地区法院的法官。这条原则也被成为“参议院礼貌否决原则”。如果该候选人得到了该地区参议员的认可，同时在野党也没有反对意见，则该候选人才可顺利成为联邦法院法官。当然，立法部门除了通过人事同意权监督司法部门外，还拥有对法官的弹劾权。这也是立法部门所拥有的最有威慑力的司法监督权。当然，国会不得以不同意某法官的某项裁决或者反感某法官的政治立场而对其提出弹劾。按照宪法和法律的相关规定，联邦法院法官具有一定的司法豁免权，只有在犯有叛国、受贿、贪赃枉法等重罪的情况下才能被弹劾。而且弹劾案必须由众议院提出指控，然后由参议院审理。通常情况下，由于该权力本身已经具有较大的威慑力，所以真正动用弹劾权的情况十分罕见。

（三）司法部门的内部监督

司法部门内部也拥有一些监督机构，防止各级法院法官徇私枉法。其中最为重要的两个机构是美国司法会议和巡回区司法委员会。美国司法会议由 27 名法官组成，包括联邦最高法院首席大法官、各上诉法院的首席法官以及地区法院法官代表等。该机构是美国司法部门国家级的监督管理机构，对于司法部门的内部监督发挥着重要的监督作用。巡回区司法委员会共 13 个。各巡回区司法委员会成员一般都包括上诉法院首席法官以及人数对等的上诉法院法官和地区法院法官。其主要负责本辖区内的司法监督工作。此外，在司法部门中还有诸如联邦司法行为委员会等机构也负有司法监督职能，负责调查法官审判是否公正与客观。

（四）非官方的司法监督

除了行政、立法和司法部门各自发挥着重要的司法监督作用外，美国还有一些非官方团体和机构也参与了司法监督事务。其中美国律师协会在司法监督中发挥较为重要的作用。首先，该机构对法官候选人的评价是行政机构提名法官人选的重要参考。例如，尼克松总统就曾不顾该机构的负面评价而强行提名两位候选人担任联邦最高法院大法官，但是最终参议院都将其提名否决。由此可见，该机构在司法监督中具有重要的影响力。其次，该机构还负责起草、制订和修改各类章程和规范，可以发挥约束和监督的作用。虽然该机构发布的各类规章并没有法律约束力，但是由于该机构在司法部门内具有重要影响力，因此违反章程也将被司法部门的内部监督机构追究责任。例如，该机构发布的《法官职业道德示范规则》就成为各级法官自觉遵守的重要规章。最后，该机构还负责审查正规法学教育，间接控制着法官的入行资格。由于担任法官的首要条件是具有律师资格，因此，该机构对各法学院的教学教育进行规范和指导，也控制着律师资格的审查。而这也间接控制着法官的入行资格。当然，除了美国律师协会外，美国公众和媒体也发挥着重要的司法监督作用。由于法官的各项判决公众都具有知情权，因此判罚结果和依据都需要公之于众。这种增加司法透明度的方法也可以有效加强公众和媒体的监督效用。

综上所述，美国人通过保证司法独立、坚持违法究责和落实司法监督的方法保证司法部门客观中立地行使宪法赋予的司法权。而公正的判罚也令各项情报法规具有了令人敬畏的权威性，这也从根本上保证了美国国家情报法治得以顺利推行。

第四节 全员守法形成法治文化

依照亚里士多德的观点，拥有良法和普遍守法必须同时具备才能称得上是法治。而在情报管理领域，为了实现普遍守法，仅仅依靠行政部门带头示范和司法部门强力助推，都只能被动督促整个情报界依法办事。只有提高全体人员的法治观念和营造人人守法的环境氛围，才能将情报管理上的被动守法转变为主动守法。而这种主动守法的法治文化也是情报管理实现全面法治的有力保证和外在表现。

一、提高全体人员的法治观念

美国著名政治家托马斯·杰斐逊就曾要求政府和人民遵守法律，并说人们的重要义务之一，就是严格遵守成文法。他还指出，热爱秩序和遵守法律也是美国公民非常显著的特征，也是美国国泰民安的可靠保证。[①] 这种全员守法的传统从美国建国开始就一直延续到了

① 王人博、程燎原：《法治论》，广西师范大学出版社，2014年版，第61页。

今天。在情报管理领域，为了贯彻和落实全员守法的法治思想，美国人也采取了一系列的措施和方法，不断提高全体人员的法治观念。

（一）开展知法懂法的普法活动

只有知法懂法才能做到尊法守法。对于美国情报从业者来说，知晓各类情报法规是其入行的必修课。而美国情报界的教育部门和培训机构都把学习情报法规作为一项重要的培训内容。正如托马斯·杰斐逊曾说过，教育是实行民主共和国制和法治的关键之一。[①] 只有情报从业者了解了各项法规的规定，他才能明确自己在情报工作中的各项权利和义务，才能够真正做到依法办事。当然，除了实施各类教育和培训活动外，美国情报界各机构还将各类法规文献编撰成为工具书和参考文献以供情报从业者查阅和自学，这也大大方便了情报界的各项普法活动。例如，美国情报总监办公室下属的总顾问办公室就将美国国会制订的各项情报法律、总统行政命令和司法部长的指导方针等最重要的法律文献编撰成《情报界法律参考书》以供社会各界查阅和参考。这不仅方便了情报从业者了解自己的法定权利和义务，也方便了社会各界对美国情报界实施监督，因此该举措受到了美国上下的普遍欢迎。这也从侧面反映了普法活动的价值和意义。

（二）构建尊法守法的法治信仰

正如法国启蒙思想家卢梭曾说过：“一切法律之中最重要的法律，既不是铭刻在大理石上，也不是刻在铜表上，而是铭刻在公民的内心中。”[②] 因此，开展知法懂法的普法活动只是提高法治观念的第一步，在人们内心构建尊法守法的法治信仰才是提高法治观念的重点和核心。按照思想决定行动的理论，一个人是否依法办事，主要取决于其内心中是否真正尊法，是否愿意守法。有鉴于此，美国人采取了各种措施促使情报从业者构建尊法守法的法治信仰。

---

① 王人博、程燎原：《法治论》，广西师范大学出版社，2014 年版，第 61 页。

② 卢梭：《社会契约论》，何兆武译，商务印书馆，2009 年版，第 70 页。

首先，美国情报界在日常工作中真正严格做到依法办事，强力杜绝违法滥权的行为，通过实践给予情报从业者尊法守法的感性认知。在日常情报工作中，各级情报管理者积极充当尊法守法的表率，依法依规开展工作。无论是申请预算，还是审批行动；无论是实施调查评估，还是惩处违法行为，各个管理环节都充斥着法治的身影。而且各类监督方式也发挥着举足轻重的作用。所有这些实践活动，都增强了情报从业者尊法守法的感性认知，通过日复一日的熏陶，情报从业者在实践的潜移默化中必将强化其法治思想，树立相信法和尊重法的观念。

其次，美国人还将法治与道德挂钩，运用道德的规范和劝诫力量强化情报从业者的守法意识。令情报从业者知道违法不仅面临着惩罚，而且是一种不名誉的行为。这样一来，在情报从业者心中必将产生尊法守法是美德，而违法乱纪是羞耻的思想。这也有力地推动了其构建法治信仰。

最后，美国人还令情报法规成为情报从业者维护各类权益的主要工具。当情报从业者发现单位或个人的违法行为时，其可依据相关情报法规向各机构监察长举报，如果举报无果，按照《国家安全法》第103H条的相关规定，举报人可直接向国会情报特别委员会直接反映情况。[①] 此外，美国国会还于《2014财年情报授权法》中特别颁布了保护举报人权益的条款，防止举报人遭遇打击报复。如该法第601条就规定，任何单位和个人不得故意解除举报人职务，妨碍其晋升，转换其工作岗位、降低其职务等级以及在其薪资待遇、评功获奖等方面恶意刁难等。[②] 以上这些举措都强化了情报从业者对情报管理法治的认知和信赖，法不仅成为约束他们行为的准则，也成为保护他们权益的靠山。这也令其可以真心实意地树立尊法守法

---

① Office of General Counsel, *Intelligence Community Legal Reference Book*, Office of the Director of National Intelligence, Winter 2012, p. 73.

② 113th Congress, *IntelligenceAuthorization Act for Fiscal Year* 2014, Public Law 113 – 126, Jul. 7, 2014.

的法治信仰。

二、营造人人守法的环境氛围

若要形成主动守法的法治文化不仅需要提高全体人员的法治观念，还需要营造人人守法的环境氛围。前者发挥着牵引和引领的作用，后者发挥着推动和保障的作用。如果说提高法治观念所关注的是情报从业者个体，那么营造环境氛围则关注的是美国情报界整体，甚至离不开整个美国社会。而为了在整体上营造人人守法的法治环境，美国人也不遗余力地树立各类典型、增大违法成本和培养守法习惯。通过这些措施形成震慑和压力，令有心违法者改弦易辙，主动放弃违法行为。

（一）树立各类典型

美国情报界积极树立各类正反面典型，通过宣扬这些典型人物和典型事件，引导整个情报界的法治风气。出于保密原因，各类正面典型的相关资料都较难获取，不过笔者还是通过各类解密文献寻访到了正面典型的一些蛛丝马迹。例如，2011 年 6 月 23 日，第三届美国情报界监察长年度授奖典礼上就对守护法治尊严和防范违法滥权的各类模范人物进行了表彰。其中年度审计奖颁发给了国家安全局监察长办公室的审计人员；年度监察奖颁发给了中央情报局监察长办公室的监察人员；年度调查奖颁发给了国家安全局的调查人员。① 通过内部宣传和表彰，这些正面典型都成为美国情报从业者争相效仿的榜样，也令整个美国情报界呈现出尊法守法的良好风气。

当然，除了表彰各类正面典型外，美国情报界还树立了不少反面典型。比较知名的反面典型包括“伊朗门事件”中的奥利佛·诺

---

① 美国情报界监察长年度授奖典礼共颁发五项奖项，分别是年度领导奖、终身成就奖、年度审计奖、年度监察奖和年度调查奖。由于保密原因，具体获奖人员姓名和职位都已被隐去。参见 Office of the Inspector General, *Semiannual Report* (*January* 2011 – *June* 2011), Office of the Inspector General, Office of the Director of National Intelligence, Aug. 2011, p. 4.

斯、“维基解密事件”中的布拉德利·曼宁、“棱镜门事件”中的爱德华·斯诺登等。通过从严处罚这些反面典型，不仅对美国情报从业者形成了心灵震慑，而且营造了违法必究的环境氛围。通过正面引导和反面警示营造的环境压力，最终都将影响到美国情报界从业者的思想意识，促使其自觉养成尊重法治和主动守法的行为习惯。

（二）增大违法成本

除了依靠正反面典型进行宣传教育外，美国人还在制订法规上下功夫。通过不断制订严刑峻法和提高处罚力度的方式，增大违法成本，震慑潜在违法者。例如，根据《1978 年对外情报监控法》第 109 条的规定，如果未经授权进行非法电子监控则将处以 1 万美元以内或 5 年以下有期徒刑。[①] 而《美国法典》也专门规定了间谍窃密及失泄密罪，根据《美国法典》第 37 章第 793 条规定，违反以下条款者将处以 1 万美元以下罚款，或者 10 年以下有期徒刑，且二者可以同时判罚：以危害美国或替外国谋取利益为目的，通过各种方式获取国防有关场所的情报；企图采取复制等手段获取国防文件资料，或者从他人手中接受、获取国防情报；为他人非法保管所窃取的国防情报，或者不按要求送交有权接受的美国官员；非法保管所窃取的国防情报造成情报灭失、毁损、被人摘抄等情况发生等。[②] 而第 794 条的判罚更加严厉。该条款规定：凡以危害美国或为外国组织和个人谋取利益为目的，已经或企图、直接或间接向外国组织和个人提供有关国防情报资料的，或者向交战敌方搜集、传递或企图透露有关国防情报的，处以有期徒刑、无期徒刑或死刑。凡窝藏触犯该条款的人员或窝藏有足够证据怀疑其触犯该条款的人员，也将判处 1 万美元以下的罚款或 10 年以下有期徒刑，且二者可以同时判罚。[③]

---

① Office of General Counsel, *Intelligence Community Legal Reference Book*, Office of the Director of National Intelligence, Winter 2012, p. 436.

② 黄爱武：《战后美国国家安全法律制度研究》，法律出版社，2011 年版，第 41 页。

③ 同上，第 41—42 页。

除了处罚的力度大之外，认定犯罪的标准也很宽。例如，《1991年间谍惩治法》就规定，在指控嫌疑人犯有间谍罪时，可以“不必证实间谍行为是否真正发生”，只要拥有间谍器材就构成犯罪，而“拥有和企图使用”间谍器材就可以判处5年有期徒刑；未经批准将秘密文件转移或存放在未经批准的地方也可被视为犯罪，可以判处1年以上有期徒刑。[1]

从这些法规条款的处罚规定上看，违反情报法规的处罚轻者处以罚金，重者判处监禁，甚至能够处以极刑。这些严苛的条款再加上“疑罪从有”的判罚方式形成了强力震慑和高压统治，营造了违法必究，惩处必严的环境氛围，令情报从业者不敢越雷池一步，大大减少了情报从业者铤而走险，违法犯罪的概率。

（三）培养守法习惯

由于美国是一个法治社会，从立国开始就摒弃了“人治”——亦即依靠领袖魅力的治理，而坚定选择了“法治”。[2] 美国的建国先贤们依靠法治和宪政管理国家，并且信奉民主、自由和平等的原则。因此，美国从建国至今都留有悠久的法治传统。在每个公民心中自小就经历了法治熏陶，打下了重视民主和人权的基础，养成了对自由和平等的向往。很多人在家庭和社会的教育下，其人生观和价值观也都具有较为浓厚的法治色彩。因此，当这些人才进入美国情报界后，在工作中奉行依法办事的原则也是水到渠成，自然而然的事情。当绝大部分情报从业者都将依法办事当成一种职业习惯，或者下意识的行为时，整个情报界必然充斥着尊法守法的良好风气。而这也必将反过来进一步加深情报从业者的心理认知，令其产生人人都在主动守法，我也必须依法办事的心理暗示。这种心理上的正面影响也是营造法治文化的重要目的。

---

① 黄爱武：《战后美国国家安全法律制度研究》，法律出版社，2011年版，第41—42页。

② 资中筠：《冷眼向洋——百年风云启示录》（上），三联书店，2000年版，第6页。

第四章 美国国家情报法治的动因及影响因素

法国思想家保尔·霍尔巴赫曾经说过："在宇宙中一切事物都是相互关联的，宇宙本身不过是一条原因和结果的无穷的锁链。"[①] 柏拉图也认为："每一生成或被创造的事物必然是由于某种原因而造成的，因为没有原因，任何东西都创造不出来。"[②] 依照这些哲人的理论，美国情报界之所以在国家情报事务中贯彻法治，也有其自身的内在原因。在这些内在原因的驱动下，美国情报界才走上了法治的道路。但是在这条法治大道上，美国情报界也并非一路畅通，毫无障碍。从其发展历程上看，各种大大小小的内外部因素也直接或间接地影响着其法治进程。而在这些驱动因素和影响因素的重重影响下，美国国家情报的法治进程也呈现出复杂的变化轨迹。因此，为了进一步认识和探寻美国国家情报法治的运动规律，我们有必要深入思考和仔细研究其驱动因素、其影响因素以及与此相伴的发展轨迹。

第一节 美国国家情报法治的动因

亚里士多德曾说过，一旦我们探寻到了原因我们也就有了科学的知识。[③] 因此，为了深入了解美国国家情报法治的发展规律，我们

① 霍尔巴赫：《自然的体系》，管士滨译，商务印书馆，1964 年版，第 33 页。

② 柏拉图：《蒂迈欧》（英文），辽宁电子图书有限责任公司，2002 年版，第 12 页。

③ 亚里士多德：《后分析篇》（英文），辽宁电子图书有限责任公司，2002 年版，第 2 页。

必须先认识推动美国国家情报实施法治的主要因素。而从历史发展的视角下审视，美国国家情报之所以走上法治之路源于以下三个主要因素：悠久而又深刻的法治思想；情报界生存发展的现实需求；情报实践活动的历史选择。

一、悠久而又深刻的法治思想

美国具有悠久的民主传统，向来视自由、民主为其立国之本。1620年9月，当102名清教徒为了摆脱欧洲的宗教和政治压迫乘坐“五月花”号货轮漂洋过海到达北美大陆时，他们相信自己是上帝的选民，他们要在这块大陆建立一个“自由帝国”，摒弃欧洲的君主制、贵族制、等级制、贫富分化和阶级冲突。这种“美国例外论”的民族心理折射到国内政治生活领域，就形成了严格限制政府权力、充分保护公众知情权、不干涉公民自由的民主传统。

为了维护民主，保障自由，美国人积极实验欧洲的各种先进思想。利用这些先进思想构建自己的政府。“那些闻名遐迩的政治哲学家，不论是哈林顿还是洛克，也不论是孟德斯鸠还是卢梭，其思想漂洋越海，牢固立足于美国人的价值观念和思想体系之中。”[①] 而且美国独立战争的道路、美国宪政的理想与模式、美国法治学说的构建与进步，无不与这些伟大的名字相关联。[②] 其中最重要的思想是洛克的“天赋人权论”和孟德斯鸠的“社会契约论”。当然，美国人也不是简单地实行拿来主义。他们的法治思想虽然根植于欧洲，但是却也有自己的思考和创新。这些新观念和新思想的代表人物包括潘恩、杰斐逊和汉密尔顿等人。他们的法治思想也最终体现在《独立宣言》和《美利坚合众国宪法》这些法律文献中，并成为管理政

---

① 王人博、程燎原：《法治论》，广西师范大学出版社，2014年版，第49页。

② “杰斐逊宣布独立战争的庄严口号所依靠的是英国和法国最先进的思想”。而“洛克的自然法理论与孟德斯鸠分权原则的结合，形成了美国政体的哲学基础”。参见《杰斐逊文集》，王华译，商务印书馆，1963年版，第9页；博登海默：《法理学——法哲学及其方法》，邓正来等译，华夏出版社，1987年版，第56页。

府的重要指导思想。而美国情报界作为美国政府的有机组成部分，也自然而然地走上了法治之路。

（一）潘恩的法治思想

潘恩的法治学说概括起来就是人权主义。他从自然法的思想出发，宣扬自由主义和个人主义。他曾骄傲地宣称当人从上帝手中诞生时，“人是他最高和唯一的称号，没有再高的称号可以给他了”①。而人权是人所具备的最高天赋权力。没有人权，人也称不上是人了。人权由人世世代代享有，既不能被垄断，也不能被消灭，还不能被转让和分割。

在潘恩口中的人权主要包括自由和平等这两个方面。对于自由，潘恩曾高度评价法国的《人权宣言》，称其是对自由的颂扬和追求。同时，潘恩还强烈要求新成立的美利坚合众国能够成为尊重自由的典范和保护自由的楷模。他对世界各地人民生活得并不自由时，也曾痛心疾首地说道：“自由到处遭到追逐。亚洲和非洲早就已经把她逐出。欧洲把她当作异己分子，而英国已经对她下了逐客令。啊！接待这个逃亡者，及时地为人类准备一个避难所吧！”② 由于潘恩对自由的不懈追求，因此人们也给他“自由使者”的称号。对于平等，潘恩提出所谓的人人平等就是人类的一致性，即所有人地位相同，生来没有高低贵贱之分，都享有天赋权利。“无论在天堂或地狱，或者生存在任何环境里，善和恶是唯一的差别，甚至政府的法律也不得不袭用这个原则，只规定罪行的轻重，而不规定人的地位。”③ 人人平等是一个无可争辩的原则，也是一切真理中最伟大的真理。

当然，在自然状态下，人类无法切实保障自己的天赋人权。因此，人们开始建立政府，以求保障自己的福祉。而潘恩认为，“许多个个人以他自己的自主权利互相订立一种契约以产生政府；这是政

---

① 潘恩：《潘恩选集》，马清槐译，商务印书馆，1981 年版，第 139 页。

② 同上，第 37 页。

③ 同上，第 141 页。

府有权利由此产生的唯一方式，也是政府有权利赖以存在的唯一原则”。[1] 而原本作为保障人权的政府，其成立源于人类的邪恶，而且自身又具有对权力的无限追求。因此，政府的权力必须接受某种规则的约束。而这种规则就是宪法及依宪而创的法律。

潘恩提出：“宪法是一样先于政府的东西，而政府只是宪法的产物。一国的宪法不是其政府的决议，而是建立其政府的人民的决议。这是法规的主要部分，可以参照或逐条引用；它包括政府据以建立的原则、政府组织的方式、政府具有的权力、选举的方式、议会——或随便叫别的什么名称的这类团体——的任期、政府行政部门所具有的权力，总之，凡与文官政府全部组织有关的一切以及它据以行使职权和受约束的种种原则都包括在内。”[2] 由于人民通过创立宪法而管辖政府，所以宪法就是人民管辖政府的根本规则。而拥有至高权力的好宪法既是人民本身的护身符，又是人民管理政府的法律保障。由此可见，潘恩提出的宪政理论为其天赋人权在实践中找到了可靠依托，也为美国政府走上法治之路打开了大门。

（二）杰斐逊的法治思想

杰斐逊的法治思想概括起来就是州权联邦主义。按照英国法学家阿尔伯特·戴雪的说法，所谓联邦主义包括：一是“宪法的至高性”。即宪法具有最高的法律地位，无论是各州还是联邦，一切权力都源于宪法，各公权部门“必须受命于宪法”，不得违反宪法。二是权力必须科学划分。即划分为中央权力和地方权力。而公权也必须划分为行政权、立法权和司法权。三是法院具有权威性。即法院具有违宪审查的权力等等。[3] 总的看来，联邦主义的实质就是实施法治，让法律的精神充斥全国。

杰斐逊和潘恩一样，信奉洛克的天赋人权理论。他在《独立宣

① 潘恩：《潘恩选集》，马清槐译，商务印书馆，1981 年版，第 145 页。

② 同上，第 146 页。

③ 戴雪：《英宪精义》，雷宾南译，中国法制出版社，2001 年版，第 197—214 页。

言》中写道，所有人生而平等，他由上帝赋予了不可剥夺的权利，其中包括生命、自由和追求幸福的权利。在此基础上，杰斐逊主张言论自由、人人平等和保障人权。而为了保障这些天赋权利，杰斐逊认为人们必须组建政府。而以保障人权为目标的政府则必须是实行代议制和分权体制的民主共和国。杰斐逊认为，权力过于集中会造成滥权和压迫。各政府机构之间必须进行分权和制衡。哪怕权力不是集中在一个人手里，而是集中在立法部门，也会产生暴政。他提出："这些权力是由许多人行使，而不是由一个人行使，情况也不会有所缓和。一百七十三个专制君主一定会像一个君主一样暴虐无道。……即使他们是由我们选举，也不会有什么益处。一个选举的专制政体并不是我们争取的政府；我们所争取的政府不仅以自由的原则为基础，而且其权力也要在地方行政长官的几个机构中这样划分并保持平衡，以致没有一种权力能超出其合法限度而不被其他权力有效地加以制止和限制。"①

因此，杰斐逊不仅强调行政、立法和司法横向分权，也强调纵向分权，即限制联邦权力，强调各州的权力，甚至更加重视后者。在杰斐逊的分权理论中，各州都应享有较大的权力，联邦只应享有军事权力、外交权力和协调跨州事务的权力。而杰斐逊保障代议制和分权体制的主要方式就是制订法律。他提出，法律对于自由、民主和防止暴政是必不可少的工具。因此，他积极推动宪法制订工作，并且要求宪法中加入人权法案。而他所倡导实施的普选制、代议制和分权体制不仅成为保障民主共和国的法律基础，更对美国走上法治之路产生了重大影响。

（三）汉密尔顿的法治思想

汉密尔顿作为美国宪法学之父，在美国法治史上也拥有重要的地位。他的法治思想概括起来就是国家联邦主义。虽然他和杰斐逊都强调分权制衡，但是汉密尔顿却更加偏向横向分权。在纵向上，

① 汉密尔顿等：《联邦党人文集》，程逢如等译，商务印书馆，1980 年版，第 254 页。

他主张限制各州的权力以强调中央集权。因此，他作为美国立宪会议的主要成员，一直不遗余力地呼吁在制订宪法时加入保障联邦权力的条款。

汉密尔顿的法治思想主要体现在《联邦党人文集》中。在该文集中，汉密尔顿主张美国建立一个强大的联邦政府，以维护国家统一和国家繁荣。而这一思想也深刻地影响了美国宪政体制和法治模式。当然，汉密尔顿主张建立的强力联邦政府、共和政体和分权制衡的政治体制都以宪法和法律为基础。因此，宪法和法律的最高权威是实现其政治构想的重要保障。他认为建立自由政体必然导致法典成为浩瀚巨著，而服从法律也成为政治清明的重要标志。在汉密尔顿看来，政府权力就是法律权力，即实施宪法赋予政府各部门和各级官员的各种权力必须制订“必要和适当的法律”。“法律顾名思义包括最高权力。”同时，法律也是执行权力的适当手段。因此，他提出，“除了制订法律的权力以外，什么是立法权呢？除了法律以外，什么是执行立法权的手段呢？除了征税立法权，或制订征税法律的权力以外，什么是征税权呢？除了必要和适当的法律以外，什么是执行这样一种权力的适当手段呢？”① 此外，汉密尔顿还提出，中央政府应带头尊重和遵守国家法律。联邦的行政权力既需要法律的支持，也必须忠实执行法律。而为防止司法部门独断专行，更必须要有法典和判例加以限制。司法部门必须坚定不移地尊重宪法等等。

综上所述，这三位政治人物的法治思想虽然略有出入，但并没有原则上的区别。正如潘恩对州权联邦主义和国家联邦主义的评价中曾经说过：“经验证明，由各州宪法授予各州政府的权力过大，而由联邦条款授予联邦政府的权力则过小。这个缺点不在于原则，而在于权力的分配。”② 他们的法治思想共同推动了美国政府的法治建设。而作为国家安全机器的重要组成部分，美国情报界不可避免地

---

① 汉密尔顿等：《联邦党人文集》，程逢如等译，商务印书馆，1980 年版，第 158—160 页。

② 潘恩：《潘恩选集》，马清槐译，商务印书馆，1981 年版，第 254 页。

要受到这些法治思想的洗礼。加之情报工作本身就具有“隐秘”的性质，容易侵犯公民的自由和人权，因此，从保障天赋人权的角度出发，在国家情报事务上实施法治也成了名正言顺、顺利成章的举措。

二、情报界生存发展的现实需求

如果说悠久而又深刻的法治思想是美国国家情报实施法治的根本原因，那么情报界自身生存发展的现实需求就是推动美国国家情报法治的直接原因。由于法规本身具有强制性和相对稳定性，所以它们在约束美国情报界各项活动的同时，也成为其得以存在和发展的重要制度保证。而从历史上看，美国各情报机构也只有实施法治才能够脱离“人治”的牢笼，获得较为稳定和安全的生长环境。因此，挣扎求存的现实背景也成为美国国家情报追求法治的重要推动因素。

（一）情报机构的生存需要法规提供保障

从美国国家情报体制发展演变的历史上看，没有法治也就无法保证美国情报机构长期和稳定地存在。1908 年版，第一次世界大战即将爆发之际，时任陆军参谋长的富兰克林·贝尔就曾公报私仇将拉尔夫·范迪曼掌管的陆军军事情报局撤销。而一战后，时任国务卿的亨利·史汀生也以“君子不偷看他人信件”为由解散了著名的密码破译机构“美国黑屋”。二战后，杜鲁门总统也迫不及待地将功勋显赫的战略情报局解散。除了这三个典型案例外，美国情报史中不断出现的“战时建，平时撤”的现象都表明，没有法规保障，情报机构的存在完全仰仗其管理者的主观好恶。无论是构建还是裁撤，其编制体制调整的随意性太大，而这并不符合情报工作的发展规律。

此外，从组织机构的生存与构建上看，没有法治也无法保证美国情报机构拥有充沛的资源维持自身的存在。如果情报机构想要能够存活下去，那么它们必须拥有足够的资源。而无论是预算经费，还是人力资源，所有这些资源都需要一套可靠的制度规则进行保障和分配。而仅仅依靠某个决策者一时的善意和支持并不能从根本上解决情报界的生存问题。例如，二战后，杜鲁门总统临时成立的中央情报组由于没有国会合法授权，导致其各类资源全都依赖国务院和国防部等内阁部门。由于仰人鼻息，所以中央情报组难以有效发挥协调和管理全美情报机构的作用。因此，从长远上看，情报界想要能够长期稳定地存在，必然也需要一套长效规则。这套规则需要具有足够的权威，不仅能够约束美国情报机构，同时也能够约束管理情报的最高决策者们。只有这样才能保证情报机构能够持续地生存下去并履行好自己的职责使命。

（二）情报机构的发展需要法规指明方向

除了情报机构的生存需要法规提供保障外，情报机构的发展也需要法规指明方向。从美国情报工作的实践情况上看，美国情报界的未来发展规划都源于最高决策层的指导思想、实践工作的经验总结和各类专家学者们的建言献策。虽然这三者之间也存在着相互影响和相互助推的关系，但是从总体上看，这三者共同奠定了美国情报界未来发展的基调。但是，无论是来自上层的指导意见，还是来自基层的经验教训，或是来自外界的对策建议，所有这些意见、经验和建议都必须首先成为正式的政策、战略或指令才能够统一整个情报界的思想，成为指引整个情报界发展方向的纲领。而这些政策、战略或指令，要么本身就是法规的组成部分，如美国总统的行政命令和国家安全委员会情报指令等；要么就是法规的细化和落实，如美国情报总监的情报界指令、情报界政策指南、国家情报战略等。以国家情报战略为例，该战略报告每四至五年发布一次，用以指引和规划数年内美国情报界的发展方向。其主要内容大多来自专家学者长期研究的成果，也符合高层决策者的指导思想，同时还含有一线工作的经验教训。虽然该战略与国会制订的法律和总统发布的行政命令相比，本身并没有太大的法律效力，但是由于该战略源自国会制订的法律和总统发布的行政命令，因此也成为国家情报总监细化和落实法规条目，并以此领导全美情报机构的重要工具。由此可见，情报机构的发展归根结底离不开法规的指引。失去法规指引，情报界必将由于迷失目标而陷入混乱和无序的深渊。

三、情报实践活动的历史选择

美国国家情报之所以走上法治的道路表面上看具有一定的偶然性，但是仔细思考后我们发现，这条法治之路蕴含着历史的必然。从美国国家情报实践活动上看，无论是多么科学的国家情报体制，都无法保证情报机构能够在保持效率和维持可控的两难选择上维持平衡。当国家情报体制过于追求工作效率，必然导致权力过于集中而走上滥权之路；当国家情报体制过于追求控制约束，必然导致权力过于分散而走上低效之路。前者容易导致出现重大情报丑闻；而后者容易导致出现重大情报失误。为了实现两者的居中平衡，美国情报界需要一套稳定的长效规则。而这套规则就是美国国家情报法规。

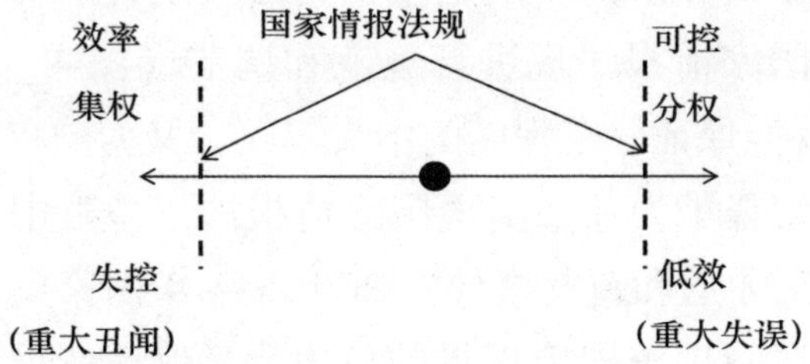

图 4－1　国家情报法规在追求效率和可控中的作用示意图

结合美国情报史我们发现，美国情报界一直在追求效率和可控的两难选择上不断挣扎和徘徊。正如图 4－1 所示，当美国情报界追求效率时，集权式的情报体制是其最好的选择。通过集权式体制，国家领导人可以迅速统一全体机构的思想，将自己的意志迅速贯彻落实，从而实现情报工作效率的大幅跃升。而且从历史上看，为了追求工作效率，美国国家情报体制也确实从二战后开始了中央集权的道路。不过正如图 4－1 中左侧箭头所示，当权力过度集中时，必然导致情报机构失去控制，并产生重大情报丑闻。如 20 世纪 60 年代至 70 年代，美国情报机构中央集权的现象较为严重，这也令其逐渐脱离控制，成为了“离群的野象”。在这一背景下，美国情报界也产生了“水门事件”“家庭珍宝事件”等重大情报丑闻。

当美国情报界开始追求可控时，分权制衡是其必然的选择。通过分权式情报体制，情报机构可以得到有效制约和控制。不过这种政出多门和各自为政的局面将影响到情报工作效率。尤其是当权力过于分散时，容易导致情报工作效率过低，并产生重大情报失误。如 21 世纪初，美国情报界机构林立，各自为政，中央情报主任有名无实，缺乏权威。加上立法和司法部门不断攫取情报管理权，更加加剧了权力的分散。而这种过度分权的做法也导致了出现了“9·11”事件这样的重大情报失误。

因此，为了防止美国情报界过于集权和过于分权，令其国家情报体制始终在安全的界限内不断调整，美国人制订了一套科学的预防方法，即通过国家情报法规进行规范和调节（图 4－1 中虚线所示）。这套法规既能保证一定程度的中央集权，又为分权制衡提供了法理依据。这也解释了为什么美国国家情报法规条款中存在不少语焉不详，甚至前后矛盾和疏漏之处。如《1947 年国家安全法》中既赋予国家情报总监管理美国情报界的权力，又保证情报界各单位的上级部门仍然拥有一定的管理权。尤其是在对军方情报机构进行管理时，该法明文规定国家情报总监应征求国防部长的一致意见，甚至有些条款上间接暗示国防部长为最终负责人。除此之外，《1978 年对外情报监控法》中也留有法律漏洞。按照该法规定，美国国家安全局不得非法监视美国公民，侵犯公民的隐私，但是确有必要时，美国国家安全局可向联邦调查局提出申请，只要获得授权就可以从事各类监控行动。有些时候申请授权不一定获得批准，对此美国国家安全局也有自己的对策。如“棱镜门”主角爱德华·斯诺登爆料称，美国国家安全局与他国采取互相监视对方国家公民的方法绕开法律的限制，以情报交换和情报合作的方式监控本国公民。这种利用法律漏洞的行为，美国政府和国会虽然有所察觉，却一直充耳不闻，并没有将其加入法规条文中予以禁止。这也说明了该法律漏洞是有意为之，而非无心之失。

当然，管理情报的方式多种多样。无论是依靠人事手段，还是依靠财政手段，这些管理方式与法治手段相比，都不如法治手段力度强、范围广、持续时间长。具体来说，首先，法规具有最高强制力，其各项规定必须刚性落实。一旦违法，其惩处力度又极为严厉。这可以形成无形的震慑，保证各项规定得到履行。其次，各项情报法规涉及的工作领域较广，牵涉方方面面，可以有效规范情报工作的各个环节。最后，情报法规一旦生效后，其持续时间长，对未来的情报工作具有较深远的影响，因此，制定各项法规时需要慎之又慎，仔细权衡。自 1947 年《国家安全法》颁布后，美国依靠法治手段管理国家情报已经经历了六十多年的时间。而这半个多世纪的实践也证明，法治手段是一种最有效力的管理方式，管理效果也最好。因此，美国情报界走上法治之路也是情报实践活动的历史选择。

第二节　影响美国国家情报法治进程的主要因素

如果仅有各类驱动因素发挥作用，美国国家情报法治之路必将一帆风顺，畅通无阻。但是历史经验证明，美国的法治之路也充满了坎坷和曲折。其法治进程绝不是简简单单地匀速运动，而是充满着各种未知变化的沉浮之旅。总体上看，影响美国国家情报法治进程的因素主要包括：国家安全环境的变迁、情报机构实力的大小以及民众对情报事务的参与程度。

一、国家安全环境的变迁

从美国情报史上看，国家安全环境的变迁直接影响了美国国家情报法治的进程。二战结束后，虽然轴心国战败，但是美国并没有获得太长的喘息之机，其国家安全又遇到了新的威胁。为了打赢冷战，遏制苏联的全球扩张，美国情报界迎来了大发展的时机。在这一背景下，虽然美国颁布了《1947 年国家安全法》，也正式标志着美国国家情报走上了法治之路，但是其法治的脚步依然比较缓慢。直至20 世纪 70 年代中期，美国国会仅仅颁布了 6 部涉及情报的法律，而总统也仅仅颁布了一份涉及情报的行政命令。[①] 这一时期，由于国家安全面临严峻威胁，所以无论是立法还是司法部门，都不愿意过多干涉情报事务。这也使得美国国家情报法治倾向并不明显，而呈现出较为典型的“人治”风格。

20 世纪 70 年代中期，美苏冷战进入了相持阶段，双方的对抗有所缓和，美国国家安全所面临的威胁变得不是特别突出。这时候，人们开始关注美国情报机构滥用权力和为所欲为的各种现象。在这一背景下，国会出台了一系列的法律，仅 1974 年至 1980 年，这短短六年间，国会共颁布 8 部涉及情报的法律，并自 1979 财年开始，形成了年度情报授权机制；而总统也先后颁布了 5 份涉及情报的行政命令。[②] 而情报法规的不断发展完善，也使得美国国家情报法治走上了快车道。在这一时期，不仅立法部门扩大了其情报管理权，而且司法部门也通过《1978 年对外情报监控法》开始直接参与情报管理。立法和司法部门的直接参与，更进一步地推动了美国国家情报的法治进程。另外，《1978 年监察长法》还在情报机构内部建立起了一套行之有效的监察体系，也进一步深化了美国国家情报的法治程度。

20 世纪 80 年代，美苏冷战步入高峰，苏联对美国国家安全的威胁再次增大。在这一背景下，美国行政、立法和司法部门也开始放松手中的缰绳，不再紧盯情报机构不放，对于情报工作的灰色地带也采取默许放任的态度。总体上看，这 10 年间，美国国会虽然通过

---

① 国会颁布情报法律情况和总统发布行政命令情况具体参见附录。

② 同上。

了 11 部涉及情报的法律，但其中 10 部都是年度情报授权法，属于年度情报授权机制的自然产物，只有 1 部法律属于单独立法。而总统也只颁布了 3 份涉及情报的行政命令。[①] 这与过去相比，制订新情报法规的频率降低不少。而这也从侧面反映了美国国家情报法治进入一个发展相对缓慢的稳定期。

20 世纪 90 年代，伴随着冷战的结束，美国国家安全环境得到了较大改善，美国不再面临主权国家的直接军事威胁。而这一时期，美国国会再度收紧了手中的缰绳，对情报机构的管控力度有所加强。总体上看，这 10 年间，国会共颁布 15 部涉及情报的法律，其中 10 部法律为年度情报授权机制的自然产物，而另外 5 部法律为单独立法。而总统也先后发布了 4 份涉及情报的行政命令对美国情报活动进行调整。[②] 从制订法规的频率上看，相比 20 世纪 80 年代，新的情报法规出台的速度略微加快。这也表明美国国家情报的法治进程有所加快。

进入 21 世纪，尤其是"9·11"事件爆发后，美国国家安全环境再次恶化。美国面临以恐怖主义为首的非传统安全威胁。在这一背景下，美国情报界再次迎来了新的发展契机。按照以往惯例，行政、立法和司法部门都会放松监管缰绳，方便情报机构大展拳脚，应对危机。而与此相伴，国家情报的法治进程也将放慢脚步。但是最终结果却与此大相径庭，美国国家情报的法治步伐不仅没有放慢，反而迎来了一次跨越式发展。首先，国会在"9·11"事件之后 10 年时间里，共出台了至少 20 部涉及情报的法律。虽然 2006 财年至 2009 财年由于行政和立法分歧较大，导致连续 4 年未能制订年度情报授权法，但是在这 10 年间，国会还是至少单独制订了 14 部涉及情报的法律。其次，总统也不甘示弱，积极发布行政命令调整美国的情报活动。在这 10 年间共发布了至少 17 份涉及情报的行政命令，其中仅 2004 年一年就至少发布了 5 份涉及情报的行政命令。[③] 最后，

---

① 国会颁布情报法律情况和总统发布行政命令情况具体参见附录。

② 同上。

③ 同上。

司法部长也开始直接参与情报事务，首次发布了8份针对情报的指导方针。这些新法规的出台，进一步规范和完善了美国国家情报法规体系，也大大推动了美国国家情报的法治进程。而之所以造成如此情况，一方面在于情报法规的作用发生了变化，即由过去的约束和限制作用转变成指导和保障作用；另一方面在于其他影响因素的综合作用抵消了安全环境变迁的影响。因此，美国国家情报法治进程在这一时期呈现出了较大的跨越。

尽管如此，从历史上看，美国国家情报法治进程与国家安全环境还是呈现出较大的正相关性。即当国家安全环境较为恶劣时，美国国家情报法治进程相对较慢；当国家安全环境较为宽松时，美国国家情报法治进程则相对较快。

二、情报机构实力的大小

除了国家安全环境的变迁是影响美国国家情报法治进程的重要因素外，情报机构自身实力的大小也是影响国家情报法治进程的另一个重要因素。以美国情报界管理参谋机构的预算金额和人员编制的变化为例，该机构的实力变化可以大致反映整个美国情报界实力的变化情况。

表4-1　美国情报界管理参谋机构的预算金额和人员编制变化表①

时间（单位：财年）	预算金额（单位：美元）	人员编制（单位：人）
1979	12700000	269
1980	11500000	245
1981	17820000	245
1982	13600000	220
1983	15400000	210
1984	18500000	215

① 本表数据来自历年情报授权法。

续表

时间（单位：财年）	预算金额（单位：美元）	人员编制（单位：人）
1985	20800000	222
1986	22083000	233
1987	22000000	237
1988	23614000	237
1989	23745000	244
1990	26900000	240
1991	27900000	240
1992	31219000	218
1993	86900000	161
1994	113800000	222
1995	86900000	241
1996	90713000	247
1997	131116000	303
1998	121580000	283
1999	129123000	283
2000	170672000	348
2001	163231000	313
2002		
2003	158254000	322
2004	221513000	310
2005	310466000	310
2006－2010①	–	–
2011	660732000	787
2012	576393000	777
2013	540721000	835
2014	528229000	855

① 2006 财年至 2009 财年因为情报授权法未能成功立法，所以没有这几个财年的数据，另外 2010 财年由于立法时该财年时间已过大半，因此也没有再度对其拨款情况进行规定。

从表4－1中可以发现，美国情报界管理参谋机构的预算金额和人员编制总体呈现出不断上升的趋势。这也反映整个美国情报界的总体实力也在不断增强。尤其是该机构在1993财年、2000财年、2004财年、2005财年和2011财年，这5个财年预算金额出现了较大幅度的增长。例如，1993财年，该机构的预算金额相比上一财年增长了近300%（由3000万美元左右突破至8000多万美元）；2000财年，该机构的预算金额相比上一财年又增加了近50%（由1.3亿美元左右上升至1.7亿美元左右）；2004财年，该机构的预算金额相比上一财年又增长了近50%（由1.6亿美元左右上升至2.2亿美元左右）；2005财年，该机构的预算金额又在2004财年的基础上增加了近50%（由2.2亿美元左右上升至3.1亿美元左右）；2011财年更是直接突破6.6亿美元。此外，该机构在2000财年和2011财年的人员编制也出现了大幅度的增加。由此可见，这5个财年，尤其是2000财年和2011财年，是美国情报界实力得到大幅度提升的时期。而1980财年、1982财年、1995财年、1998财年、2014财年等时期内，该机构的预算金额都出现了一定幅度的削减，而这也反映出这几个财政年度美国情报机构的实力出现了一定程度的下降。

与此相伴，美国国会和总统自1979财年开始也不断制订和颁布新的情报法律和行政命令。尤其在1993财年、2000财年、2004财年、2005财年和2011财年，这五个财年之后不久，国会和总统密集出台了一系列涉及情报的法律和行政命令。例如，1993财年之后的三年时间里，国会出台了4部涉及情报的法律，而总统也发布了3份涉及情报的行政命令；2000财年之后的三年时间里，国会出台了8部涉及情报的法律，而总统也发布了2份涉及情报的行政命令，司法部长也出台了多份涉及情报的指导方针；2004财年之后的三年时间里，国会也出台了8部涉及情报的法律，而总统也发布了8份涉及情报的行政命令。[①] 而在1980财年、1982财年、1995财年、1998

① 具体法律和行政命令的发布情况参见附录。

财年和2014财年，这五个财年之后的三年时间里，美国国会和总统几乎没有颁布或较少颁布涉及情报的法律和行政命令。

将这两类数据进行关联后我们发现，美国国家情报法治进程与情报机构实力大小呈现出较为明显的正相关性。即当情报机构实力较强、规模较大时，国家情报法治进程得到加快；而当情报机构实力下降、规模缩小时，国家情报法治进程较为缓慢。

三、民众对情报事务的参与程度

美国国家情报法治进程除了受到国家安全环境和情报机构自身实力的影响外，还与公众对情报事务的参与程度有重要关联。正如古罗马思想家西塞罗曾提出："国家乃人民之事业，但人民不是人们某种随意聚合的集合体，而是许多人基于法的一致和利益的共同而结合起来的集合体。"① 因此，国家在本质上代表了人民的利益，而人民通过法律管理国家。至于政府中的官员也只是会说话的法律，而法律本身则是不会说话的官员。② 归根结底，由于法律代表着民意，那么法治的实质就是民选代表依照民意治理国家。

因此，对于国家情报法治问题，民意也是一个非常重要的影响因素。从美国情报史上看，每当民众积极关注情报事务时，美国国家情报的法治进程就能向前发展一大步，而每当民众的注意力转移至其他事务上时，美国国家情报的法治进程就将减速运行。

例如，二战刚结束后不久，美国民众还在不断反思珍珠港事件中的情报失误问题。这时候，情报也是美国社会生活中的一项重要议题。在这一背景下，杜鲁门总统推动美国国会颁布了《1947年国家安全法》。这一事件也标志着美国国家情报在法治之路上迈出了重要的一步。

而在此之后近二十年的时间里，美国民众关注的重点都转向了

① 西塞罗：《论共和国 论法律》，王焕生译，中国政法大学出版社，1997年版，第39页。

② 同上，第255页。

与苏联的冷战，情报事务不再是他们关注的重点。而且在那一时期，美国民众对情报机构充满盲目的乐观和信任。他们相信在二战中有出众表现的情报机构仍将一如既往地成为国家安全和人民福祉的重要盾牌。这一时期，美国国内各类影视作品中，情报人员的形象都是高大威武，勇敢正直的化身。这也从侧面反映了当时的主流民意。而在这一时期，美国国家情报法治却基本陷入停滞阶段，不仅情报法规数量非常有限，而且立法和司法部门几乎不插手情报事务。行政部门一家独享情报管理权也令国家情报呈现出较为明显的“人治”风格。

20 世纪 70 年代后，美国情报机构滥用权力、为所欲为、侵害公民自由的种种丑闻被媒体曝光。这令美国公众的注意力再次重新回到情报机构身上。特别是 1975 年，由于全国上下都在谈论情报事务，这一年也被美国人称为“情报年”。情报成为了当年的主题词。美国民众一方面惊讶于情报机构的堕落和变质，另一方面又对其滥权和违法充满憎恶。而这一时期，美国国内影视作品中，情报人员的形象也已经发生了翻天覆地的变化。这些情报特工们不再是正面形象，反而成为了内心丑恶和阴暗的反面角色。而民意上的重大转变，也直接影响了美国国家情报的法治进程。这一时期，不仅立法部门开始主动参与情报事务，先后颁布了一系列的情报法律并形成了年度情报授权机制，而且司法部门也开始积极参与情报事务，通过司法审查权和司法解密权间接管理情报事务，甚至自 1978 年后，通过特别法院直接审批情报行动。而立法和司法部门参与情报事务，也标志着美国国家情报的法治进程向前迈进了一大步。

进入 20 世纪 80 年代和 90 年代后，民众的注意力又开始转移至其他事务上。只有当出现情报失误和情报丑闻时，民众的注意力才会重回情报机构，并进而推动国家情报的法治进程。这样的例子不胜枚举，如“伊朗门事件”“埃姆斯间谍案”等。除了这些特定事件会激发民众对情报机构的关注外，一般情况下，民众对于情报事务还是欠缺兴趣。在这一时期，美国国会和总统制订情报法规的力度和频度都有所下降，这也反映了美国国家情报的法治进程再次进入了相对缓慢的发展时期。

进入21世纪后，尤其是“9·11”事件爆发后，情报事务再次成为民众关注的焦点。在之后的几年里，美国社会不断反思该事件上的情报失误问题。对于情报改革的呼声也甚嚣尘上。在这一背景下，美国国家情报的法治进程也出现了飞跃式发展。不仅国会出台了大量涉及情报的法律，而且总统也密集发布了大量涉及情报的行政命令，司法部长更是首次公开颁布了涉及情报的指导方针。这些法规的出台，令美国国家情报法规制度进一步得到健全，也大大推动了美国国家情报的法治进程。

综上所述，美国国家情报的法治进程与民众对情报事务的参与程度呈现出较为明显的正相关性。即当民众积极参与和关注情报事务时，其法治进程将得到助推和加速；而当民众不太参与和关注情报事务时，其法治进程将被延缓和减速。

第三节　美国国家情报法治的发展规律

在美国国家情报的法治之路上，美国情报界在各类驱动因素的推动下不断前行，其法规体系不断完善，其法治程度也不断加深。但是在各类驱动因素发挥作用的同时，各类影响因素也在不断展现着自身的作用。有时候这些影响因素可以大大促进美国国家情报的法治进程，令其出现大发展和大跨越；有时候这些影响因素又成为了阻力和障碍，减缓了美国国家情报的法治进程。在这些驱动因素和影响因素的重重影响下，美国国家情报的法治进程呈现出了独特的发展规律。

一、国家情报法治建设永不止步

从历史上看，无论国家安全环境如何变化，无论情报机构的实力是增是减，无论民众是否关注和参与情报事务，美国国家情报的法治进程都不会出现停滞。这些影响因素最多只能影响其法治建设的进度，但是绝不会改变其发展的方向。仔细研究附录中国家情报法规体系的发展情况后我们发现，几乎每年都有新的情报法规出台，旧法规也在不断修正之中。除了法规的个别条款由于各种技术原因被废止外，从未出现将整部法规废止的情况。例如，《1947 年国家安全法》初创时，其中不少条款是关于组建国防部等其他国家安全机构的法律条款，而情报条款只占整部法律中的一小部分，但如今，几经修正后，该法中主要条款都是规范情报事务的重要规定。该法也成为美国国家情报的重要宪章。无独有偶，《1959 年国家安全局法》制订后，该法律中虽然已经有不少条款被废止，但整部法律直到今天仍然有效，是指导国家安全局工作的重要法律依据。总的来说，美国国家情报法规的数量始终在不断增加，其种类也始终在不断丰富。因此，从国家情报法规的发展上看，美国国家情报法治进程一直在向前推进，永不止步。此外，自 20 世纪 70 年代中期，立法和司法部门主动介入情报事务后，其也从未放弃已经到手的情报管理权，更没有退出过情报管理领域。所有这些事实都证明，美国国家情报法治建设从来没有停滞不前，而是永远在不断推进之中。

而自《1947 年国家安全法》施行以来，美国国家情报在法治之路上得到了长足的发展和进步。当前，美国已经构建了一套较为成熟和完善的国家情报法规体系。同时，绝大部分的情报机构也已养成了依法办事的良好习惯，其立法和司法部门也基本能够做到科学立法和公正司法。美国情报界内外都充斥着主动守法的法治文化。今天，美国情报界俨然已成为各国争相效仿的楷模，其国家情报施行法治的思想也被各国，尤其是西方国家，奉为圭臬。即使如此，美国人也没有故步自封，仍然不遗余力地推动其国家情报的法治进程，令其国家情报法治建设呈现出永不止步的勃勃生机。对美国人来说，国家情报法治进程是一个永远没有终点的旅途。国家情报法规只会越来越丰富与完善，而立法和司法部门在情报事务中的作用必将越来越大，科学立法和公正司法也将越来越深入人心。

二、国家情报法治进程充满曲折

虽然总体上看，美国国家情报法规体系在不断完善，其法治程度也在日益加深，但是其发展轨迹却绝非一帆风顺的直线，而是充满波折障碍的曲线。

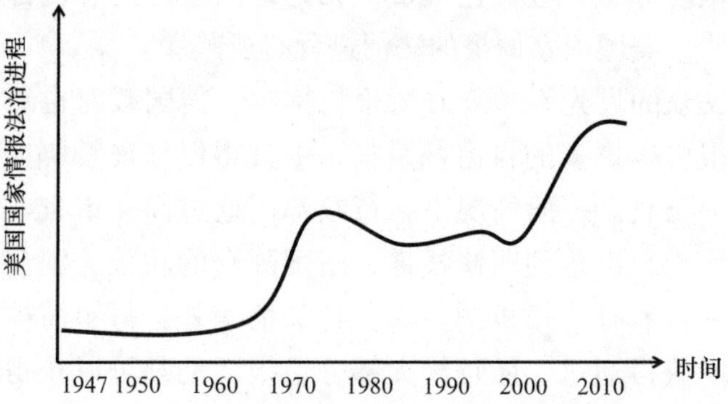

图 4－2　美国国家情报法治进程示意图

从历史上看，每当国家安全环境恶化时，美国立法、司法和行政部门都会主动放缓国家情报法治的步伐，通过默许和纵容的方式，令情报机构扩大手中的权力，方便其履行保卫国家安全的职责。如美苏爆发冷战后，美国立法和司法部门就对情报问题采取放任的态度，不仅对其预算经费有求必应，而且对其各类情报活动不闻不问，放权给情报机构自行决定。而行政部门也对情报界的各类违法行为采取纵容态度，只要有利于遏制苏联，一切违反道德和法律的行为都可以被接受。因此，这一时期，美国的情报活动带有强烈的个人色彩。这也最终导致美国情报的“法治”特色并不鲜明，而呈现出较为明显的“人治”特征。

此外，每当情报机构实力不足，经费削减过度或人员编制缩减过多时，美国国家情报法治进程也将放缓脚步，通过给予情报机构一些临时性的法外特权，令其得以迅速扩大规模，充实实力，应对各类安全威胁和挑战。如 20 世纪 80 年代初，美国情报机构由于经历了一系列的调查和打压，其士气较以往有所下降，其编制和预算也都受到了一定程度的冲击，总体上看，其情报实力有所下降。这一时期，为了加强情报机构的力量，令其能够应付苏联的军事威胁，美国立法部门放慢了制定情报法规的步伐，总统颁布行政命令的频率也大大降低。对于一些灰色地带，无论是国会还是总统都有意忽视。整体上看，美国国家情报的法治进程有所趋缓。

而每当民众的目光不再紧盯情报机构时，美国政府也总是想方设法给予情报机构更多的自由裁量权，令其得以施展拳脚，成为治国理政的有力工具。一般情况下，行政部门通过简化审批程序，或者寻找法律漏洞，以达到明修栈道，暗度陈仓的功效。国会也不会有意刁难，一直紧盯情报机构。除了特殊情况外，每年情报机构提出的预算都能获得通过，而且绝大部分情报活动都可以获得国会情报特别委员会的审批。至于司法部门更是尽量为情报机构提供方便，只要案件没有成为公众舆论的焦点，司法部门都本着疑罪从无的原则，为情报机构提供豁免权。

所有这些影响因素构成的障碍和阻力都将不同程度地影响美国国家情报的法治进程，令其呈现出一条螺旋前进的运动轨迹。从美国情报史上看，美国国家情报的法治进程绝大部分时间里都遵循这一规律。而唯一的特殊情况发生在“9・11”事件后。当时，美国国家安全再次遇到严峻威胁，按照一般规律，原本美国国家情报法治进程又将放缓，但是由于此时情报机构实力过于庞大，而且民众参与情报事务的热情高涨，导致后两个影响因素不仅抵消了第一个因素的负面影响，而且对国家情报的法治进程形成了较强的推动力。因此，从整体上看，美国国家情报的法治进程仍然实现了一次飞跃。由此可见，这三个影响因素也并非一直保持同步，有时候也会彼此抵消，而这也令美国国家情报的法治问题更加复杂和多变。

第五章　美国国家情报法治的经验和教训

虽然美国情报活动的历史非常短暂，但其平时和战时却取得了令人瞩目的巨大成功。如果追根溯源，美国情报工作之所以如此成功和高效，其根本原因不仅在于其无所不能的技术手段，更在于其合理科学的规则制度。而美国国家情报体制的科学性与合理性就源于“法治”二字。在法治思想的引领下，当今美国已然拥有了较完备的情报法规体系，构建了高效的情报体制，其法治程度也居世界前例。因此，我们也可积极汲取美国国家情报法治的成功经验和挫折教训，力争少走弯路，加快自身情报的法治进程。这不仅符合情报体制机制建设的客观规律，更是一国情报力量发展壮大的必由之路。

第一节　美国国家情报法治的成功经验

美国情报界自 1947 年正式踏上法治之路，已经走过了六十多年的风雨历程。在这六十多年的时间里，其有过不少成功经验值得我们学习和借鉴。总的来说，主要的成功经验可以概括为以下三点。

一、成熟完善的法规体系是实现法治的基本前提

按照前文所述，亚里士多德法治理论的第一条就是拥有良法。因此，美国人也将构建成熟完善的法规体系作为美国国家情报法治工作的重中之重。这套成熟完善的法规体系也成为其实施法治的重要规则和准绳。如果没有这套法规体系，美国情报工作就失去了标

准和参考系，变成无的放矢。这必然导致其法治进程陷入停滞。而如果其法规体系过于简单或充满疏漏，则将导致美国国家情报的法治进程陷入无序、矛盾和混沌，最终也难以完成法治的大业。因此，我们可以断言，没有一套成熟完善的法规体系，那么国家情报的法治进程也就无从谈起。而一套成熟和完善的国家情报法规体系需要具备以下两个特点。

（一）情报法规体系较为完备

总体上看，美国国家情报体制中每个管理层都有权制订管理本机构及下属机构的情报法规。当然，从法律效力上看，各个层次的情报法规其法律效力各不相同。位于顶层的是拥有最高法律效力的宪法，但是其中并没有直接规范情报事务的条文。即使如此，宪法中不少条款还是成为了其他情报法规的重要法理依据。例如，情报高层官员的任命须由参议院同意，就源于宪法第二条第二款的规定。

除了宪法外，法律效力位于第二位的是国会制订的情报法律。情报法律虽然由国会制订，但是也需要总统签署，因此情报法律也被看成是立法和行政部门共同创造的管理规则。其中最重要的情报法律是《1947 年国家安全法》。该法也是美国国家情报法规体系中的重要宪章。虽然经过 60 多年的时间，该法已经经历了大小二十多次修正，但是该法的作用和地位丝毫没有减弱，反而在不断上升。该法规定了美国国家情报体制中最重要的基本问题，也是美国国家情报加速法治进程的重要标志。而自 1947 年后，美国国会不遗余力地创设新的情报法律，至今美国已有至少 61 部涉及情报事务的法律（其中大约 30 多部为情报年度授权机制产生的年度情报授权法）。[①]

法律效力位于第三位的是总统行政命令及其他各类总统指令。从历史上看，总统行政命令是总统最重要的行政工具之一。虽然自首任总统乔治·华盛顿就已经开始颁布总统行政命令的雏形，但是当时的行政命令既没有编号，也不会记录。这一惯例直到 1907 年才

① 具体情报法律体系参见附录。

被打破。至今总统行政命令已编有1万多号，其中部分涉及情报的行政命令也成为美国国家情报法规体系的重要组成部分。除了总统行政命令外，总统还颁布有其他指令，其中不少也涉及情报事务（具体情况参加表5－1）。

表5－1　涉及情报的历届总统指令名称汇总表①

时间	总统任期	名称
1947—1977年	杜鲁门－福特时期	国家安全委员会情报指令（NSCID）
1961—1969年	肯尼迪－约翰逊时期	国家安全行动备忘录（NSAM）
1969—1977年	尼克松－福特时期	国家安全研究备忘录（NSSM）
1969—1977年	尼克松－福特时期	国家安全决策备忘录（NSDM）
1977—1981年	卡特时期	总统审查备忘录（PRM）
1977—1981年	卡特时期	总统指令（PD）
1981—1989年	里根时期	国家安全研究指令（NSSD）
1981—1989年	里根时期	国家安全决策指令（NSDD）
1989—1993年	老布什时期	国家安全审查（NSR）
1989—1993年	老布什时期	国家安全指令（NSD）
1993—2001年	克林顿时期	总统审查指令（PRD）
1993—2001年	克林顿时期	总统决策指令（PDD）
2001—2009年	小布什时期	国家安全总统指令（NSPD）
2001年至今	小布什－奥巴马时期	国土安全总统指令（HSPD）
2009—2017年	奥巴马时期	总统研究指令（PSD）
2009—2017年	奥巴马时期	总统政策指令（PPD）
2017年至今	特朗普时期	总统备忘录（PM）
2017年至今	特朗普时期	总统声明（PP）

由于历届总统指令的名称变化较大，其中包含情报的指令也纷繁复杂，出于篇幅考虑，就不一一赘述，仅以最具代表性的总统行

① 自尼克松总统开始，历届美国总统都会发布两类总统指令，这两类总统指令名称虽然多变，但是历届总统都将其保留了下来。另外，自小布什总统开始，美国总统新增加一项国土安全总统指令。

政命令为例，进行阐述说明。目前已经解密的总统行政命令中至少有33份涉及情报。[①] 而其中最重要的一份总统行政命令是第12333号总统行政命令。该命令虽然早在1981年就由里根总统颁布实施，但是几经修正后，该行政命令始终没有被废止。相反，其法律地位反而不断提升。在情报界，该行政命令的作用甚至不亚于《1947年国家安全法》，也属于美国情报界的重要法规文献。

法律效力位于第四位的是国家安全委员会、司法部长、国家情报总监、国防部长等机构首脑针对情报事务发布的各项指令、指示和指导方针等。其中，美国司法部长地位比较特殊，他不仅是内阁成员，而且是美国政府的总监察长和政府首席律师。他的主要职责包括代表政府向最高法院提出诉讼并处理涉及政府的法律事务。此外，他还负责为总统和其他部门首脑提供法律咨询建议。2002年以后，为了进一步规范和管理好情报机构，司法部长发布了一系列指导方针。例如，《联邦调查局对外情报与反情报调查情报共享程序》《披露大陪审团及电子、无线电和口头截获信息所属人身份的指导方针》《关于向中央情报主任和国土安全官员披露在犯罪调查中查获的对外情报的指导方针》《关于迅速处理对外情报源可能参与犯罪活动的指导方针》《司法部长针对联邦调查局国内行动的指导方针》《确保在发展与使用信息共享环境下保护美国公众信息隐私与合法权力的指导方针》等。这些指导方针不仅规范了联邦调查局的相关情报活动，同时对于整个情报界也具有较大的约束力。而国家情报总监、国防部长等政府各部门首脑发布的指令政策也具有重要的法律效力。虽然国家情报总监代表总统管理整个美国情报界，但是美国情报界各单位在行政关系上几乎都隶属于各内阁部门。因此，美国各情报单位在管理上呈现出较为明显的“双轨制”特征。例如，军方的情报机构既接受国家情报总监的管理，也接受国防部长的管理；情报研究局既接受国家情报总监的管理，也接受国务卿的管理；国土安

① 具体总统行政命令的颁布情况参见附录。

全部的情报机构既接受国家情报总监的管理，也接受国土安全部部长的管理等。因此，美国情报总监发布的各类指导政策与各情报单位上级部门首脑发布的指令几乎具有同等的法律效力。此外，对于军方的情报机构，其还需要遵守各类条令条例。这也进一步细化了国家情报法规体系。当然，有时候这些同层次的法规之间也会产生冲突和对立。例如，国家情报总监对国防情报局下达的指令有可能与国防部长下达的指令或与军方的条令相冲突，这时候就需要实施各类协调活动，将二者进行统一。不过在紧急情况下，各情报机构一般都以本内阁部门首长的指令为第一优先选项。

除了上述各法规外，各情报机构内部的规定、章程和制度也是其需要遵守的重要规则。这些法规属于机构内的规章制度，只对本机构及下属单位有效。因此，与之前的四类法规相比，其法律效力较低，适用范围也比较窄。从效用上看，这些法规并不属于国家情报法规体系涵盖的范围，因此本书不予以讨论。不过即使如此，这些法规由于更加具体，操作性也更强，在日常情报活动中，运用更加频繁。

（二）情报法规能够与时俱进

美国国家情报法规不仅体系较为完备，其还能紧跟时代步伐，不断自我修正与更新。以《1947 年国家安全法》为例，该法自创设以来，经历了大大小小三十余次修正。这些修正案中虽然包含不少条款的技术类修正，如机构名称、职位名称的变化，关键术语的变化、法条顺序的变化等，其中还包括不少对原有法条的反思和改善。例如，对模糊条款的进一步细化和厘定，对各类法律漏洞的补充和说明等。而所有这些修正要么扩大了法律的适用范围，要么丰富了法律的内涵。无论是何种目的的修正，最终结果都令整部法律能够与时俱进，紧跟时代的步伐。这一情形不仅存在于《1947 年国家安全法》这一部法律中，整个美国情报法规体系中的各类法规都是如此。例如，里根总统于 1981 年发布的第 12333 号行政命令——《美国情报活动》也几经修正，其最近的一次修正发生在 2008 年 7 月，时任总统的小布什发布了第 13470 号行政命令——《进一步修正 EO12333，美国情报活动》。美国国防部涉及情报的指令也是经常修正，以确保其内容和形式都能够涵盖最新的军事理论研究成果，适应当前的军事行动。这一点也令整个美国国家情报法规体系能够时刻保持生机和活力。

二、分权制衡的管理方式是实现法治的核心要务

美国著名政治家詹姆斯·麦迪逊曾在《联邦党人文集》中指出："必须用野心来对抗野心。人的利益必然是与当地的法律权利相联系。用这种方法来控制政府的弊病，可能是对人性的一种耻辱。但是政府本身若不是对人性的最大耻辱，又是什么呢？如果人都是天使，就不需要任何政府了。如果是天使统治人，就不需要对政府有任何外来的或内在的控制了。在组织一个统治人的政府时，最大困难在于必须首先使政府能够管理被统治者，然后再使政府管理自身……经验教导人们，必须有辅助性的预防措施。"① 有鉴于此，麦迪逊起草美国宪法时，积极提倡分权制衡的原则。而分权制衡也成为美国的基本政治制度和实现法治社会的根本保障。

在情报领域，美国人也积极落实分权制衡的原则，力求通过情报管理权的分散，实现各管理部门之间的相互监督和相互制衡，并以此为基础，落实各项情报法规，实现国家情报的法治。分权制衡的最大优点是能够将情报管理权进行拆分，实现了对情报机构的有效管控。这可以避免权力过度集中于少数人或少数机构而造成肆意滥权和法治不彰。如果国家情报上没有落实分权制衡的原则，那么制订得再好的良法到头来也只是一纸空文。而当情报机构失去制约时，其必然偏离预设的轨道，转而成为威胁国家利益和人民福祉的洪水猛兽。

此外，美国的分权制衡原则不仅体现在行政、立法和司法共同

---

① 汉密尔顿等：《联邦党人文集》，程逢如译，商务印书馆，2004 版，第 264 页。

分享情报管理权这一个方面。在行政、立法和司法部门内，其情报管理权仍然进一步被拆分。这也体现了美国人对分权思想的高度重视和坚决贯彻。

（一）行政领域，情报管理权的重重拆分

正如前文所述，美国情报机构的最高领导权在美国总统，而其通过国家情报总监统管整个美国情报界。因此，国家情报总监名义上是全美情报机构的最高领导，理应独享情报管理权。不过仔细分析后我们发现，虽然法律赋予美国情报总监诸多管理权力，但是其手中的情报管理权却远远称不上完备，甚至直到今天，他还只能算是一个协调者而非管理者。具体而言，美国情报总监的情报管理权遭到了两重拆分：一是情报界内的监察体系和总统情报顾问委员会等机构分享了情报监督权；二是各情报机构所属的上级内阁部门首脑分享了情报领导权。由于这两个问题在前文都已经阐述得较为详细，这里就不再重复赘述。由此可见，美国人从组织制度上对行政部门手中的情报管理权进行了不断拆分，避免权力过度集中于一人之手。这也预先防止了以权压法、有令不行的现象。

（二）立法领域，情报监督权的一分为二

1976 年和 1977 年，美国参众两院分别建立了专司情报的特别委员会。两委员会虽然都是国会下属的职能委员会，但由于分属参议院和众议院，所以二者之间并无隶属关系，各自都享有对情报界的监督权。当然，由于国会与情报机构之间并没有直接隶属关系。因此，无论是参议院情报特别委员会，还是众议院常设情报特别委员会都只有监督权而没有领导权。这两个委员会各自都拥有质询、调查、听证和提交法案的权力，因此二者之间的情报监督权并没有太大的区别。不过由于参议院还拥有情报高层人事任命的同意权，因此，相比而言，参议院的情报监督权稍大一些。

从历史上看，两院情报委员会共同承担对美国情报界的监督作用。由于二者都属于立法部门，因此在实施监督时更加名正言顺。不过两院的情报委员会在情报事务中虽然以合作为主，但是相互之

间也存在矛盾和斗争。例如，2004 年，美国媒体称参议院情报特别委员会原本反对某卫星计划，但拨款委员会和众议院常设情报特别委员会支持这一计划，最后经过一番斗争，参议院情报特别委员会不得不做出妥协。[①] 但有些时候由于二者分歧过大，导致参众两院未能达成一致，最终导致年度情报授权法胎死腹中，如 2006 财年和 2007 财年情报授权法都由于未能获得参议院的通过而未能成功立法。

由此可见，美国人在立法部门内部也积极践行分权制衡的理论，通过参议院情报特别委员会和众议院常设情报特别委员会的分权行为确保了权力的分散与制衡，避免单一机构滥用监督权，妨碍国家情报体制的有序运行。

（三）司法领域，情报监督权的三分天下

涉及情报事务的诉讼案件一般由联邦法院系统受理。按照前文所述，联邦法院共分三个层次，底层的联邦审判法院负责案件的一审；上诉法院负责案件的二审。一般情况下，二审即为本案件的终审，但是特殊情况下，最高法院也可负责案件的三审。当最高法院受理案件时，其判决结果为终审判决。从法律地位上说，最高法院位于顶层，审判法院位于底层，上诉法院位于中间。但是这三者之间并没有直接的隶属关系。这也使得各级法院在判决时可以更加客观公正，不会受到上级的干扰。此外，上级法院也只有在当事人提起上诉时才可接手进行二审或三审，因此，总体上看，哪怕位于底层的审判法院在情报监督上也拥有一定程度的自主权。不过由于最高法院为终审法院，且有权解释宪法，所以在司法领域内，联邦最高法院的情报监督权最大，联邦上诉法院次之，而联邦审判法院最小。这种三分天下的情况也是分权制衡理念的重要表现。

当然，与国会相比，法院只拥有被动的情报监督权，即只有产生诉讼时，法院才可接手，如果没有诉讼产生，则其权力难以彰显。

---

① Data Priest, "New Spy Statellite Debated in Hill," *Washington Post*, December 11, 2004, p. A1.

此外，法院虽然拥有司法解密权和司法审查权，但其权力主要以“事后救火”为主，比不上国会的“日常巡逻”。所以相比而言，司法部门的情报监督权较为有限。

三、自觉守法的法治文化是实现法治的有力保障

成熟完善的情报法规和分权制衡的情报管理方式只能保证美国情报界在开展情报活动时不敢违法和不能违法。这两种状态只是法治的中低层次。当前美国国家情报的法治进程已经步入了较高层次，即美国情报界在开展情报活动时不愿违法。这种由被动守法到主动守法的转变是国家情报实现全面法治的重要特征。为了实现这一转变，美国人积极打造自觉守法的法治文化。

拥有法治信仰才能在法治之路上披荆斩棘，锐意前行，拥有强大的执行力。如果在日常工作中发现情报机构存在违法和滥权现象时，美国情报界内也不乏积极向监察长及国会情报特别委员会检举揭发之人。为了保护举报人的人身安全和正当权益，美国国会也于《2014 财年情报授权法》中特别加入了保护检举人的条款。这种支持合法申诉并保护检举人正当权益的做法也将进一步坚定美国情报从业者的法治信仰，并培养其坚定维护法治的良好习惯。

当然，由于美国社会本身就具备悠久的民主传统和深刻的法治思想，所以美国情报界在打造法治文化上往往可以收到事半功倍的效果。例如，对正面典型进行宣传报道时，政府很容易就可以在情报界内形成人人争相守法的良好氛围。而初次进入美国情报界的各色人员在接受情报法治教育时也丝毫没有抵触情绪。而这种这种尊法守法的良好文化也保证了美国情报工作可以依法、有序实施。

第二节　美国国家情报法治的挫折教训

美国情报界在 60 多年的法治之路上除了有过不少成功经验，也存在不少挫折教训。在美国人看来，经验固然重要，而教训更加弥

足珍贵。而除美国外，整个西方世界似乎都更乐于、也敢于查找自己的失误。当然，美国人探讨挫折和教训并非仅仅为了声讨或问责，他们更多的是为了找到问题的症结，并给出医治的良方。[①] 而不断从挫折和失误中汲取教训也最终推动了美国国家情报的法治进程。遵从美国人的批判主义思维，我们发现美国国家情报法治的道路上有两点教训发人深省。

一、全力厘清法规条文，防止法条模糊和矛盾

几乎所有重要的情报法律中都存在着一个独特的现象，即在整部法律之前或之后都有一些专门用于界定概念和规范术语的条款。例如，《1947 年国家安全法》第 2 条就对该法中的各类概念和术语进行了较为详细的界定；《2004 年情报改革与防止恐怖主义法》中第 1102 条也对国家情报进行了重新修订；《1949 年中央情报局法》开篇也对各类概念进行了界定；而《1978 年对外情报监控法》也同样如此。这个奇特的现象一方面源于法律条款的严谨和细致，另一方面也是对以往法条模糊和矛盾的反思与改进。例如，《1947 年国家安全法》初创时，并没有专门的条款对重要概念和术语进行界定。这就使得相关机构和人员在遵照执行时容易出现不同的理解和解读。原本用于统一思想和规范行为的法律最终却造成了思想的混乱和行为的无序。这自然是一个莫大的讽刺。因此，美国人积极汲取这一教训，不仅对该法实施了修正，而且在之后制定情报法律时也对这一问题给予了足够的重视。例如，两年之后制定《1949 年中央情报局法》时，美国人就在该法开篇对相关概念进行了界定。

除了在概念界定上遭遇了一些挫折外，法条内容上的模糊和自相矛盾之处也让美国国家情报的法治进程遭遇了不小的麻烦。例如，《1947 年国家安全法》初创时，其第 102 条第 4 款规定："为了保证现有情报机构的利益，（中央情报局可）从事国家安全委员会认为由

---

① 张长军：《美国情报失误研究》，军事科学出版社，2006 年版，第 3 页。

中央机构可以更有效地完成的以上情报机构共同关心的其他工作；（中央情报局还应）履行国家安全委员会随时可能赋予的与国家安全情报有关的其他职责。”① 这些法条规定十分模糊，标准也不清晰。这使得中央情报主任在开展工作时缺乏坚定的理由和依据。此外，由于当初各部门的强烈坚持，在《1947 年国家安全法》中还有部分条款特意保护部门情报机构的利益。例如，《1947 年国家安全法》第 102 条第 4 款还规定：“（中央情报局应）对国家安全有关的情报进行归类和评估，并利用现有的、适当的机构和设备适当地在政府内部分发这些情报。前提条件如下：中央情报局不得行使维持治安、传唤和执法权；各部门和其他机构应继续搜集自身所需的情报并对其进行评估、归类和分发。”② 仔细研读这两个条款后我们发现，这两个条款在内容上确实存在自相矛盾和含混不清之处。而在同一部法律中出现这种自相矛盾和含混不清的规定，确实令人百思不得其解。不过了解了当时的立法背景后，我们才明白这一问题的根源。《1947 年国家安全法》的草案原本就是各方利益妥协的结果，为了照顾到各方面的利益，所以法条中不得不使用含混不清，甚至自相矛盾的语句以求得各方的理解和支持。这种为了谋求一致而不断妥协的做法，最终磨去了该法的棱角，令其无法完全实现预期的目的。这种法条内容上的模糊和自相矛盾也令美国情报活动出现了一定程度的混乱和无序。由于法规疏漏而导致的混乱也必然阻碍法治进程，甚至动摇人们对法治的认同和尊重。

二、全面杜绝法外特权，确保法规权威性与公信力

在法治社会中，法律不仅具有强制性，而且具有普适性。换句话说，就是法律面前人人平等，任何机构和个人都不得凌驾于法律

① Dennis Merrill (ed.), “The Central Intelligence Agency: Its Founding and the Dispute over Mission, 1945 – 1954,” *Documentary History of the Truman Presidency*, University Publication of America, 1998, pp. 183 – 187.

② Ibid.

之上，所有人都必须依法办事。但在美国国家情报法治历程中，美国情报界在较长的一段时期内拥有法外特权。这一现象不仅损害了情报法规的权威性和公信力，也制约了美国国家情报的整个法治进程。仔细研究后我们发现，情报机构的法外特权与行政、立法和司法部门的有法不依和违法不究紧密相关。下面以中央情报局在隐蔽行动上的法外特权为例进行详述。

（一）行政部门的放任赋予了中央情报局法外特权

以中央情报局实施的隐蔽行动为例，按照相关法规规定，隐蔽行动的批准程序一般只需由总统国家安全事务助理、中央情报局局长、参谋长联席会议主席、国务卿或副国务卿、国防部长或副部长以及司法部长等人组成的专门小组。实际上这种小组对中央情报局的行动计划审查得并不严格。小组成员对世界上大部分国家通常只有大概印象，在具体问题上他们一般也得求助自己的专家，但由于中央情报局计划的高度保密性，中央情报局外的专家极少有机会详细接触这些细节。中央情报局也常以保密为由，不在其计划中说明相关的人事安排和具体方法。一旦小组同意某项计划并经总统审批之后，该计划就由中央情报局全权负责。审查小组并不监督每项计划的具体实施。中央情报局通常要在计划已经完成或在要求增加拨款时才向小组汇报情况。这种有法难依，甚至有法不依的现象间接赋予了中央情报局法外特权。

（二）立法部门的默许助长了中央情报局的法外特权

“水门事件”之前，国会也对中央情报局的法外特权持默许态度。当时国会对中央情报局的监督也非常零乱。只有为数不多的议员了解中央情报局的情况及国会监督中央情报局的程序。原本按照法律规定，参众两院的拨款和军事委员会及其小组委员会负责监督中央情报局。但这些机构很少真正依法履行其职责，认真使用监督权。例如，参议院监督中央情报局的小组委员会在 1970 年根本没有开过会。而且很多议员由于害怕被扣上危害国家安全的帽子，而对情报事务避之不及。当时国会通常给中央情报局较多拨款，却不管拨款怎么使用。而且事实上并没有多少人知道拨款的具体数目。出于保密，这些拨款往往混在国防部和政府其他部门的预算中。事实上中央情报局也常常将其隐蔽行动秘而不宣。如 1963 年到 1974 年间前述各种小组委员会审批了 33 项隐蔽行动，而中央情报局只向国会简要介绍过其中 8 项。“水门事件”后，国会对中央情报局的监督比之前要更严格一些。但是某些委员会的成员同过去一样，不愿过多干涉中央情报局的活动。某些成员为避免在隐蔽活动方面与中央情报局进行合作而不愿意了解中央情报局的情况。而中央情报局自身也像过去一样，以安全保密为由不愿向国会提供隐蔽行动的具体情况。如 1984 年中央情报主任威廉·凯西在中央情报局已在尼加拉瓜港口布雷后才将此事简略地告诉了国会情报特别委员会成员，连参议院情报特别委员会主席巴里·戈德华特也是通过新闻媒体才获知此事。这种有法不依，有令不行的情况也助长了中央情报局的法外特权。

（三）司法部门的纵容扩大了中央情报局的法外特权

美国的各级法院，它们向来不愿过多询问包括中央情报局活动在内的美国涉外事务。从 1947 年中央情报局成立到 1975 年，美国各级法院只做出了七个与中央情报局直接有关的司法裁决，而且其中任何一个裁决都对中央情报局的活动没有实质影响。这种司法上的纵容和不作为，更令中央情报局有恃无恐，敢于挑战各类情报法规。司法底线被突破后，情报法规更是成为一纸空文，失去了权威性和公信力。

正是由于行政、立法和司法部门的放任、默许和纵容，美国情报界才拥有了法外特权，并导致美国情报活动中出现了有法不依和违法不究的现象。这不仅令情报法规失去了应有的作用，而且大大延缓了国家情报的法治进程，甚至还将动摇法治的根基。其危害之大值得人们的高度重视和警惕。

综上所述，美利坚民族是一个重视从失败中汲取教训的民族，其民族精神中就充满了批判性。而其批判精神中又贯穿着实用主义和修正主义的思想，因此，美国人喜欢从国家情报法治进程中总结成功经验，汲取失败教训。而美国人对国家情报法治进程的不断反思和总结，也令其能够在日后的法治进程中发现新的方法，找到新的目标，拓展新的领域。这种重视总结经验和汲取教训的精神也进一步巩固了其在国家情报法治进程中的领先地位，令其得以长期保持优势。在此，我们也应积极吸收和借鉴美国国家情报法治的成功经验和挫折教训，并结合我国实际，走出一条适合我国国情的国家情报法治之路。

附　　录

附录一　美国国家情报法规体系示意图

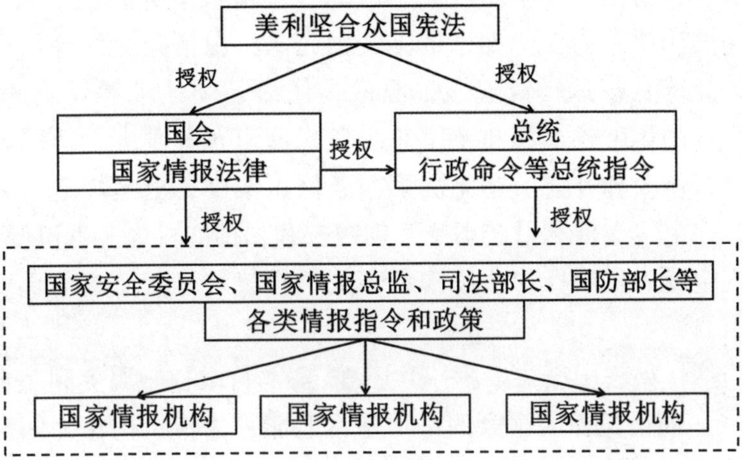

※虚线框内各类情报法规其法律依据都源自国会颁布的法律和总统发布的法令。另本示意图只反映美国情报法规中成文法的体系结构，司法系统中不成文的判例法并未体现其中。

附录二　美国宪法中涉及情报的条款

1776 年，北美殖民地虽然获得独立，但是临时组建的邦联政府在对内和对外管理中毫无作为。为了加强中央集权，1887 年，汉密尔顿等联邦党人积极倡议各州选派代表召开制宪会议。在本次会议中，汉密尔顿等人提出："为了组建一个更完善的联邦，建立正义，保障国内安全，提供共同防御，提升大众福祉，并将自由的恩赐泽于自身和子孙后代，特制定和创设美利坚合众国宪法。"①

这部宪法是人类历史上首部成文宪法，也是美国的根本大法。在这部法律中，对于情报并没有直接提及。但是根据《美利坚合众国宪法》（United States Constitution）第一条第一款的规定："本宪法授予的全部立法权，属于由参议院和众议院组成的合众国国会。"②因此，美国涉及情报的各项法律都必须交由国会制定，而美国国会制定的各类情报法律理所当然地成为处理情报事务的根本依据，具有最高的法律效力。例如，依据美国宪法，在情报界的高层人事安排上，总统有权选择候选人，但最终任命还须征求参议院的同意；在情报界的年度预算安排上，总统负责起草预算草案，但国会有权对其进行修改和补充。在宪法第四条修正案中，更是规定"公民的人身、住宅、文件和财产不受无理搜查和扣押的权力，不得侵犯"③。这一规定成为日后保护公民隐私不受情报机构非法监控的重要法律武器。

当然，宪法中第二条第一款还规定，"行政权归属美利坚合众国总统"④。而情报作为国家的一项基本职能，情报机构作为国家政府的天然组成部分，自然而然归属总统领导和管控。可以说，宪法中的这一规定也为日后总统独享情报管理权，将情报视为私人权力禁地留下了隐患，也为日后总统和国会为争夺情报管理权而开展激烈斗争埋下了伏笔。

① Office of General Counsel, *Intelligence Community Legal Reference Book*, Office of the Director of National Intelligence, Winter 2012, p. 1.

② Ibid. .

③ Ibid. , p. 13.

④ Ibid. , p. 7.

附录三　美国法典中涉及情报的法律

1926 年，美国国会正式开始制定《美国法典》（United States Code）。《美国法典》是美国除宪法外，全部联邦法律的官方汇编。国会制定的所有法律最终都会分门别类地编撰进入法典的各个条目。[①] 对情报法律而言，除了宪法中的各项明文规定外，《美国法典》中收录的《1947 年国家安全法》（*National Security Act of 1947*）、《2004 年情报改革与防止恐怖主义法》（*Intelligence Reform and Terrorism Prevention Act of 2004*）等数十部法律还对美国情报界的顶层设计、职能范围、权力分配和活动方式进行了较为清晰的界定和限制。这些法律条文都成为了管理美国情报机构和情报活动的重要依据和权力来源。

---

① 当前，《美国法典》共划分为 51 卷，它们依次是总则、国会、总统、国旗、国玺、政府部门和联邦各州、政府组织与雇员、担保债务（现已废除）、农业、外国人与国籍、仲裁、武装力量、破产、银行与金融、人口普查、海岸警卫、商业与贸易、资源保护、版权、犯罪与刑事程序、关税、教育、食品与药品、对外关系、公路、医院与收容所、印第安人、财政收入、麻醉性酒精、司法和司法程序、劳工、矿藏和采矿、货币与财政、国民警卫、航运与可航运水域、海军（现已废除）、专利、宗教习俗、规则行业薪金与津贴、退伍军人救济、邮政事业、公共建筑、公共合同、公共卫生与福利、公共土地、国家印刷品与文献、铁路、航运、电报、电话和无线电报、领土与岛屿所有权、交通、战争与国防。国会制定的每条法律最终都会分门别类收录进《美国法典》。

《美国法典》中涉及情报的法律汇总表①

时间	法律名称
1947 年	1947 年国家安全法（National Security Act Of 1947）
1949 年	1949 年中央情报局法（Central Intelligence Agency Act Of 1949）
1958 年	1958 年国防部改组法（The Department of Defense Reorganization Act of 1958）
1959 年	1959 年国家安全局法（National Security Agency Act Of 1959）
1967 年	信息自由法（Freedom Of Information Act）
1968 年	1968 年综合犯罪控制与街道安全法（Omnibus Crime Control and Safe Streets Act of 1968）
1974 年	1974 年休斯 - 瑞安法（Hughes - Ryan Act of 1974）
1974 年	隐私法（Privacy Act）
1978 年	1978 年对外情报监控法（Foreign Intelligence Surveillance Act Of 1978）
1978 年	1978 年监察长法（Inspector General Act Of 1978）
1978 年	1979 财年情报授权法（Intelligence and Intelligence Related Activities Authorization Act for FY 1979）
1979 年	1980 财年情报授权法（Intelligence and Intelligence Related Activities Authorization Act for FY 1980）
1980 年	机密信息程序法（Classified Information Procedures Act）
1980 年	1981 财年情报授权法（Intelligence Authorization Act for FY 1981）
1981 年	1982 财年情报授权法（Intelligence Authorization Act for FY 1982）
1982 年	1983 财年情报授权法（Intelligence Authorization Act for FY 1983）
1983 年	1984 财年情报授权法（Intelligence Authorization Act for FY 1984）
1984 年	1985 财年情报授权法（Intelligence Authorization Act for FY 1985）
1985 年	1986 财年情报授权法（Intelligence Authorization Act for FY 1986）

① 表中仅列出收录于《美国法典》且当前适用的主要情报法律。对表中各类法律的修正案，除具有重大变化，并具有重大作用外，不再另行单列；每年的情报授权法中包含诸多法条，其中部分法条由于内容较为重要，因此也会有自己的名字，如《1993 财年情报授权法》中第 7 章就名为“情报组织法”，《1995 财年情报授权法》中第 8 章也名为“1994 反情报与安全促进法”。这些法律作为年度情报授权法的重要组成部分也不再单独列出。参见 Office of General Counsel, *Intelligence Community Legal Reference Book*, Office of the Director of National Intelligence, Winter 2012 及 Office of the Director of National Intelligence, *US National Intelligence: An Overview* 2013, Office of the Director of National Intelligence, 2013, pp. 86 – 88.

续表

时间	法律名称
1986 年	1987 财年情报授权法（Intelligence Authorization Act for FY 1987）
1987 年	1988 财年情报授权法（Intelligence Authorization Act for FY 1988）
1988 年	1989 财年情报授权法（Intelligence Authorization Act for FY 1989）
1989 年	1990 财年情报授权法（Intelligence Authorization Act for FY 1990）
1991 年	1991 财年情报授权法（Intelligence Authorization Act for FY 1991）
1991 年	1992 财年情报授权法（Intelligence Authorization Act for FY 1992）
1992 年	1993 财年情报授权法（Intelligence Authorization Act for FY 1993）
1993 年	1993 年中情局自愿分离鼓励法（CIA Voluntary Separation Incentive Act of 1993）
1993 年	1994 财年情报授权法（Intelligence Authorization Act for FY 1994）
1994 年	1995 财年情报授权法（Intelligence Authorization Act for FY 1995）
1996 年	1996 财年情报授权法（Intelligence Authorization Act for FY 1996）
1996 年	1996 年国家图像与测绘局法（National Imagery And Mapping Agency Act Of 1996）
1996 年	1996 年战争罪法（War Crimes Act Of 1996）
1996 年	1997 财年情报授权法（Intelligence Authorization Act for FY 1997）
1997 年	1998 财年情报授权法（Intelligence Authorization Act for FY 1998）
1998 年	1999 财年情报授权法（Intelligence Authorization Act for FY 1999）
1999 年	2000 财年情报授权法（Intelligence Authorization Act for FY 2000）
2000 年	2001 财年情报授权法（Intelligence Authorization Act for FY 2001）
2001 年	2001 年美国爱国者法（USA Patriot Act Of 2001）
2001 年	2002 财年情报授权法（Intelligence Authorization Act for FY 2002）
2002 年	2002 年国土安全法（Homeland Security Act Of 2002）
2002 年	联邦信息安全管理法（Federal Information Security Management Act）
2002 年	2003 财年情报授权法（Intelligence Authorization Act for FY 2003）
2003 年	2004 财年情报授权法（Intelligence Authorization Act for FY 2004）
2004 年	2004 年情报改革与防止恐怖主义法（Intelligence Reform And Terrorism Prevention Act Of 2004）
2004 年	2005 财年情报授权法（Intelligence Authorization Act for FY 2005）
2005 年	2005 年囚犯待遇法（Detainee Treatment Act Of 2005）

续表

时间	法律名称
2005 年	2005 年美国爱国者修改和再授权法（USA Patriot Improvement And Reauthorization Act Of 2005）
2006 年	2006 年特别军事法庭法（Military Commissions Act Of 2006）
2006 年	美国法典第 10 卷国防部授权法（Department Of Defense Title 10 Authorities）
2006 年	2006 年爱国者额外授权增补法（USA PATRIOT Act Additional Reauthorizing Amendments Act of 2006）
2007 年	2007 年执行“9·11”委员会建议法（Implementing Recommendations Of The 9/11 Commission Act Of 2007）
2007 年	2007 年保护美国法（Protect America Act Of 2007）
2008 年	2008 年对外情报监控法增补法（Foreign Intelligence Surveillance Act of 1978 Amendment Act of 2008）
2010 年	2010 财年情报授权法（Intelligence Authorization Act for FY 2010）
2011 年	2011 财年情报授权法（Intelligence Authorization Act for FY 2011）
2012 年	2012 财年情报授权法（Intelligence Authorization Act for FY 2012）
2013 年	2013 财年情报授权法（Intelligence Authorization Act for FY 2013）
2014 年	2014 财年情报授权法（Intelligence Authorization Act for FY 2014）
2014 年	2015 财年情报授权法（Intelligence Authorization Act for FY 2015）
不详	无线电、电子和口头通讯截收法（Interception Of Wire, Electronic, And Oral Communications）

依据各法律的功能和作用，上表中的数十部法律大致可分为以下几类：

一、建立和改革整个美国国家情报体制的法律

在这数十部法律中，地位最高，作用最大的两部法律分别是《1947 年国家安全法》和《2004 年情报改革与防止恐怖主义法》。其中《1947 年国家安全法》奠定了战后美国国家情报体制的基础，也是美国现代情报体制得以建立的前提。该法对战后美国众多情报组织和情报机构进行了重新整合和洗牌，并在破除早期情报体制的

基础上，重新构建了美国的现代情报体制。[1] 而《2004 年情报改革与防止恐怖主义法》则是法律地位仅次于《1947 年国家安全法》的另一部重要法律。该法将已经建立半个多世纪的情报体制进行了最大幅度的一次改组。该法将过去的中央情报主任（DCI, Director of Central Intelligence）与中央情报局局长（DCIA, Director of Central Intelligence Agency）这两个法定职位进行拆分，新设置了国家情报总监（DNI, Director of National Intelligence）一职，负责过去中央情报主任的全部情报管理工作，统管美国情报界 16 家情报机构。而中央情报局局长不再兼任中央情报主任后，其地位有所下降，中央情报局也随之变为和其他 16 家情报机构一样的情报任务执行机构，不再拥有特殊地位。而为了辅助国家情报总监完成工作，美国政府特别组建了国家情报总监办公室（Office of the Director of National Intelligence），并建立各类情报管理协调中心综合协调和整合处理相关业务领域的情报，如国家反恐中心（NCTC）、国家防扩散中心（NCPC）等。

二、设置情报机构职责权限的法律

该类型的情报法律数量最多，下面仅列举最有代表性的 11 部法律进行阐述：

1.《1949 年中央情报局法》。该法规定了中央情报局的职责权限和机构设置。1949 年，该法经美国国会两院通过后正式生效。现今该法几经修正，共 24 条。该法明确规定了中央情报局的职责权限和法律规范，如第 3 条“采购权力”；第 5 条“中央情报局的一般权限”；第 6 条“保护中央情报局职能特性的规定”；第 7 条“接纳外侨入籍的数量限制”；第 8 条“拨款权”；第 13 条“禁止滥用中央情报局名称、缩写和印章的规定”；第 15 条“中央情报局内部场所

① Sam C. Sarkesian, John Mead Flanagin, Richard E. Friedman, *U. S. Domestic and National Security Agendas: Into the Twenty-First Century*, Greenwood Press, 1994, p. 260.

安保人员的规定”；第 17 条“关于监察长活动汇报的规定”、第 20 条“关于中央情报局总顾问的岗位职责”等。

其中该法关于中央情报局财务权力的规定中指出：“申请经费开支可以不用考虑政府财务支出的法律和规章的规定；对于涉密及特别紧急的项目，其经费申请只需局长的授权证明；此外，局长的授权证书应被认定为所需款项的有效法律文件。”① 这为中央情报局开展各类情报行动在申请经费支持上大开绿灯。

为了保护情报来源和手段的安全，《1949 年中央情报局法》更是在第6 条“保护该局职能特性的规定”中写明：“出于保护美国对外情报活动的利益及美国法典中本卷第403 –1（i）条款的规定，国家情报总监应负责保护情报来源和手段不被非法披露。此外，对于1935 年 8 月 28 日法案中第 1 条和第 2 条条款的规定（49 Stat. 956, 957; 5 U. S. C. §654），该局拥有豁免权，而且对于以后任何其他法律中要求该局发表或披露其组织、职能、名称、官方职位、薪金及该局雇员数量的要求，该局都拥有豁免权。”② 这也为中央情报局特工开展情报活动提供了法律保障。

为了吸引和策反国外目标人物，《1949 年中央情报局法》第 7 条更是大开方便之门，指出：“无论何时，只要中央情报局局长、司法部长和移民归化局局长认为赋予某名外国人在美国的永久居留权符合美国安全利益或可以促进美国国家情报任务的完成，那么该人及其近亲将可获得美国的永久居留权，哪怕该人并不具有移民资格或此举违反了其他法律和法规的规定。”③ 这项规定为美国情报机构吸收外国代理人提供了很大的便利，也解除了很多情报特工的后顾之忧。

2. 《1958 年国防部改组法》。该法正式确立了美国行政管理和

---

① Scott D. Breckinridge, *The CIA and US Intelligence System*, Westview Press, 1986, p. 257.

② Office of General Counsel, *Intelligence Community Legal Reference Book*, Office of the Director of National Intelligence, Winter 2012, p. 265.

③ Ibid. .

指挥作战相分离的军事领导体制，其主要内容是关于国防部机构调整和设置的一部法律。但是该法中也有很大一部分内容涉及美国国防部内情报管理的相关事宜。例如该法第 3 条“杂项”就规定了美军情报人员的薪金待遇、身份地位和经费使用等内容；第 5 条“情报活动的职责”主要规定的是美国国会对美军情报活动的监督权限等问题；第 6 条“保护情报活动”则专门规定了美国国防部应采取何种方式和方法保护美国特工、线人和秘密情报源；第 7 条“保护情报文件”则规定了国家地理空间情报局、国家侦察办公室、国家安全局、国防情报局等美国国家级的情报机构在情报生产活动中产生的各类情报产品如何保管和处理；第 8 条“获取涉密信息”则对所有情报机构接触和使用过的涉密文件如何管控进行了较为详细的规定等。

3.《1959 年国家安全局法》。1959 年 5 月，美国参众两院通过了《1959 年国家安全局法》，几经修改，该法现在共有 15 条[①]。这 15 条法律对国家安全局的职能使命、人事安排、运作模式、财政经费、薪资待遇、教育训练等职责和权限进行了基本的规范。

例如，该法第 10 条 c 款对国家安全局预备役机构设置规定如下：“在征求国防部长同意后，为了运作军方密码破译预备役单位并保留必要的外语技能和国家安全局的其他相关技能，国家安全局局长可组建密码破译语言预备役单位。”[②] 该法第 19 条规定：“需组建国家安全局新兴技术委员会，该委员会为国家安全局常设机构，其成员由国家安全局局长选定，并直接对局长负责。委员会负责探索

---

① 该法原本 20 条，但第 2、3、4、6 和 17 条已经被合并或废止。具体修正如下：1）SEC. 2. Repealed. Pub . L. 104 – 201, SEC. 1633, Sept. 9, 1996, 110 Stat. 2751；2）SEC. 3. Amended section 1581（a）of Title 10, Armed Forces；3）SEC. 4. Repealed. Pub . L. 104 – 201, SEC. 1633, Sept. 9, 1996, 110 Stat. 2751；4）SEC. 7. Repealed. Pub. L. 89 – 554, SEC. 8（a）, Sept. 6, 1966, 80 Stat. 660；5）SEC. 17. Repealed. Pub. L. 103 – 359, SEC. 806, Oct. 14, 1994, 108 Stat. 3442.

② Office of General Counsel, *Intelligence Community Legal Reference Book*, Office of the Director of National Intelligence, Winter 2012, p. 299.

和评估新兴技术的研发与应用，并定期向局长汇报。”[①] 该法第 12 条 a 款还对国家安全局人事体制做出如下规定：“国防部长及其代表可通过法规依法在国家安全局内为高级文职密码破译人员设置人事体制，该机构名为高级密码破译执行处。”[②]

对于运作模式问题，该法第 13 条 a 款规定：“国家安全局局长可以允许私人或私企从事密码破译研究工作。但私人或私企申请从事该项研究工作时必须获得国家安全局局长的同意，且该研究工作必须与美国国家安全高度一致。”[③]

可以说，总体上看，《1959 年国家安全局法》涉及国家安全局工作的方方面面，不仅划定了国家安全局的职责权限，还赋予了美国国家安全局各方面的特权，规范了美国国家安全局的各类活动，是美国国家安全局得以顺利运转的重要法律基础。

4.《1978 年监察长法》。1978 年，美国国会为加强对各内阁部门的管控，防止各部门的贪腐行为而颁布了《1978 年监察长法》，并在各内阁机构设立了监察长办公室。美国情报界作为政府机构的重要一员，也属于该法管辖的范围之内。该法共 12 条，[④] 其第 3 条规定了各机构监察长任命和解职的一般流程，并规定监察长下辖两名助理监察长，分别负责审计和调查事务。该法第 4 条和第 5 条也分别规定了监察长的一般职责和权限，及其负责和汇报的对象。该法第 8 条 h 款专门针对美国情报界做出了规定：“国防情报局、国家地理空间情报局、国家侦察办公室和国家安全局的雇员及承包商如果想向国会提出控诉或出于紧急情况而向国会提供信息，那么他们可以将其情况汇报给国防部监察长；联邦调查局的雇员及承包商如果想向国会提出控诉或出于紧急情况而向国会提供信息，那么他们

---

① Office of General Counsel, *Intelligence Community Legal Reference Book*, Office of the Director of National Intelligence, Winter 2012, p. 307.

② Ibid., 303.

③ Ibid., p. 304.

④ 《1978 年监察长法》原本共 13 条，其第 10 条现已被删除，第 8 条 k 款也已被废止。

可以将其情况汇报给司法部监察长；总统依法授权组建并从事对外情报和反情报事务的其他雇员、承包商、执行机构及相关单位如果想向国会提出控诉或出于紧急情况而向国会提供信息，那么他们可以将其情况汇报给相应机构的监察长。”[①] 该款还规定，在接到控诉或信息后，监察长必须在14天内确定控诉或信息是否可信，并向该单位领导汇报；单位领导接到汇报后，必须在7天内将该控诉或信息上报参众两院的情报特别委员会。

总体上看，该法是美国情报界各机构设置监察长办公室的法律依据，对防止美国情报机构滥用职权具有十分重要的作用，为情报机构雇员维护自己及他人的合法权益也提供了可靠的法律保障。

5.《1992年情报组织法》。1992年10月，美国国会通过了《1992年情报组织法》。该法为《1993财年情报授权法》的第7章，但由于其特殊的地位和作用，故单独将其命名为《1992年情报组织法》。该法对美国国会已颁布施行的《1947年国家安全法》进行了大幅度的修正，其不仅重新界定了“情报界”“反情报”“对外情报”“国家情报”和“国家对外情报项目”等核心概念，更重新赋予了中央情报主任新的职责和权限，对其在国家安全委员会中的地位和作用也做出了安排和说明，对中央情报主任下属的中央情报副主任及中央情报主任办公室的相关人员和机构的任命和职责也做出了规范。

例如，该法对中央情报主任的职责和权限进行了规范。如该法第722条“中央情报主任的职责和权限”就规定：“中央情报主任应履行以下职责：(a) 提供情报；(b) 组建国家情报委员会；(c) 担任情报界首脑；(d) 担任中央情报局局长。”[②] 除了以上职责，其还拥有如下权利：“(a) 接触所有情报；(b) 审批各类预算；(c) 规划国家对外情报项目；(d) 在国家对外情报项目内任意调动资金和

① Inspector General Act of 1978, http://www.cornell.edu/uscode/html/uscode05a/usc_sup_05_5_10_sq2.html.

② Ibid.

人员。”[①]

6.《1994反情报与安全促进法》。1994年10月14日，美国国会通过了《1994反情报与安全促进法》。该法为《1995财年情报授权法》的第8章，但由于其地位特殊，作用独特，故单独命名为《1994反情报与安全促进法》。该法并不长，经修正后，全文共1条（SEC. 811），下列5款。a款规定美国政府内部需建立“国家反情报政策委员会”（National Counterintelligence Policy Board），该机构通过国家安全委员会直接向总统负责；b款规定了该委员会主席人选如何确定；c款规定了该委员会的人员组成情况；d款规定了该机构的职责使命；e款规定了该机构如何与联邦调查局在反情报事务上开展协调工作。总体上看，该法虽然篇幅简短，但是其在反情报领域的作用却十分重要，为相关反情报机构开展协调工作指明了方向。

7.《1996年国家图像与测绘局法》。1996年6月，美国国防部颁布《关于成立国家图像与测绘局的指令》，将国防测绘局与中央情报局卫星图像分析中心合并，成立了国家图像与测绘局，专职为国家决策层和战场指挥官提供战略、战术图像情报。同年9月，美国国会通过了《1996年国家图像与测绘局法》，对新成立的国家图像与测绘局职责使命、人事安排和管理权限进行了规范。[②]

该法共四章，分别是“使命和权限”“地图、海图和测量产品”“人事管理”和“概念界定”。在该法“使命和权限”的第441条a款规定：“国家地理空间情报局（原国家图像与测绘局）是国防部的战斗支援机构，同时承担国家情报任务。”[③] 这一规定使得该机构合法成为美国国家级情报机构之一。该法的其余条款则规定了该局

---

① Inspector General Act of 1978, http://www.cornell.edu/uscode/html/uscode05a/usc_sup_05_5_10_sq2.html.

② 由于国家图像与测绘局（NIMA）已经更名为地理空间情报局（NGA），因此该法具体条目中相关称谓已经发生了变化，统一修正为国家地理空间情报局，但本法名称仍然为《1996年国家图像与测绘局法》。

③ Office of General Counsel, *Intelligence Community Legal Reference Book*, Office of the Director of National Intelligence, Winter 2012, p. 319.

局长人选如何确定，其职责与权限，以及相关图像产品如何生产和分发，人事制度如何建立等内容。

8.《2002 年国土安全法》。2002 年 11 月，美国国会通过了《2002 年国土安全法》，并依法成立了一个新的内阁部门——国土安全部。该机构囊括了过去的 22 个政府机构，成为了美国内阁部门中下属机构最多，职责最繁杂的单位。这一现象同样反映在了《2002 年国土安全法》中。该法共 20 章，各章下辖数量不一的条款，最长的一章下辖 60 多条条款，具体规范了国土安全部如何与非联邦实体协调工作、部内监察长的职权、下属特情局的职能、下属海岸警卫队的作用等内容。

该法中也有部分条款涉及国土安全部下辖情报机构职责权限和情报管理问题。如第 2 章“信息分析与基础设施保护”的第 207 条规定了国土安全部下辖各情报机构需遵循该部部长的“指令”（direction）和国家情报总监的“指导”（guidance）。这种行政和业务上的双重领导体制也是美国情报管理领域的一大特色。第 207 条还规定国土安全部下辖情报机构“应在负责情报与分析的副部长的领导下开展情报支援工作”。[①] 这一条也从法理上理顺了国土安全部负责情报与分析的副部长与部内各情报机构领导之间的隶属关系。第 207 条中其余条款还规定了国土安全部下辖情报机构如何实施协调、制定规划和拟制政策等问题。该法第 208 条和第 209 条则规定了部内各情报机构雇员如何接受情报培训的问题。第 8 章“非联邦实体协调、监察长、特情局、海岸警卫队和总则”中第 897 条对涉外情报信息在信息共享中做出如下规定：“鉴于中央情报主任[②]有责任保护情报来源和方法，司法部长有责任保护敏感执法信息，故将犯罪调查过程中获取的信息披露给联邦、各州及当地政府机构的官员以预

① Office of General Counsel, *Intelligence Community Legal Reference Book*, Office of the Director of National Intelligence, Winter 2012, p. 359.

② 因该法制定时间为 2002 年，当时还没有设立国家情报总监一职，故原文中仍然使用中央情报主任的称呼。

防和应对相应威胁应为合法行为。这些信息包括：揭露当前或潜在攻击的信息，揭露外国或其特工实施的严重敌对行动的信息，揭露国内和国际破坏行动的信息，揭露国内和国际恐怖主义的信息，揭露外国情报机构及其特工网络实施的秘密情报搜集活动的信息。”①

9.《2002 反情报促进法》。2011 年 11 月 27 日，美国国会通过了《2002 反情报促进法》。该法为《2003 财年情报授权法》的第 9 章，由于其地位和作用较为独特，故将其单独命名为《2002 反情报促进法》。该法现共分为“短标题和立法目的”“国家反情报执行官”“国家反情报执行办公室”和“国家安全法反情报提案”四部分，分别规范了该法的名称；立法目的；国家反情报相关机构的职责使命、管辖权限和人事安排等内容。该法也成为国家情报总监办公室下设国家反情报执行官的重要法律依据。

例如，该法第 902 条 a 款规定：“1. 应设立国家反情报执行官，该职位由国家情报总监任命。2. 国会认为国家情报总监在该职位的人事安排上应征询司法部长、国防部长和中央情报局局长的意见。”②对于国家反情报执行官的职责使命，该法规定国家反情报执行官“应为美国政府在国家反情报领域的首脑”③，其应在国家情报总监的领导下履行以下职责：1. 管理国家反情报事务；2. 担任国家反情报政策委员会主席（chairperson of the National Counterintelligence Policy Board）；3. 担任国家反情报执行办公室领导；4. 在国家情报总监的授意下作为观察员参与行政机构的其他委员会组织。④

该法第 904 条对国家反情报执行办公室的设置和职能也规定如下：“国家情报总监办公室下辖国家反情报执行办公室”⑤，其具体职能包括：“1. 提供国家威胁识别和优先顺序评估；2. 制订国家反

① Office of General Counsel, *Intelligence Community Legal Reference Book*, Office of the Director of National Intelligence, Winter 2012, p. 389.

② Ibid., p. 397.

③ Ibid.

④ Ibid., p. 398.

⑤ Ibid.

情报战略；3. 执行国家反情报战略；4. 从事国家反情报战略分析；5. 管理国家反情报项目预算；6. 开展国家反情报搜集和目标协调活动；7. 拓展反情报工作、实施反情报监控、提供反情报预警。”①

10.《2006 年特别军事法庭法》。2006 年 10 月，美国颁布《2006 年特别军事法庭法》。该法主要用于授权特别军事法庭审判涉嫌违反战争法和其他法律的犯罪嫌疑人。该法中也有部分条款规定了涉密信息管控和对恐怖分子嫌疑人的讯问和审判的相关事宜。因此，该法对美国反情报工作也具有重要的指导意义。该法不仅规定了中央情报局和联邦调查局在反情报调查方面的授权审批程序，也规定了在开展军法审判时，相关涉密情报信息的保护问题。例如，该法允许中央情报局对恐怖分子嫌疑人进行严厉讯问，并批准特别军事法庭对嫌疑人进行军法审判。

11.《美国法典第 10 卷国防部授权法》。2006 年美国国会颁布了《美国法典第 10 卷国防部授权法》。该法共由两部分构成，第一部分是美国法典第 10 卷第 4 章中的第 137 条——“负责情报的副国防部长”条款，第二部分是美国法典第 10 卷第 21 章中的第 421 至 437 条共 15 条条款组成。② 该法内容覆盖面广，涉及情报领域的事务较多，因此在美国情报法律体系中也具有较重要的地位。

例如，该法第 137 条对美国国防部负责情报事务的副国防部长这一职位具有如下规定：“总统应挑选一名文职人员担任负责情报事务的副国防部长，其任命还需听取参议院的建议，并获得参议院的同意。负责情报事务的副国防部长应听从国防部长的领导、指挥和控制，并代表国防部长在情报领域行使职权。该职位在国防部内地位仅次与负责人事和战备事务的副国防部长。”③ 该法第 426 条“整

---

① Office of General Counsel, *Intelligence Community Legal Reference Book*, Office of the Director of National Intelligence, Winter 2012, pp. 398 – 400.

② 该章中第 427 条和 430 条并未包括在内，因此共 15 条条款。

③ Office of General Counsel, *Intelligence Community Legal Reference Book*, Office of the Director of National Intelligence, Winter 2012, p. 309.

合国防部情报、监视和侦察能力”中对相关机构的人员组成也有如下规定：“负责情报的副国防部长应组建情报、监视和侦察整合委员会。该委员会应包括武装部队和特种作战司令部的高级情报官、联合参谋部作战部部长、国防部内各情报局局长。负责情报的副国防部长还应邀请国家情报总监或其代表列席会议，各军种部也应派遣各自代表列席会议。”①

三、审批和监督情报活动的法律

该类型的情报法律数量也不少，下面仅列举最有代表性的7部法律进行阐述：

1.《1968年综合犯罪控制与街道安全法》。该法是专门规定窃听行为的一部法律，对窃听的条件、程序、方式和保护当事人权力等问题进行了较为详细的规定。该法规定，为保护无辜民众的合法权利，在未经通信当事人同意的情况下，实施窃听时必须获得具有司法管辖权的法官颁布的判令。该授权行为还需接受法院的其他监督和控制。当然，该法也给予美国总统一定的自由裁量权，即当美国国家安全遭遇威胁，为应对外国情报机构开展的敌对活动，美国总统有权采取必要的措施保护美国。由于该法表述较为模糊，所以导致行政和立法部门对此具有不同的解读。表明上看，美国总统在特殊时期可以在没有得到法院判令的情况下实施监听行为，但是立法部门认为这一点涉嫌违反宪法第四修正案。因此，该法颁布不久就增加了新的修正案。在该修正案中明确规定，在紧急情况下可以先采取监听措施，但必须在48小时内向法院补交申请，如果申请被否决，那么相关机构必须立即停止监听活动。此外，最高法院也在1972年通过判例否决了总统的特权条款。在之后的法律修正中，该条款也被删除。由此可见，该法对审批和监督对内情报搜集活动具

① Office of General Counsel, *Intelligence Community Legal Reference Book*, Office of the Director of National Intelligence, Winter 2012, pp. 311 -312.

有重要的指导意义。

2.《1974 年休斯 - 瑞安法》。1974 年 4 月，美国国会参议员哈罗德 · 休斯（Harold Hughes）和众议员员里奥 · 瑞安（Leo Ryan）向美国国会提交议案，要求对美国国会于 1961 年颁布的《对外援助法》(Foreign Assistance Act) 的第 622 条进行修正。其目的在于进一步规范美国中央情报局实施隐蔽行动时的审批和监督程序。由于该修正案在规范美国情报活动方面具有重要作用，因此也被单独命名为《1974 年休斯 - 瑞安法》。① 该法规定，中央情报局在实施任何隐蔽行动时必须获得总统的授权，且总统还需在限定的时间内以书面报告的形式上报国会六大委员会。② 在得到委员会的审批同意后，中央情报局才可获取实施隐蔽行动所必需的经费。这样，除总统外，美国国会也成为情报管理的重要参与者。

3.《隐私法》。1974 年 12 月美国国会通过并颁布了《隐私法》。该法是美国法典第 5 卷第 552 条的修正案。虽然该法只包含一条条款——第 552a 条，但是该法对于保护美国公民个人信息安全，防止情报和执法机构滥用权力侵犯个人隐私具有重要作用。该法规定联邦各政府部门有义务保护个人信息的安全。未经个人书面授权，任何人无权披露涉及个人隐私的信息。但是该法同时也规定，除统计机构和档案记录机构外，美国国会和司法机构也可在从事犯罪调查和反情报活动时查阅个人隐私信息。当然，该法也规定这些查阅活动都需经过相应授权和审批。③ 这些规定成为防止情报机构滥用职权侵犯个人隐私的重要法律武器。

4.《1978 年对外情报监控法》。由于“水门事件”的恶劣影响，美国国会于 1978 年 10 月颁布了《1978 年对外情报监控法》，以对

---

① 由于该法属于对 1961 年制定的《对外援助法》的修正案，因此国内学界也将其称为“休斯 - 瑞安修正案”。

② 这六大委员会包括武装部队委员会、拨款委员会等关键机构，现今已增加至八大委员会，分别增加了参议院情报特别委员会（SSCI）和众议院常设情报特别委员会（HPSCI）。

③ Office of General Counsel, *Intelligence Community Legal Reference Book*, Office of the Director of National Intelligence, Winter 2012, pp. 664 - 666.

美国情报机构的对外情报监视行动进行规范和监督。该法共八章，分别规定了美国情报机构在搜集对外情报、开展反情报和犯罪调查时所必须遵循的基本规则。例如，使用何种搜集手段、如何选取搜集目标、采取何种审批程序、如何使用搜集到的情报等事宜。除此之外，该法还对特殊情况下的紧急处置和应对进行了梳理和说明，并对如何保护线人进行了规范。

该法对于美国对外情报监视活动最重要的一项监督措施就是建立了"对外情报监控法院"。该法第103条a款规定："（1）联邦最高法院首席大法官应公开从7个以上的美国司法巡回区中选出11名地区法院法官组成一个法院。该法院有权对美国国内经合法程序提出的电子侦察申请举行听证，并依法颁布判令。此外，该法院中至少应有3名法官居住在距离哥伦比亚特区20英里的范围内。"[①] 该条b款还规定："联邦最高法院首席大法官应公开从美国地区法院或上诉法院中指派3名法官组成上诉法院，并从这三人中挑选一人担任首席法官。该法院将依据本法的相关规定对被拒绝的申请进行复核。"[②] 从这些规定中我们可以看出，美国国会通过司法手段确保了美国情报机构在执行情报搜集活动时遵守相关法律规定。而对于违法行为和国会的法律监督问题，该法也做出了相应规定。如该法在"电子侦察""物理搜查""关于针对美国境外的特定人员实施情报搜集的额外程序"等章节中都列有"国会监督""处罚"和"民事责任"等条款，由于篇幅所限，就不一一赘述。

5.《2001年美国爱国者法》。"9·11"事件后，美国对恐怖主义异常敏感，对自身的本土安全越来越重视。为了捍卫本土安全和打击恐怖主义，美国国会于2001年10月颁布了《2001采取有效措施截断和阻止恐怖主义以联合和加强美国法》即《2001年美国爱国

① Office of General Counsel, *Intelligence Community Legal Reference Book*, Office of the Director of National Intelligence, Winter 2012, pp. 421 - 422.

② Ibid.

者法》[1]。该法从提交国会审议到最终总统签字生效只用了短短的4天时间，这是所有美国情报法律中立法效率最高的一部法律。[2] 但是，这部法律也招致了各类反对和争议。该法最大的争议在于其对《1978年对外情报监控法》进行了大幅修正，为美国情报机构搜集与恐怖主义相关情报大开方便之门。在反恐的大旗下，以联邦调查局为代表的美国情报机构可以对包括美国公民在内的任何人和美国国境内任何可疑目标实施秘密监视和搜查。甚至在没有得到法院判令许可的情况下，联邦调查局也可调查私人电话、教育记录、电子邮件和银行账户等个人隐私信息。例如，该法第507条“披露教育记录”、第508条“披露全美教育统计中心调查信息”和第905条“在犯罪调查中向中央情报主任披露涉及对外情报的信息”等条款。[3]

6.《2005年美国爱国者修改和再授权法》。2006年3月，时任美国总统的小布什签署了《2005年美国爱国者修改和再授权法》。该法对《2001年美国爱国者法》中的相关条款进行了修改和再度授权，延长了该法案的法律期限。《2001年美国爱国者法》中对《1978年对外情报监控法》中16条条款进行了临时性修改，以增加情报机构的监控力度并赋予情报机构诸多特权。而在反恐大业仍然没有完成的情况下，《2005年美国爱国者修改和再授权法》将这16条条款中的14条进行了永久性修改，对于第206条（对外情报监控法院关于任意窃听的规定）和第215条（对外情报监控法院关于获

---

① 该法以其正式法律名称的首字母缩写而被简称为《2001美国爱国者法》。

② 2001年10月23日，美国众议院议员弗兰克·森森布伦纳（Frank Sensenbrenner）将该法案草案提交美国众议院审议，经国会司法委员会、常设情报特别委员会、财政委员会、国际关系委员会、能源与商务委员会、教育与劳工委员会、技术与基础设施委员会以及武装部队委员会审议，该法案于10月24日以357票对66票在众议院获得通过，并提交参议院审议。10月25日，参议院以98票对1票通过了该法案。10月26日，该法案经美国总统小布什签字后生效。这创造了情报法律立法所需时间最短的历史纪录。

③ Office of General Counsel, *Intelligence Community Legal Reference Book*, Office of the Director of National Intelligence, Winter 2012, pp. 511 – 547.

取商业记录命令的规定）则将其法律期限延长至2009年底。因此，该法大大增强了情报机构实施监控的力度，并为其开展监控活动扫清了法律障碍。在该法的纵容下，美国情报机构滥用权力的风险大大增加，因此，该法也引起了美国国内部分民众的不满。但鉴于反恐仍为美国国家安全的第一要务，这些反对声音并未获得美国政府和国会的重视。

7.《2007年保护美国法》。2007年8月，美国国会通过了《2007年保护美国法》。该法作为《1978年对外情报监控法》的重要修正案对美国情报机构实施电子监控活动进行了进一步规范。该法最重要的一条是如果情报机构“有理由相信”目标位于美国境外，那么情报机构将可不需要申请法院的许可，就能够任意实施电子监控活动。该法解除了加诸情报机构身上的种种限制，大大加强了美国情报机构的监控能力，为其实施电子监控大开方便之门。

四、规定情报保密和信息共享事务的法律

该类型法律的数量相比前两类更少一些，下面列举最有代表性的3部法律进行阐述：

1.《信息自由法》。该法于1967年正式生效，主要目的在于强制美国政府全部或部分解密各类政府秘密文献档案以供公众了解和监督。该法详细列举了哪些信息需要公开，其公开的主要方式和方法。依照该法，情报机构也应公布其相关政策、文献记录、行事准则和指令规程等内部文献。当然，该法也对哪些信息可以保密进行了规范。依据该法相关规定，先后共有九类信息不得公开，包括涉及国家安全的秘密信息、涉及个人隐私的信息等。如果有机构或个人申请要求情报机构公开某项涉密信息，那么具有管辖权的地区法院可以依法对该申请进行听证，并最终决定该信息是否可以被公开。

2.《机密信息程序法》。1980年，美国国会通过了《机密信息程序法》。该法共16条，详细规定了在危害国家安全的案件中如何开展预审、审判和上诉工作。通过详细规定各类程序和规程，该法

确保了各类机密信息在整个诉讼过程中不会被泄露。当然，该法仅适用于涉及机密信息的刑事案件。由于该法明确禁止在法庭审判中披露各类政府内部的秘密情报，但这并不是说一切秘密信息都不得公布。一般情况下，在开庭前，政府有权知道被告人掌握了什么样的秘密信息，这样就可以有效评估该信息对国家安全有何影响。同时，这也可以有效避免犯罪分子以公布国家秘密要挟政府，与政府讨价还价，开展各类诉讼交易。

3.《2002 国土安全信息共享法》。该法是《2003 财年情报授权法》的第 7 章，由于该章对国土安全情报的共享具有重要指导意义，因此也单独命名为《2002 国土安全信息共享法》。该法创立的主要目的是促进联邦政府、州政府以及各基层单位之间实现情报共享，以应对各类恐怖主义威胁。该法指出，联邦政府各机构不应以涉密为由拒绝提供各类信息以帮助其他机构打击恐怖主义。依照该法规定，联邦政府可向相关机构和个人颁发涉密许可证，共享各类涉密信息，以共同应对恐怖主义威胁。该法对于如何实施共享，如何依法授权以及如何开展协调工作都进行了较为详细的阐述，因此，对于规范情报共享具有重要指导意义。

五、规范情报领域其他事宜的法律

该类型的法律数量也不多，主要规范的都是情报领域的其他杂项事务。下面仅列举最有代表性的 2 部法律进行阐述：

1.《1996 年战争罪法》。美国国会于 1996 年通过该法。该法的主要目的是惩治犯有战争罪的罪犯。不过该法中有关条款也对防止情报机构滥用职权具有重要指导意义。依据该法，情报机构不得刑讯逼供，不得违反人权，不得开展生化试验，不得从事谋杀活动等等。如果情报机构或相关人员犯有战争罪，则应依法对其判处罚金及监禁，如果致人死亡，则最高可判处死刑。

2.《2005 年囚犯待遇法》。美国国会于 2005 年 12 月通过该法，主要目的在于防止情报机构对各类囚犯实施酷刑和刑讯逼供。该法第 1002 条规定，未获得相应的授权和许可，无人可对国防部管辖下的囚犯实施刑讯逼供。该法第 1003 条还规定，囚犯在囚期间，禁止美国政府内任何人对其实施不人道的体罚和残忍的虐待。但是对于合法的刑讯逼供，该法也特意网开一面，并特意偏袒和保护美国政府及所属人员。该法第 1004 条规定，当美国政府特工或军方情报人员获得合法授权后，可依法对恐怖分子嫌疑人进行刑讯逼供。其刑讯逼供行为可免于被起诉。此外，该法还规定，在实施刑讯逼供时，相关人员应遵循陆军野战手册的相关规定，不应超出该规定的范围实施刑讯逼供。而美国上诉法院也有权接受相关申诉，审查各刑讯逼供行为是否合法合规。

附录四　美国总统行政命令中涉及情报的法令汇总表

时间	行政命令编号	行政命令标题
1969. 3. 20	EO11460	总统对外情报顾问委员会
1976. 2. 18	EO11905	美国对外情报活动
1977. 5. 13	EO11985	美国对外情报活动
1977. 6. 1	EO11994	美国对外情报活动
1978. 1. 24	EO12036	美国对外情报活动
1979. 5. 23	EO12139	对外情报电子监视
1981. 12. 4	EO12333	美国情报活动
1981. 12. 4	EO12334	总统情报监督委员会
1985. 10. 28	EO12537	总统对外情报顾问委员会
1990. 2. 14	EO12701	修正 EO12334
1993. 9. 13	EO12863	总统对外情报顾问委员会
1995. 2. 9	EO12949	对外情报物理搜查
1995. 2. 24	EO12951	解密空基国家情报侦察系统所获的图像
2001. 10. 8	EO13228	组建国土安全办公室及国土安全委员会
2002. 3. 19	EO13260	组建总统国土安全顾问委员会及国土安全高级顾问委员会
2003. 5. 14	EO13301	增加情报监督委员会的委员数量

续表

时间	行政命令编号	行政命令标题
2004. 2. 6	EO13328	美国关于大规模杀伤性武器情报能力委员会
2004. 8. 27	EO13353	组建总统保护美国民权委员会
2004. 8. 27	EO13354	国家反恐中心
2004. 8. 27	EO13355	加强情报界管理
2004. 8. 27	EO13356	加强恐怖主义信息共享以保护美国人
2005. 4. 13	EO13376	修正 EO12863，关于总统对外情报顾问委员会
2005. 7. 15	EO13383	组建国家情报总监办公室并修正 EO12139 和 12949
2007. 7. 20	EO13440	解读《日内瓦公约》第三条以适用于中情局拘留及讯问项目
2008. 2. 29	EO13462	总统情报顾问委员会及情报监督委员会
2008. 7. 30	EO13470	进一步修正 EO12333，美国情报活动
2008. 10. 7	EO13475	《2008〈1978 年对外情报监控法〉修正案》引发的对 EO12139 和 12949 的修正
2009. 1. 22	EO13491	确保合法讯问
2009. 10. 28	EO13516	修正 EO13462
2013. 2. 12	EO13636	改善关键基础设施网络安全
2014. 2. 10	EO13657	将国家安全参谋更名为国家安全委员会参谋
2015. 2. 13	EO13691	推动私人机构网络安全信息共享

※因 1969 年 3 月 20 日，美国总统首次公开涉及情报管理的行政命令，因此本表以该时间点为统计起点。

附录五　司法部长涉及情报的指导方针汇总表

时间	名称
2002. 3. 6	《联邦调查局对外情报与反情报调查情报共享程序》
2002. 9. 23	《披露大陪审团及电子、无线电和口头截获信息所属人身份的指导方针》
2002. 9. 23	《关于向中央情报主任和国土安全官员披露在犯罪调查中查获的对外情报的指导方针》
2002. 9. 23	《关于迅速处理对外情报源可能参与犯罪活动的指导方针》
2008. 9. 29	《司法部长针对联邦调查局国内行动的指导方针》
不详	《确保在发展与使用信息共享环境下保护美国公众信息隐私与合法权力的指导方针》

附录六　美国 2005 财年至 2019 财年情报预算统计表

财年	国家情报项目（NIP）	军事情报项目（MIP）	总额
2005	398 亿美元	-	-
2006	409 亿美元	-	-
2007	435 亿美元	200 亿美元	635 亿美元
2008	475 亿美元	229 亿美元	704 亿美元
2009	498 亿美元	264 亿美元	762 亿美元
2010	531 亿美元	270 亿美元	801 亿美元
2011	546 亿美元	240 亿美元	786 亿美元
2012	539 亿美元	215 亿美元	754 亿美元
2013	490 亿美元	186 亿美元	676 亿美元
2014	505 亿美元	174 亿美元	679 亿美元
2015	503 亿美元	165 亿美元	668 亿美元
2016	530 亿美元	177 亿美元	707 亿美元
2017	546 亿美元	184 亿美元	730 亿美元
2018	594 亿美元	221 亿美元	815 亿美元
2019	602 亿美元	215 亿美元	817 亿美元

※因保密原因，2005 财年和 2006 财年的军事情报项目总额未披露。

参考文献

一、著作

（一）中文著作

1. 陈振明、孟华：《公共组织理论》，上海：上海人民出版社，2006 年版。

2. 房玄龄注：《管子》，上海：上海古籍出版社，1989 年版。

3. 高元新：《美国情报文化研究——从思维行动到决策的透视》，北京：军事谊文出版社，2008 年版。

4. 郭小平、廖志江：《管理学原理》，兰州：兰州大学出版社，2005 年版。

5. 黄爱武：《战后美国国家安全法律制度研究》，北京：法律出版社，2011 年版。

6. 黄顺春、章征文：《管理学教程》，北京：经济日报出版社，2004 年版。

7. 何家弘：《当代美国法律》，北京：社会科学文献出版社，2011 年版。

8. 贺艳青：《情报 · 外交 · 国家战略》，北京：中共党史出版社，2012 年版。

9. 胡昌平：《情报控制论基础》，北京：书目文献出版社，1988 年版。

10. 纪真：《总统与情报：从罗斯福到小布什》，北京：军事科学出版社，2008 年版。

11. 贾谊：《贾谊新书》，上海：上海古籍出版社，1989 年版。

12. 李道揆：《美国政府和美国政治》，北京：商务印书馆，1999 年版。

13. 李伟民：《法学辞海》，北京：蓝天出版社，1998 年版。

14. 刘涛：《美国涉外情报监控法及涉外情报监控法院诉讼规则》，北京：中国人民公安大学出版社，2011 年版。

15. 刘涛：《美国涉外情报监控与通信截取法律制度》，北京：中国政法大学出版社，2014 年版。

16. 刘宗和、高金虎：《外国情报体制研究》，北京：军事科学出版社，2003 年版。

17. 牛仰山：《天演之声：严复文选》，天津：百花文艺出版社，2002 年版。

18. 钮先钟：《战略研究》，桂林：广西师范大学出版社，2003 年版。

19. 祁长松：《美国情报首脑全传》，北京：中国社会科学出版社，2006 年版。

20. 任国军：《美国军事情报文选》，北京：军事科学出版社，2007 年版。

21. 申华：《美国国家情报管理制度研究》，北京：军事科学出版社，2010 年版。

22. 沈维凤、章喜为、周发明：《管理学》，长沙：国防科技大学出版社，2001 年版。

23. 沈志华、杨奎松：《美国对华情报解密档案》，上海：东方出版社，2009 年版。

24. 宋筱元：《国家情报问题之研究》，台北："中央警察大学"出版社，1999 年版。

25. 孙建民、汪明敏、杨传英：《情报战战例选析》，北京：国防大学出版社，2010 年版。

26. 孙儒凌：《战场控制论》，北京：国防大学出版社，1999 年版。

27. 孙哲：《美国国会研究》，上海：复旦大学出版社，2002 年版。

28. 谭融：《美国利益集团政治研究》，北京：中国社会科学出版社，2002 年版。

29. 汪明敏、谢海星、蒋旭光：《美国情报监督机制研究》，北京：光明日报出版社，2013 年版。

30. 汪毓伟：《新安全威胁下之国家情报工作研究》，台北：财团法人两岸交流远景基金会出版，2003 年版。

31. 王成俊、刘晓达：《美军指挥控制概论》，北京：国防大学出版社，2002 年版。

32. 王京朝、方宁：《军队管理学教程》，北京：军事科学出版社，2000 年版。

33. 王人博、程燎原：《法治论》，桂林：广西师范大学出版社，2014 年版。

34. 王哲：《西方政治法律思想史》，北京：北京大学出版社，1988 年版。

35. 徐维源：《美国中央情报局——从罗斯福到小布什》，上海：学林出版社，2002 年版。

36. 阎学通、孙学峰：《国际关系研究实用方法》，北京：人民出版社，2007 年版。

37. 杨士奇等编：《历代名臣奏议》，北京：中国民艺出版社，1986 年版。

38. 张长军：《美国情报失误研究》，北京：军事科学出版社，2006 年版。

39. 张闻选：《决策与控制的艺术》，北京：中国青年出版社，1987 年版。

40. 张晓军等编：《美国军事情报理论著作评介》，北京：时事出版社，2005 年版。

41. 张晓军等著：《美国军事情报理论研究》，北京：军事科学出版社，2007 年版。

42. 张中勇：《情报与国家安全之研究》，台北：三锋出版社，1993 年版。

43. 周建明、王成至：《美国国家安全战略解密文献选编》，北京：社会科学文献出版社，2010 年版。

44.《中华人民共和国国家安全法》，北京：法律出版社，2015 年版。

45. 资中筠：《冷眼向洋——百年风云启示录》（上），北京：生活·读书·新知三联书店，2000 年版。

（二）译著

1. ［美］埃德加·博登海默：《法理学——法哲学及其方法》，邓正来等译，北京：华夏出版社，1987 年版。

2. ［法］保尔·霍尔巴赫：《自然的体系》，管士滨译，北京：商务印书馆，1964 年版。

3. ［美］布鲁斯·D. 伯尔考威茨、阿兰·E. 古德曼：《绝对真实：信息时代的情报工作》，张力等译，北京：时事出版社，2001 年版。

4. ［法］查理·路易·孟德斯鸠：《论法的精神》，曾斌译，北京：京华出版社，2000 年版。

5. ［美］戴维·怀斯、托马斯·罗斯：《无形政府》，北京编译社译，北京：世界知识出版社，1965 年版。

6. ［英］戴雪：《英宪精义》，雷宾南译，北京：中国法制出版社，2001 年版。

7. ［英］弗朗西斯·培根：《人性的探索——培根随笔全集》，何新译，哈尔滨：黑龙江人民出版社，1989 年版。

8. ［德］格奥尔格·黑格尔：《法哲学原理》，范扬等译，北京：商务印书馆，1981 年版。

9. ［美］汉密尔顿、杰伊、麦迪逊：《联邦党人文集》，程逢如等译，北京：商务印书馆，1989 年版。

10. ［美］加里·沃塞曼：《美国政治基础》，陆震纶等译，北京：中国社会科学出版社，1994 年版。

11. ［美］理查德·汉密尔顿等著：《联邦党人文集》，程逢如等译，北京：商务印书馆，1980 年版。

12. ［美］罗赛蒂：《美国对外政策的政治学》，周启朋等译，北京：世界知识出版社，1997 年版。

13. ［古罗马］马库斯·西塞罗：《论共和国论法律》，王焕生译，北京：中国政法大学出版社，1997 年版。

14. ［美］美国“9·11”独立调查委员会：《9·11 委员会报告》，史禺等译，北京：世界知识出版社 2005 年版。

15. ［法］让·雅克·卢梭：《社会契约论》，何兆武译，北京：商务印书馆，2009 年版。

16. ［美］塞缪尔·亨廷顿、劳伦斯·哈里森：《文化的重要作用——价值观如何影响人类进步》，程克雄译，北京：新华出版社，2010 年版。

17. ［美］托马斯·鲍尔斯：《守口如瓶的人——理查德·赫尔姆斯和美国中央情报局》，黄祖辕等译，北京：群众出版社，1985 年版。

18. ［美］托马斯·杰斐逊：《杰斐逊文集》，王华译，北京：商务印书馆，1963 年版。

19. ［美］托马斯·潘恩：《潘恩选集》，马清槐译，北京：商务印书馆，1981 年版。

20. ［美］托马斯·特罗伊：《历史的回顾——美国中央情报局的由来和发展》，迪奋等译，北京：群众出版社，1988 年版。

21. ［美］威廉·科尔比：《情报生涯三十年——美国中央情报局前局长科尔比回忆录》，纪晴译，北京：群众出版社，1982 年版。

22. ［古希腊］亚里士多德：《政治学》，吴寿彭译，北京：商务印书馆，2010 年版。

23. ［美］亚历西斯·托克维尔：《论美国的民主》，董果良译，北京：商务印书馆，1988 年版。

24. ［英］约翰·阿克顿：《自由与权力》，侯健等译，北京：商务印书馆，2002 年版。

25. ［美］兹比格涅夫·布热津斯基：《大失控与大混乱》，潘嘉玢等译，北京：中国社会科学出版社，1994 年版。

（三）外文著作

1. Abram N. Shulsky and Gray J. Schmitt, *Silent Warfare: Understanding the World of Intelligence*, New Delhi: Manas Publications, 2006.

2. Allan N. Kornblum, *Intelligence and the law: cases and materials*, Washington: U. S. Government Printing Office, 1987 – 1989.

3. American Protective League, *Counter-espionage laws of the United States: a condensed summary of the amended Espionage and Sedition Act, the Trading-with-Enemy Act, the Sabotage Act, the Selective Service Law, the Passport Act, the Immigration Act, the Alien Enemy Regulations, the Articles of War, relevant sections of the United States Criminal Code and other federal laws restricting personal conduct in time of war*, Washington, D. C. : The League, 1918.

4. Andrew M. Borene, editor. *The U. S. intelligence community law sourcebook: a compendium of national security related laws and policy documents*, Chicago, Ill. : American Bar Association, 2010.

5. Bazan, Elizabeth B. , *The Foreign Intelligence Surveillance Act: overview and modifications*, New York: Nova Science Publishers, Inc. , 2008.

6. Bill Gertz, *Breakdown: how America's intelligence failures led to September* 11, Washington, DC: Regnery Pub. , Inc. ; Lanham, MD: Distributed to the trade by National Book Network, 2002.

7. Bruce D. Berkowitz, *Congressional Oversight of Intelligence*, Summer 1986.

8. Carolyn D. Hines, *National security letters: background and issues*,

Hauppauge, N. Y. : Nova Science Publishers, 2010.

9. Colonel John Hughes-Wilson: *Military Intelligence Blunders*, New York: Carroll & Graf Publishers, Inc. , 1999.

10. Craig Eisendrath (ed.), *National Insecurity: U. S. Intelligence after the Cold War*, Philadelphia: Temple University Press, 2000.

11. Daniel Baldino, *Democratic oversight of intelligence services*, Annandale, NSW: Federation Press, 2010.

12. Frank J. Smist, *Congress Oversees the United States Intelligence Community* 1947 – 1994, Knoxville: The University of Tennessee Press, 1994.

13. Gary J Schmitt, *Congressional Oversight of Intelligence*, Spring 1985.

14. Glenn P. Hastedt (ed.), *Controlling Intelligence*, London: Frank Cass & Co. Ltd. , 1991.

15. Hans Born and Marina Caparini, *Democratic control of intelligence services: containing rogue elephants*, Aldershot, Hants, England ; Burlington, VT: Ashgate, 2007.

16. Hans Born, Ian Leigh, and Aidan Wills, *International intelligence cooperation and accountability*, London ; New York: Routledge, 2011.

17. Hans Born, Loch K. Johnson, Ian Leigh (ed.), *Who's Watching the Spies?: Establishing Intelligence Service Accountability*, Dulles, Va. : Potomac Books, 2005.

18. Henry H. Willis, *Analyzing terrorism risk*, Santa Monica, CA: RAND, 2006.

19. Jamie C. Howell, *Congressional oversight: an overview, a manual and select developments*, New York: Nova Science Publishers, 2010.

20. Johanna A. Montgomery, *Intelligence, surveillance and reconnaissance: acquisitions, policies and defense oversight*, Hauppauge, N. Y. : Nova Science Publishers, 2011.

21. John Iseby, *9/11 Commission recommendations*, New York: Nova Science Publishers, 2008.

22. Justin A. Morales, *U. S. intelligence: Congressional role and important issues*, New York: Nova Science Publishers, 2011.

23. K. Jack Riley, *State and local intelligence in the war on terrorism*, Santa Monica, CA: RAND Corporation, 2005.

24. L. Britt Snider, *The Agency and the Hill: CIA's Relationship with Congress*, 1946 - 2004, Washington, D. C. : The Center for the Study of Intelligence, 2008.

25. Len Scott and R. Gerald Hughes (eds.), *Intelligence, Crises and Security: Prospects and Retrospects*, London and New York: Routledge, 2008.

26. Loch K. Johnson (ed.), *Handbook of Intelligence Studies*, New York: Routledge, 2007.

27. Loch K. Johnson and James J. Wirtz, *Strategic Intelligence: Windows into a Secret World*, Los Angeles: Roxbury Publishing Company, 2004.

28. Loch K. Johnson, *A Season of Inquiry: The Senate Intelligence Investigation*, Lexington: University of Kentucky Press, 1985.

29. Loch K. Johnson, *America's Secret Power: The CIA in a Democratic Society*, New York: The University Press of Oxford, 1989.

30. Lucien N. Nedzi, *Oversight or Overlook: Congress and the U. S. Intelligence Agencies*, Summer 1974.

31. L. V. Scott and P. D. Jackson (eds.), *Understanding Intelligence in the Twenty-First Century: Journeys in Shadows*, London and New York: Routledge, 2004.

32. Mark M. Lowenthal, *Intelligence: From Secrets to Policy*, Washington, D. C. : Congressional Quarterly Press, 2000.

33. Marvin M. Lavin. *Intelligence constraints of the* 1970*s and domestic terrorism*, Santa Monica: Rand, 1982.

34. Melvin A. Goodman, *Failure of intelligence: the decline and fall of the CIA*, Lanham, Md. : Rowman & Littlefield, 2008.

35. Michael I. Handel (ed.), *War, Strategy and Intelligence: Studies in Intelligence*, London: Frank Cass, 1989.

36. Michael Warner (ed.), *Central Intelligence: Origin and Evolution*, Langley, Virginia: CIA Center for the Study of Intelligence, 2001.

37. Michelle Louise Atkin, *Balancing Liberty and Security: an Ethical Study of U. S. Foreign Intelligence Surveillance*, 2001 – 2009, Lanham: Rowman & Littlefield Publishers, Inc. , 2013.

38. Neal H. Petersen, *American intelligence*, 1775 – 1990: *a bibliographical guide*, Claremont, Calif. : Regina Books, 1992.

39. Office of the Director of National Intelligence, Office of General Counsel, *Intelligence community legal reference book*, Washington, D. C. , U. S. Government Printing Office, 2012.

40. Peter Gill and Mark Phythian, *Intelligence in an Insecure World*, Cambridge: Polity Press, 2006.

41. Peter Gill, Stephen Marrin and Mark Phythian (eds.), *Intelligence Theory: Key Questions and Debates*, New York: Routledge, 2009.

42. Philipp R. Haas, *Intelligence oversight and disclosure issues*, Hauppauge, N. Y. : Nova Science Publishers, 2010.

43. Pohlman, H. L. , *Terrorism and the Constitution: the Post – 9/11 Cases*, Lanham: Rowman & Littlefield Publishers, 2008.

44. R. Gerald Hughes, Peter Jackson and Len Scott (eds.), *Exploring Intelligence Archives: Enquiries into the Secret State*, London and New York: Routledge, 2008.

45. R. L. Chaudhary, *International Encyclopaedia of Intelligence, Terrorism Laws and Security*, New Delhi: Anmol Publications, 2009.

46. Rhodri Jeffreys-Jones, *The CIA and American Democracy*, New Haven: Yale University Press, 2003.

47. Richard K. Betts, *Enemies of Intelligence: Knowledge and Power in American National Security*, New York: Columbia University Press, 2007.

48. Richard L. Russell, *Sharpening Strategic Intelligence: Why the CIA Gets It Wrong, and What Needs to Be Done to Get It Right*, New York: Cambridge University Press, 2007.

49. Richards J. Heuer, Jr. , Psychology of Intelligence Analysis, Center for the Study of Intelligence, CIA, 1999.

50. Roy Pateman, *Residual Uncertainty: Trying to Avoid Intelligence and Policy Mistakes in the Modern World*, Lanham, MD: University Press of America, 2003.

51. Russell A. Miller, *US national security, intelligence and democracy: from the Church Committee to the War on Terror*, London: Routledge, 2008.

52. Sorrel Wildhorn, Brian Michael Jenkins, Marvin M. Lavin, *Intelligence Constraints of the* 1970*s and Domestic Terrorism*, Santa Monica, CA: Rand Corp. , 1982.

53. Stephen Dycus, Arthur L. Berney, William C. Banks, Peter Raven-Hansen, *National security law*, New York: Wolters Kluwer Law & Business, 2011.

54. Stephen Dycus, William C. Banks, Peter Raven-Hansen, *Counterterrorism Law*, New York: Wolters Kluwer Law & Business, 2012.

55. Steve Tsang, *Intelligence and human rights in the era of global terrorism*, Westport, Conn. : Praeger Security International, 2007.

56. Terry M. O'Sullivan, *Department of Homeland Security Intelligence Enterprise: overview and issues*, New York: Nova Science Publisher's, 2010.

57. Thomas C. Bruneau and Steven C. Boraz; *Reforming intelligence: obstacles to democratic control and effectiveness*, Austin: University of Tex-

as Press, 2007.

58. Tim Weiner, *Legacy of Ashes: the History of the Central Intelligence Agency*, New York: Doubleday Broadway Publishing Group, 2007.

59. Tyler Drumheller, *On the Brink: An Insider's Account of How the White House Compromised American Intelligence*, New York: Carroll & Graf Publisher, 2006.

60. Uri Bar-Joseph, *Intelligence Intervention in the Politics of Democratic States: the United States, Israel, and Britain*, University Park, Pa.: Pennsylvania State University Press, 1995.

61. W. Michael Reisman, James E. Baker, *Regulating Covert Action: Practices, Contexts, and Policies of Covert Coercion Abroad in International and American Law*, New Haven: Yale University Press, 1992.

二、论文及报告

（一）中文论文和期刊文章

1. 黄德林:《略论美国〈情报自由法〉之形成与发展》,《法学评论》, 2000 年第 1 期。

2 姜芳, 高艳辉:《美国"情报自由法"浅析——兼与中国〈政府信息公开条例〉比较》,《西安电子科技大学学报（社会科学版）》, 2008 年第 3 期。

3. 李曙光:《管窥美国情报自由法》,《兰台世界》, 2005 年第 6 期。

4. 刘莘, 吕艳滨:《情报公开法若干问题研究》,《公法研究》, 2002 年第 1 期。

5. 刘杰:《外国情报公开法述评》,《法学家》, 2000 年第 2 期。

6. 刘杰:《情报与情报公开法的概念探讨》,《同济大学学报（社会科学版）》, 2002 年第 1 期。

7. 宋小卫:《美国〈情报自由法〉的立法历程》,《新闻与传播研究》, 1994 年第 2 期。

8. 杨传东：《简评美国〈情报自由法〉1996年修正案》，《法学杂志》，2000年第1期。

9. 杨小敏：《反恐背景下美国监视和情报制度的新发展——以〈爱国者法〉标题II下的条款为分析对象》，《当代法学》，2009年第3期。

10. 张忠利、胡占祥：《论情报公开法》，《现代情报》，2004年第7期。

（二）美国国会研究处（CRS）发布的研究报告

1. Alfred Cumming, *Statutory Procedures Under Which Congress Is to Be Informed of U. S. Intelligence Activities, Including Covert Actions*, January 18, 2006.

2. Alfred Cumming, *Congress as a Consumer of Intelligence Information*, January 28, 2010.

3. Andrew Nolan, *Foreign Surveillance and the Future of Standing to Sue Post-Clapper*, July 10, 2013.

4. Brian T. Yeh, *USA PATRIOT Improvement and Reauthorization Act of* 2005（*H. R.* 3199）: *A Brief Look*, December 9, 2005.

5. Brian T. Yeh, *USA PATRIOT Improvement and Reauthorization Act of* 2005（*H. R.* 3199）: *A Side-by-Side Comparison of Existing Law, H. R.* 3199（*Conference*）, *and H. R.* 3199（*Senate Passed*）, December 28, 2005.

6. *Brian T. Yeh*, *USA PATRIOT Improvement and Reauthorization Act of* 2005（*H. R.* 3199）: *A Legal Analysis of the Conference Bill*, January 17, 2006.

7. Brian T. Yeh, *USA PATRIOT Act Additional Reauthorizing Amendments Act of* 2006（*S.* 2271）, February 21, 2006.

8. Brian T. Yeh, *USA PATRIOT Improvement and Reauthorization Act of* 2005: *A Legal Analysis*, December 21, 2006.

9. Charles Doyle, *The USA PATRIOT Act*: *A Legal Analysis*, April

15, 2002.

10. Charles Doyle, *The USA PATRIOT Act: A Sketch*, April 18, 2002.

11. Charles Doyle, *Security and Freedom Ensured Act (SAFE Act) (H. R.* 1526) *and Security and Freedom Enhancement Act (SAFE Act) (S.* 737): *Section By Section Analysis*, May 9, 2005.

12. Charles Doyle, *The SAFE Acts of* 2005: *H. R.* 1526 *and S.* 737 — *A Sketch*, May 9, 2005.

13. Charles Doyle, *USA PATRIOT Act Sunset: A Sketch*, June 29, 2005.

14. Charles Doyle, *USA PATRIOT Act Sunset: Provisions That Expire on December* 31, 2005, June 29, 2005.

15. Charles Doyle, *Libraries and the USA PATRIOT Act*, July 6, 2005.

16. Charles Doyle, *USA PATRIOT Act Reauthorization Proposals and Related Matters in Brief*, July 15, 2005.

17. Charles Doyle, *USA PATRIOT Act: Background and Comparison of House-and Senate-approved Reauthorization and Related Legislative Action*, August 9, 2005.

18. Charles Doyle, *Probable Cause, Reasonable Suspicion, and Reasonableness Standards in the Context of the Fourth Amendment and the Foreign Intelligence Surveillance Act*, January 30, 2006.

19. Charles Doyle, *National Security Letters in Foreign Intelligence Investigations: A Glimpse of the Legal Background and Recent Amendments*, December 27, 2010.

20. Charles Doyle, *National Security Letters: Proposed Amendments in the* 111*th Congress*, December 27, 2010.

21. Charles Doyle, *National Security Letters: Proposals in the 112th Congress*, June 30, 2011.

22. Christopher M. Davis, *9/11 Commission Recommendations: Joint Committee on Atomic Energy — A Model for Congressional Oversight*? August 20, 2004.

23. Congressional Research Service, *H. R.* 10 (9/11 *Recommendations Implementation Act*) *and S.* 2845 (*National Intelligence Reform Act of* 2004): *A Comparative Analysis*, October 21, 2004.

24. Edward C. Liu, *Retroactive Immunity Provided by the FISA Amendments Act of* 2008, July 25, 2008.

25. Edward C. Liu, *Amendments to the Foreign Intelligence Surveillance Act* (*FISA*) *Extended Until June* 1, 2015, June 16, 2011.

26. Edward C. Liu, *Reauthorization of the FISA Amendments Act*, April 8, 2013.

27. Edward C. Liu & Charles Doyle, *Government Collection of Private Information: Background and Issues Related to the USA PATRIOT Act Reauthorization*, June 16, 2011.

28. Elizabeth B. Bazan, *Assassination Ban and E. O.* 12333: *A Brief Summary*, January 4, 2002.

29. Elizabeth B. Bazan, *Foreign Intelligence Surveillance Act: Selected Legislation from the* 108*th Congress*, January 11, 2005.

30. Elizabeth B. Bazan, *Terrorist Surveillance Act of* 2006: *S.* 3931 *and Title II of S.* 3929, *the Terrorist Tracking, Identification, and Prosecution Act of* 2006, September 25, 2006.

31. Elizabeth B. Bazan, *Electronic Surveillance Modernization Act, as Passed by the House of Representatives*, January 18, 2007.

32. Elizabeth B. Bazan, *National Security Surveillance Act of* 2006: *S.* 3886, *Title II* (*S.* 2453 *as Reported Out of the Senate Judiciary Committee*), January 18, 2007.

33. Elizabeth B. Bazan, *The U. S. Foreign Intelligence Surveillance Court and the U. S. Foreign Intelligence Surveillance Court of Review: An*

Overview, January 24, 2007.

34. Elizabeth B. Bazan, *The Foreign Intelligence Surveillance Act: An Overview of the Statutory Framework and U. S. Foreign Intelligence Surveillance Court and U. S. Foreign Intelligence Surveillance Court of Review Decisions*, February 15, 2007.

35. Elizabeth B. Bazan, *The Foreign Intelligence Surveillance Act: Comparison of House-Passed H. R. 3773, S. 2248 as Reported by the Senate Select Committee on Intelligence, and S. 2248 as Reported Out of the Senate Judiciary Committee*, February 8, 2008.

36. Elizabeth B. Bazan, *P. L. 110 – 55, the Protect America Act of 2007: Modifications to the Foreign Intelligence Surveillance Act*, February 14, 2008.

37. Elizabeth B. Bazan, *The Foreign Intelligence Surveillance Act: Comparison of the Senate Amendment to H. R. 3773 and the House Amendment to the Senate Amendment to H. R. 3773*, June 12, 2008.

38. Elizabeth B. Bazan, *The Foreign Intelligence Surveillance Act: An Overview of Selected Issues*, July 7, 2008.

39. Elizabeth B. Bazan, *The Foreign Intelligence Surveillance Act: A Sketch of Selected Issues*, July 7, 2008.

40. Elizabeth B. Bazan & Brian T. Yeh, *Intelligence Reform and Terrorism Prevention Act of 2004: "Lone Wolf" Amendment to the Foreign Intelligence Surveillance Act*, December 19, 2006.

41. Elizabeth B. Bazan, Gina Marie Stevens, & Brian T. Yeh, *Government Access to Phone Calling Activity and Related Records: Legal Authorities*, August 20, 2007.

42. Elizabeth B. Bazan & Jennifer K. Elsea, *Presidential Authority to Conduct Warrantless Electronic Surveillance to Gather Foreign Intelligence Information*, January 5, 2006.

43. Estela I. Velez Pollack, *Analysis of S. 1709, 108th Congress: the*

Security and Freedom Ensured Act of 2003, February 19, 2004.

44. Frederick M. Kaiser, *Legislative History of the Senate Select Committee on Intelligence*, August 16, 1978.

45. Gina tevens, *Privacy: Total Information Awareness Programs and Related Information Access, Collection, and Protection Laws*, March 21, 2003.

46. Gina Stevens & Charles Doyle, *Privacy: An Abbreviated Outline of Federal Statutes Governing Wiretapping and Electronic Eavesdropping*, October 9, 2012.

47. Gina Stevens & Charles Doyle, *Privacy: An Overview of Federal Statutes Governing Wiretapping and Electronic Eavesdropping*, October 9, 2012.

48. Jennifer Elsea, *Proposed Change to the Foreign Intelligence Surveillance Act (FISA) under S.* 113, May 19, 2003.

49. Jennifer K. Elsea, *U. S. Treatment of Prisoners in Iraq: Selected Legal Issues*, May 24, 2004.

50. Jennifer K. Elsea, *Intelligence Identities Protection Act*, April 10, 2013.

51. Jerome P. Bjelopera, *Terrorism Information Sharing and the Nationwide Suspicious Activity Report Initiative: Background and Issues for Congress*, December 28, 2011.

52. John W. Rollins and Edward C. Liu, *NSA Surveillance Leaks: Background and Issues for Congress*, September 4, 2013.

53. Judy Schneider, *House Select Committee on Intelligence: Leadership and Assignment Limitations*, April 25, 2005.

54. L. Elaine Halchin & Frederick M. Kaiser, *Congressional Oversight of Intelligence: Current Structure and Alternatives*, May 14, 2012.

55. Mark Randol, *Homeland Security Intelligence: Perceptions, Statutory Definitions, and Approaches*, January 14, 2009.

56. Mark Randol, *The Department of Homeland Security Intelligence Enterprise: Operational Overview and Oversight Challenges for Congress*, March 19, 2010.

57. Marshall Curtis Erwin, *Intelligence Authorization Legislation: Status and Challenges*, March 25, 2013.

58. Marshall Curtis Erwin, *Covert Action: Legislative Background and Possible Policy Questions*, April 10, 2013.

59. Marshall Curtis Erwin, *Sensitive Covert Action Notifications: Oversight Options for Congress*, April 10, 2013.

60. Marshall Curtis Erwin, "*Gang of Four*" *Congressional Intelligence Notifications*, April 16, 2013.

61. Marshall Curtis Erwin, *Intelligence, Surveillance, and Reconnaissance (ISR) Acquisition: Issues for Congress*, April 16, 2013.

62. Marshall Curtis Erwin, *Intelligence Issues for Congress*, April 23, 2013.

63. Marshall Curtis Erwin & Amy Belasco, *Intelligence Spending and Appropriations: Issues for Congress*, September 18, 2013.

64. Marshall Curtis Erwin & Edward C. Liu, *NSA Surveillance Leaks: Background and Issues for Congress*, July 2, 2013.

65. Michael John Garcia, *U. N. Convention Against Torture (CAT): Overview and Application to Interrogation Techniques*, January 26, 2009.

66. Patricia Moloney Figliola, *Digital Surveillance: The Communications Assistance for Law Enforcement Act*, June 8, 2007.

67. Richard A. Best Jr., *Sharing Law Enforcement and Intelligence Information: The Congressional Role*, February 13, 2007.

68. Richard A. Best Jr., *Intelligence Spending: Public Disclosure Issues*, February 15, 2007.

69. Richard A. Best Jr., *Intelligence Reform After Five Years: The Role of the Director of National Intelligence (DNI)*, June 22, 2010.

70. Richard A. Best Jr. , *Securing America's Borders: The Role of the Intelligence Community*, December 7, 2010.

71. Richard A. Best Jr. , *Intelligence Estimates: How Useful to Congress?* January 6, 2011.

72. Richard A. Best Jr. , *Intelligence Information: Need-to-Know vs. Need-to-Share*, June 6, 2011.

73. Richard A. Best Jr. *Director of National Intelligence Statutory Authorities: Status and Proposals*, December 16, 2011.

74. Richard A. Best Jr. , *The National Counterterrorism Center (NCTC) —Responsibilities and Potential Congressional Concerns*, December 19, 2011.

75. Richard A. Best Jr. , *The National Intelligence Council (NIC): Issues and Options for Congress*, December 27, 2011.

76. Richard A. Best, Jr. & Alfred Cumming, *Open Source Intelligence (OSINT): Issues for Congress*, December 5, 2007.

77. Richard A. Best Jr. & Elizabeth B. Bazan, *Intelligence Spending: Public Disclosure Issues*, February 15, 2007.

78. Richard A. Best Jr. & Jennifer K. Elsea, *Satellite Surveillance: Domestic Issues*, January 13, 2011.

79. Richard M. Thompson, *Governmental Tracking of Cell Phones and Vehicles: The Confluence of Privacy, Technology, and Law*, December 1, 2011.

80. Sandy Streeter, *Consolidating Intelligence Appropriation and Authorization in a Single Committee: 9/11 Commission Recommendation and Alternatives*, October 29, 2004.

81. Todd Masse, *Intelligence and Information-Sharing Elements of S. 4 and H. R. 1*, June 26, 2007.

82. Todd Tatelman, *Intelligence Reform and Terrorism Prevention Act of 2004: National Standards for Drivers' Licenses, Social Security Cards,*

and Birth Certificates, January 6, 2005.

83. William Newby Raiford, *To Create a Senate Select Committee on Intelligence*: *a Legislative History of Senate Resolution* 400, August 12, 1976.

（三）中央情报局情报研究中心（CSI）解密报告

1. Center for the Study of Intelligence Roundtable Report, *Intelligence and Policy*: *The Evolving Relationship.*

2. Frederic F. Manget, *Another System of Oversight*: *Intelligence and the Rise of Judicial Intervention.*

3. Gerald K. Haines, *Looking for a Rogue Elephant*: *The Pike Committee Investigations and the CIA.*

4. Jack Davis, *Sherman Kent's Final Thoughts on Analyst-Policymaker Relations.*

5. Jack Davis, *Tensions in Analyst-Policymaker Relations*: *Opinions, Facts, and Evidence.*

6. James Knott, *Secrecy and Intelligence in a Free Society.*

7. James McCullough, *A Commentary*: *Commentary on "Congress as a User of Intelligence"* .

8. James S. Van Wagenen, *Critics and Defenders*: *A Review of Congressional Oversight.*

9. John H. Hedley, *The Intelligence Community*: *Is It Broken? How To Fix It?*

10. John M. Maury, *CIA and the Congress.*

11. L. Britt Snider, *A Unique Vantage Point*: *Creating a Statutory Inspector General at the CIA.*

12. L. Britt Snider, *Sharing Secrets With Lawmakers Congress as a User of Intelligence.*

13. L. Britt Snider, *The Agency and the Hill*: *CIA's Relationship with Congress*, 1946 – 2004.

14. L. Britt Snider, *Unlucky SHAMROCK: Recollections from the Church Committee's Investigation of NSA.*

15. Lawrence R. Houston, *Executive Privilege in the Field of Intelligence.*

16. Loch K. Johnson, *The Aspin-Brown Intelligence Inquiry: Behind the Closed Doors of a Blue Ribbon Commission.*

17. Lucien N' Nadzi, *Oversight or Overlook: Congress and the U. S. Intelligence Agencies.*

18. Michael Warner & J. Kenneth McDonald, *US Intelligence Community Reform Studies Since* 1947.

19. N. Richard Kinsman, *Protecting CIA's Interests: Openness and the Future of the Clandestine Service.*

20. Richard J. Kerr and Peter Dixon Davis, *Mornings in Pacific Palisades: Ronald Reagan and the President's Daily Brief.*

21. Timothy S. Hardy, *From the inside Looking out: Intelligence Reform in the 1970s.*

22. Warren F. Kimball, *Arguing for Accountability: Openness and the CIA.*

23. Wilhelm Agrell, *When everything is intelligence - nothing is intelligence.*

三、国家情报总监发布的各类指令和指导政策

（一）情报界指令

1. ICD101 Intelligence Community Policy System January 16, 2009.

2. ICD102 Process for Developing Intelligence Principles and Proposing Amendments to Attorney General Guidelines Governing the Collection, Retention, and Dissemination of Information Regarding U. S. Persons November 19, 2007.

3. ICD103 Intelligence Enterprise Exercise Program July 14, 2008.

4. ICD104 National Intelligence Program (NIP) Budget Formulation and Justification, Execution, and Performance Evaluation April 30, 2013.

5. ICD107 Civil Liberties and Privacy August 31, 2012.

6. ICD108 Intelligence Community History Programs August 29, 2007.

7. ICD109 Independent Cost Estimates April 26, 2010.

8. ICD110 Intelligence Community Equal Employment Opportunity and Diversity July 1, 2009.

9. ICD 111 Accountability Reviews August 4, 2011.

10. ICD112 Congressional Notification November 16, 2011.

11. ICD113 Functional Managers May 19, 2009

12. ICD114 Comptroller General Access to Intelligence Community Information June 30, 2011.

13. ICD115 Intelligence Community Capability Requirements Process December 21, 2012.

14. ICD116 Intelligence Planning, Processing, Budgeting, and Evaluation System September 14, 2011.

15. ICD117 Outside Employment June 9, 2013.

16. ICD118 IC Continuity Program November 12, 2013.

17. ICD202 National Intelligence Board July 16, 2007.

18. ICD203 Analytic Standards June 21, 2007.

19. ICD204 Roles and Responsibilities for the National Intelligence Priorities Framework September 13, 2007.

20. ICD206 Sourcing Requirements for Disseminated Analytic Products October 17, 2007.

21. ICD207 National Intelligence Council June 9, 2008.

22. ICD208 Write for Maximum Utility December 17, 2008.

23. ICD209 Tearline Production and Dissemination September 6, 2012.

24. ICD302 Document and Media Exploitation July 7, 2007.

25. ICD404 Executive Branch Intelligence Customers July 22, 2013.

26. ICD500 Director of National Intelligence- Chief Information Officer August 7, 2008.

27. ICD501 Discovery and Dissemination or Retrieval of Information within the Intelligence Community January 21, 2009.

28. ICD502 Integrated Defense of the Intelligence Community Information Environment March 11, 2011.

29. ICD503 Intelligence Community Information Technology Systems Security Risk Management, Certification and Accreditation.

30. ICD602 Human Capital Intelligence Community Critical Pay Positions August 16, 2006.

31. ICD610 Competency Directories for the Intelligence Community Workforce October 4, 2010.

32. ICD612 Intelligence Community Core Contract Personnel October 30, 2009.

33. ICD623 Appointment of Highly Qualified Experts October 16, 2008.

34. ICD630 Intelligence Community Foreign Language Capability. May 14, 2012.

35. ICD650 National Intelligence Civilian Compensation Program: Guiding Principles and Framework April 28, 2008.

36. ICD651 Performance Management System Requirements for the Intelligence Community Civilian Workforce November 28, 2007.

37. ICD652 Occupational Structure for the Intelligence Community Civilian Workforce April 28, 2008.

38. ICD653 Pay-Setting and Administration Policies for the Intelligence Community Civilian Workforce May 14, 2008.

39. ICD654 Performance-Based Pay for the Intelligence Community

Civilian Workforce April 28, 2008.

40. ICD655 National Intelligence Awards Program May 23, 2007.

41. ICD656 Performance Management System Requirements for Intelligence Community Senior Civilian officers April 28, 2008.

42. ICD660 Intelligence Community Civilian Joint Duty Program February 11, 2013.

43. ICD700 Protection of National Intelligence June 7, 2012.

44. ICD702 Technical Surveillance Countermeasures February 18, 2008.

45. ICD703 Protection of Classified National Intelligence, Including Sensitive Compartmented Information June 21, 2013.

46. ICD704 Personnel Security Standards and Procedures Governing Eligibility for Access to Sensitive Compartmented Information and Other Controlled Access Program Information October 1, 2008.

47. ICD705 Sensitive Compartmented Information Facilities May 26, 2010.

48. ICD707 Center for Security Evaluation October 17, 2008.

49. ICD709 Reciprocity for Intelligence Community Employee Mobility June 10, 2009.

50. ICD710 Classification Management and Control Markings System June 21, 2013.

51. ICD731 Supply Chain Risk Management December 7, 2013.

52. ICD801 Acquisition August 14, 2009.

53. ICD902 Global Maritime and Air Intelligence Integration January 14, 2009.

（二）情报界政策备忘录

54. Intelligence Community Policy Memorandum 2005 – 800 – 1.

55. Intelligence Community Policy Memorandum 2006 – 100 – 1

56. Intelligence Community Policy Memorandum 2006 – 200 – 2.

57. Intelligence Community Policy Memorandum 2006 – 700 – 8.

58. Intelligence Community Policy Memorandum 2006 – 700 – 10.

59. Intelligence Community Policy Memorandum 2007 – 200 – 2.

（三）情报界政策指南

1. ICPG101. 1 Intelligence Community Directives and Policy Guidance January 16, 2009.

2. ICPG101. 2 Intelligence Community Standards January 16, 2009.

3. ICPG500. 2 Attribute – Based Authorization and Access Management November 23, 2010.

4. ICPG501. 1 Exemption of Information From Discovery May 26, 2009.

5. ICPG501. 2 Sensitive Review Board and Information Sharing Dispute Resolution Process May 26, 2009.

6. ICPG501. 3 Subsequent Use of Information May 20, 2010.

7. ICPG601. 1 Intelligence Community Civilian Joint Duty Program Implementing Instructions September 4, 2009.

8. ICPG704. 1 Personnel Security Investigative Standards and Procedures Governing Eligibility for Access to Sensitive Compartmented Information and Other Controlled Access Program Information October 2, 2008.

9. ICPG704. 2 Personnel Security Adjudicative Guidelines for Determining Eligibility for Access to Sensitive Compartmented Information and Other Controlled Access Program Information October 2, 2008.

10. ICPG704. 3 Denial or Revocation of Access to Sensitive Compartmented Information, Other Controlled Access Program Information, and Appeals Processes October 2, 2008.

11. ICPG704. 4 Reciprocity of Personnel Security Clearance and Access Determinations October 2, 2008.

12. ICPG704. 5 Intelligence Community Personnel Security Database Scattered Castles October 2, 2008.

13. ICPG707. 1　Center for Security Evaluation Construction Security Review Board June 12，2008.

14. ICPG801. 1　Acquisiton July 12，2007.

15. ICPG801. 2　Contracting and Procurement Policy September 20，2008.

16. ICPG801. 3　Acquisiton Workforce October 21，2011.

四、网络资源

（一）Proquest 公司 DNSA 数据库中的大量解密材料（由于数量太多，仅列出专辑名）

1. “中情局家庭珍宝”
2. “关于国家安全的总统指令，第一部分：从杜鲁门到克林顿”
3. “关于国家安全的总统指令，第二部分：从杜鲁门到乔治·W·布什”
4. “恐怖主义与美国政策，1968－2002 年”
5. “美国间谍和情报部门”
6. “美国情报机构：组织、运作和管理，1947 年－1989 年”
7. “‘9·11’事件后美国情报机构”

（二）其他网络资源

1. 日内瓦武装力量民主管控中心：http：//www. dcaf. ch.
2. 美国参议院情报特别委员会：http：//www. intelligence. senate. gov/
3. 美国国会图书馆：http：//www. loc. gov/
4. 美国国会 THOMAS 网站：http：//thomas. loc. gov/
5. 美国国会研究署：http：//www. crs. gov/
6. 美国国家情报总监办公室：http：//www. odni. gov/
7. 美国科学家联合会：http：//www. fas. org/
8. 美国中央情报局：http：//www. cia. gov/
9. 美国战略与国际问题研究中心：http：//www. csis. org

10. 卡耐基国际和平基金会：http：//www. carnegieendowment. org

11. 乔治·华盛顿大学国家安全电子档案馆：http：//www. gwu. edu/ ~ nsarchiv

12. 全球安全网：http：//www. globalsecurity. org

图书在版编目（CIP）数据

美国国家情报的法治之路／胡荟著．—北京：时事出版社，2021.5

ISBN 978-7-5195-0417-5

Ⅰ.①美… Ⅱ.①胡… Ⅲ.①情报工作—法制管理—研究—美国 Ⅳ.①D771.236

中国版本图书馆 CIP 数据核字（2021）第 051595 号

出 版 发 行：时事出版社
地　　　址：北京市海淀区彰化路 138 号西荣阁 B 座 G2 层
邮　　　编：100097
发 行 热 线：（010）88869831　88869832
传　　　真：（010）88869875
电 子 邮 箱：shishichubanshe@sina.com
网　　　址：www.shishishe.com
印　　　刷：北京良义印刷科技有限公司

开本：787×1092　1/16　印张：16.75　字数：230 千字
2021 年 5 月第 1 版　2021 年 5 月第 1 次印刷
定价：102.00 元